横店土話

郭立新 编著

浙江工商大學出版社
ZHEJIANG GONGSHANG UNIVERSITY PRESS

图书在版编目(CIP)数据

横店土话 / 郭立新编著. —杭州：浙江工商大学出版社，2015.12

ISBN 978-7-5178-1325-5

Ⅰ. ①横… Ⅱ. ①郭… Ⅲ. ①吴语—方言研究—东阳市 Ⅳ. ①H173

中国版本图书馆 CIP 数据核字(2015)第 223301 号

横店土话

郭立新 编著

责任编辑 张婷婷
封面设计 刘 韵
责任校对 王俏华
责任印制 包建辉
出版发行 浙江工商大学出版社
(杭州市教工路 198 号 邮政编码 310012)
(E-mail:zjgsupress@163.com)
(网址:http://www.zjgsupress.com)
电话:0571-88904980,88831806(传真)
排　　版 杭州朝曦图文设计有限公司
印　　刷 杭州五象印务有限公司
开　　本 710mm×1000mm 1/16
印　　张 17.25
字　　数 291 千
版 印 次 2015 年 12 月第 1 版 2015 年 12 月第 1 次印刷
书　　号 ISBN 978-7-5178-1325-5
定　　价 39.00 元

浙江工商大学出版社营销部邮购电话 0571-88904970

讲東陽方言
叙家乡情谊
扬人文精神

申屠福華

原中共东阳市委副书记、现金华市婺城区区长　申屠福华（题）

发掘文化宝藏
建设人文横店

王天仁

中共东阳市委常务委员、东阳市人民政府副市长　王天仁(题)

横店集团创业七元老之一、九旬健康老人　徐文浩(题)

序　　言

横店土话是与横店人发展历史共存的社会现象。横店域地原始居民是土著越民，随着秦王嬴政推行郡县制和中原氏族的相继迁入，带入了中原汉族文化，在越汉交融逐渐汉化的社会整体嬗变中，汉语言体系的横店土话逐渐形成。

横店土话其时空限制是显然的，外地人要听懂，要学会横店土话，难。本地人说土话绘声绘色、表达自如，要写出来，变成有形的文字，也难。跟语言的发展规律一样，横店土话在渐变，一些很土的，流传于前辈的土话在年轻人的口头已经失传。就以“横店”二字为例，发音的代沟差异就十分明显。横店土话表意极为丰富，很有些地方特色。如“破脚拐”、“妖六”（吴方言作“譑碌”），言传意会，横店人很清楚，要解释就有些难；如“掰”和“脈”音同义近，一赖外力，一凭主动，横店人心领神会；发音或轻或重或尾音变化，词义有大小褒贬之分，如表村坊的“宅”，表建筑物的“屋”，表人物的“娘”，等等。

横店土话是横店人思想情感的直接体现，是横店人以其特有的音腔和词语表达思维进行交流的最重要最基本的交际工具。它只是口说耳治的一方土话，横店人说话有音有义，运用自如，但如何达到手写目治，使之成为形、音、义三要素具备，形成完整、系统、科学的方言体系，这就有赖于音韵学和文字学了。

横店土话属汉语吴方言的一个小分支，是表意文字。横店土话要付诸有形的文字，要用大量表意系统的符号记录它的词和语素，应该承认这是一项颇具学术性的地方文化工程。汉字字数之多，笔画之杂，音读（dòu）之难，意义之烦，是国人的普遍感受。我于汉字形义学曾关注多年，也有卡片文稿存档，但一直未能（不敢）见示于众，加上东阳方言，或者横店土话，一个“土”字我就视为畏途。诚然，古人造字有法，或象形而会意，或假借而谐声，或转注而处事，而于方言土话，注音敷形，对非专业的人士很有些犯难。吴方言前人有一些专著，在古往今来的小说、散文、俗文学及野史、笔记中也有诸多存在，东阳方言叶光球先生在20世纪40年代曾有文稿十多卷见世。近年，《东阳日报》辟“东阳方言大家侃”栏目，侃出了一些很有有意思又有趣味的见解，其中颇有分量的就有文友郭立新的文章。应该承认，东阳方言历史悠久、内容繁杂、特色明显，仅以“三乡”的俚语、行话、隐语而论就极具地方个性和人文特色。所以我觉得从地方特色和系统性、科学性来要求，《东阳日报》应该继续侃下去，应该侃出一些系统性、科学性更强的文章来。去年市政协文史委由蒋锦萌、单国炉、吴立梅、华柯还有郭立新等执编的《东阳方言语汇》，应该是大家侃之后聚众多侃友智慧的一本有分量的专著。

日前，文友郭立新以《横店土话》梓稿相示，并嘱咐我为之写几句序言。横店作为域地概念，历史上时有变动，从语言的音腔语义说以北宋咸平四年(1001)始设的乘骢乡(含四十二、四十三、四十四、四十五、四十六共五个都)来界定似乎更确切一些。我作为乘骢乡人，立新先生的嘱咐多少有些道理，而作为教坛砚友，我不揣自力，更只得应允。于是我以先读为快、切身体悟的情感翻阅书稿，油然而生的首先是钦佩。

(一)必须长期生活于横店土话的语言环境里，才能有如此积累。

(二)唯有心、勤奋、善于酌理积学者才能有如此硕果。

(三)横店土话少有参照资料，立新先生是一位可敬的拓荒者。

(四)只有置横店土话于汉语言、文字的科学范畴之中才能作出如此系统的诠释。

立新先生作为横店土话的拓荒者，他的贡献是多方面的。他用规范的汉字记录了横店土话的大量词语，使其音其义赋之于形，为横店人认识形、音、义三要素结合的方言提供了方便，也传递了语言文字的若干知识，还为方言研究者提供了一些线索和依据。横店土话大小单位词语所表达的思想内容都是与社会学、逻辑学、修辞学密切相关的，立新先生对横店土话的阐释自然涉及这方方面面，所以《横店土话》自然也为横店人提供了许多社会知识和哲学思辨的依据。

我作为生于长于横店的横店人，在先读为快的同时，还获得许多“月是故乡明”的启迪和人文思考，比如由夏禹治水的水文化而孳衍的为溪为湖为湾为浦为渡为滩的地名文化；由厉氏都督堰和衡店义市而孳衍的义学、义渡、义祭、赠济的尚义文化；由百工技艺而孳衍的尊知崇艺文化，如此等等，不仅内涵丰富、特色明显，而且都积淀为横店人文精神。从社会学去思辨，横店人的社会活动的全部现实，无论是物质的、精神的产品，无论是思想理念、行为方式、民风习俗等，都存储于横店土话的语言宝库之中，所以我相信《横店土话》一书会引领横店人去领略鲜活、形象而极具魅力的种种历史现实和人文事象。

横店土话作为方言系统必然涉及语言学、文字学的诸多方面，横店土话中古越语、古汉语、古文化的遗存，以及避讳、禁忌、行话等都有待进一步深入发掘。立新先生再接再厉，是我等乘骢乡人的期盼。

乘骢乡人　王庸华

2014 年梅月

王庸华　社会科学副研究员、《东阳市志》主编、《浙江建筑业志》总编，曾担任东阳中学校长等职多年。

目　录

劬东劢西 …… 1
凡例 …… 1

上卷　索源

(一)名物称谓 …… 3
1.天象 …… 3
2.时间 …… 5
3.地点 …… 6
4.天伦 …… 8
5.人伦 …… 10
6.植物 …… 11
7.动物 …… 12
8.人体 …… 14
9.饮食 …… 16
10.穿着 …… 20
11.建筑 …… 23
12.材料 …… 28
13.器具 …… 29
14.行当 …… 41
15.农事 …… 44
16.金融 …… 46
17.意识 …… 47
18.疾患 …… 48

19. 特指 …… 50
20. 称呼 …… 56

(二)行为状态 …… 61

(三)习俗迷信 …… 85

(四)谜谣嬉乐 …… 96
1. 谜语 …… 96
2. 歌谣 …… 104
3. 游戏 …… 114
4. 娱乐 …… 115

(五)俚言熟语 …… 117
1. 识天收种 …… 117
2. 俚语俗话 …… 123
3. 谚语格言 …… 158
4. 姓氏指称 …… 171
5. 村名联缀 …… 172
6. 歇后语集 …… 173

下卷　探究

(一)特殊句式 …… 191
1. "只可……弗可……"式 …… 191
2. "只要……弗要(弗用、弗恒)……"式 …… 192
3. "只有……呒没……"式 …… 193
4. "有……呒(呒没)……"式 …… 194
5. "弗恒……只恒……"式 …… 195
6. "好……弗……"式 …… 196
7. "弗(弗可)……弗(弗可)……"式 …… 197
8. "……弗及……"式 …… 198

9.“……弗如……”式 …… 201
10.“若要……”式 …… 201
11.“难(难好)……难(难好)……”式 …… 202
12.“好……难……”式 …… 202
13.“会……会……”式 …… 203
14.“得……弗……”式 …… 203
15.“弗……呒……”式 …… 203
16.“呒……有……”式 …… 203
17.“有……呒……”式 …… 203
18.“呒……呒……”式 …… 204
19.“多……多……”式 …… 204
20.“还该……还该……”式 …… 204

(二)构词方式 …… 205
1.形容词(动词)词根+叠音后缀——ABB式 …… 205
2.叠音前缀+动词(形容词)词根——AAB式 …… 207
3.词根+固定后缀 …… 207
4.固定前缀+词根 …… 209
5.叠音词 …… 209
6.呼应词 …… 210
7.扩词 …… 211
8.东阳方言中虚词的巧用 …… 212
9.基数词在东阳方言中的运用 …… 214

(三)土话溯源 …… 227
东阳方言中的独特语素——驰 …… 227
也谈《红楼梦》与东阳方言 …… 228
“横店”地名别解 …… 229
从“我拉”说起 …… 230
“归扣”该如何读 …… 230
“狗肚肠弗捋”详析 …… 231
“将军殿”与“王潭”溯源 …… 232

一字之差　意思迥异 …………………………………………… 234
“热闹——闹热”辨 ………………………………………………… 236
土话中为什么会带“洋”字 ………………………………………… 238

附一　横店土话单字《新华字典》选注 ……………………………… 241

附二　横店土话单字《康熙字典》选注 ……………………………… 250

附三　手绘老式木犁图 ………………………………………………… 255

后记 ……………………………………………………………………… 256

劬东劢西

——写在前面——

1944年，我出生在东阳南乡的一个小村。1950年，土地改革当年春天，我上了小学，这是新中国成立之后的首届小学一年级。读完六年半小学（春改秋季，四年级多读半年），三年初中是在离家七八里的县第四初级中学上的学。即是说我长身体、长知识、学语言的少年儿童时代，都是在家乡度过的，从牙牙学语开始，一直到说话作文，我接触的基本上多是东阳方言。初中毕业又到金华、杭州两地读了几年书，同样有许多同学是同乡，聚在一起还是习惯讲家乡土话。

1965年，我回到家乡当了一名孩儿王。先后教过村校、小学、初中和职业高中，末了从高中老师岗位上退休。近四十年的教学生涯，过半时间专门从事中学语文教学，这一职业无形中使我了解、认识了故乡的方言。举个例子，在我保留至今的作文批改笔记中，让我记得雪灵清的一则，某学生在作文中出现一个奇怪的字句：岩精白头拾得一白海。明眼的文化人，你能明了其中的语义和意蕴么？根据上下文，我终于明白，原来他是讲："眼（音岩白读）睛（音精白）鼻（音近白）头拾①得一倗②亨"（眼睛鼻子碰撞到一块儿的样子）。这位学生把这么一句大土话写成文字，才成就了如此奇文！彼时的我，在经意与不经意间开始重视家乡的方言土语，并努力应用于语文教学的作文评讲等环节。

我的老家东阳市马宅镇北楼村，住民全都姓郭。土改时仅有85户人家，却有87把斧头出门，是个远近闻名的木匠村、做风车专业村。正因为人多地少，向来出外以手艺谋生者多，相对而言家长的眼光较远，对子女的文化教育

---

① 拾：碰，撞，钻。《金瓶梅词话》第二十六回："（宋惠莲）一头拾到屋里，直睡到日沉西。"

② 倗：人或物多。倗 péng〈书〉充满。〈现汉〉P982，本书收在P144。

更为重视，因而也是个了不起的文化村。在“文化大革命”前，我村就有正经的本科大学生6名，这无论是绝对数或户均比例都大大超越了全乡中的大村雅坑、屠梁、王潭和瑶村。尚有中专生5名、高中毕业生2名、“老三届”高中生七八名。我考上大学，我胞兄则是村里首批中专生，是重工业部直属杭州化工专科学校1960届毕业生。除了本专业，我哥特爱文学创作，学生时代就在《杭州日报》发表《火车呵》等诗作。他在担任工厂技术骨干和副厂长时，就计划编写电影文学剧本。其间，他要我这位长期在家乡从事语文教学的胞弟，课余时间广做调查采访，搜罗文学创作素材。于是，我将家乡解放前后的传说逸事、真人实事和风俗人情汇编成文寄他参考，后来汇装成册《故乡风土人情录》留存至今。胞兄执笔写出了分镜头电影文学剧本《苦难的岁月》，投寄于省级东海文艺社，得到回复：郭作者，我社不发电影文学剧本，请改寄上海等某几个文艺社（大意）。而其时胞兄升任厂党委书记兼厂长，正忙于新调入单位的扭亏为盈，改寄剧本之事遂不了了之，致使该剧本原稿至今沉睡于家庭书房，甚为可惜！而在上述采访记录过程中，我也涉及大量家乡的风土人情及方言土语。这应该是我用文字记录方言的最早渊源。

2004年，我准时退休。当年的花园技校正忙于上等级，需要招聘具有中学高级教师职称的老教师任教，我于是成功应聘前往。翌年暑假，在横店影视城大智禅寺任总经理的葛德胜同学，要求我去帮他们完成“大智禅寺丛书”三卷本的完稿、重印工作。我即辞去花园技校教职，回到横店补写、修订“大智禅寺丛书”，至2006年4月终于出书。

接着，于当年下半年又应横店镇文化站之邀，我参加了该镇非物质文化遗产普查，直至共同编著完成作为“婺文化丛书”之一的《横店风情》一书出版发行为止。在此过程中，我渐渐萌发要编一本关于东阳方言土语的书。当然，这在当时还仅仅是“𫋬放屙前呼狗”、八字呒没一撇之事。

2010年，东阳市政协文史资料工作委员会组织编写《东阳方言语汇》。笔者作为文史通讯员，在杭州带孙女的间隙，挤时间完成了90余页、约3.5万字的《东阳方言析义》手写稿提供给该书编委。此时的我，要自编一本东阳方言小册子的决心愈加坚定。另外，从2009年9月至2012年2月，我先后在《东阳日报》开辟的“东阳方言大家侃”专栏发文22篇，被编辑记者戏称为东阳南乡方言的主撰人。同时，我把以上写作与编书步伐有机结合，先前的“𫋬放屙前呼狗”变成了“真篴实笏”的实事。

时至今日，经过近五年的文字努力，我的书稿基本定型：将全书分上下两卷，上卷为“索源”，收集方言字词句段3800余条，并以自己的眼光和口气做出解释；下卷是“探究”，主要汇集本人所撰的有关东阳方言的探索、研究文章，其中大部分为已在《东阳日报》和《东阳人》双月刊发表的专文，和部分未经发表的后写文章。

语言作为人类特有的表达意思、交流思想的工具，它包括口语和书面语。方言，则是只在某一特定地区（人群）使用的话语，其多指口语。本书原拟书名《东阳方言·南乡篇》，现改为《横店土话》。这是考虑到书中所编的方言条目，系立足东阳横店，兼及周边的湖溪、马宅、千祥等地为主要采集范围，而横店只是东阳市下属的一个镇，自然就涵盖不了东阳方言；且东阳话历来有“北乡话”与“南乡话”之别，因有大盘山脉北支横贯东阳中部，山南为南乡，山北即北乡；南乡属南江流域，北乡是北江（即东阳江）流域；山南的湖溪、马宅、千祥、南马、黄田畈流行的称南乡话，山北的吴宁、上卢、巍山、佐村流行北乡话。有鉴于此，横店土话无疑应归入南乡话范畴。即便如此，由于语言受相邻县市影响，同属南乡话的又有画水、黄田畈（近义乌），千祥、防军（近永康）和湖溪、马宅（近磐安）之别。一个地区长期形成的方言，除与该地所处行政归属有些许关系之外，影响最大的恐怕还是该处的地域、山水等自然因素。因为在交通和通讯极其落后的古代，以上地理因素能够直接影响到语言的传承、交流与成型。个中的原因应该是，当时各地区之间的主通道即步行道，多是沿着山水的自然走势开拓的吧。

东阳南江发源于大盘山西南的仰槽尖近旁山谷，是纵贯横店全镇的主溪流。南江最主要的两条支流均流经马宅镇：长达31公里的第一支流柽溪，源自原三联乡的破岗岭，经七秩塘至马宅，再往千祥、防军等地入南江。第二支流从马宅镇紫坑岭头发源，流经马宅、桥头村称为木衢桥坑，长达15.5公里，于横店镇沈坎头汇入南江。为了揭示东阳南乡方言与地域及流域的关系，特绘制东阳南江两大支流的流向、流域图示，谨供读者诸君参考。

流经马宅的两大支流
一支流：破岗岭—七秩塘—马宅—下陈—前马—马墅—后马—千祥—云头—金村—防军—沙城头—新龙→
柽　溪｜千祥镇｜- - - 马 - - - 宅 - - - 镇 - - -｜- - - - - - - - 千 - - - 祥 - - - 镇 - - - - - - - - - - -｜- - 南 - - - 马 - - - 镇 - - -｜
二支流：紫坑岭头—栗园—西田—曲塘—上金堂—下洋—上新屋—桥头—雅坑—东山—北楼—王潭—红山—沈坎头→
木衢桥坑　｜- - - - - - - - - - - - - - - 马 - - - - - - - - - - - - - - - 宅 - - - - - - - - - - - - - - - 镇 - - - - - - - - - -｜湖溪镇｜横店镇｜
汇入南江

此外，南江水库大坝坝址避水岭脚，以及大坝下游的清潭、图江、下园、湖溪、红山则属湖溪镇，往下与横店沈坎头衔接。南江水库上游的徐宅、前途等属马宅镇。

综上所述：图示所涉的马宅、湖溪、千祥、横店以及防军诸镇，乃是本人出生、成长、求学、生活并工作了一辈子的故土；也是我接触、学习、应用、记录原生态方言之地，而横店更是我近二十年工作至退休并最后定居之所。故将此书定名为《横店土话》，实乃顺理成章之举。

以上系出书的前因后果，的东叻西、啰里八嗦，不妨暂作我的自讲自念。是为本书前言云耳。

郭立新

2013 年 3 月于杭州

凡　例

1. 既称“土话”，凡本地话与普通话在说法、咬音和写法基本相同的，一般不予收录，如“芋”、“重阳”和“贱骨头”之类，在四校稿中予以删除。本书上卷“索源”共收字词句段3800余条，下分五大类若干小类。各大类及小类内，按照词条的字数由少到多排列；字数相同的，则按各条首字的汉语拼音字母顺序排列。

2. 方言条目采用楷体字，析义文字则用5号宋体印刷。第（四）、（五）两个大类的每一条目之前加了“△”，以使各条目更为显眼。方言中明显的儿化音，在该字后面用小一号的“儿”字表示。

3. 有些方言存在同义异说，其备用字以中括号列于该字词之后。如“老得尺[赤]”，“恨死弗仁[尽]”。

4. 所谓方言，主要体现于方音，即用本地方言读音念出，才是正宗方言——没有方音读法，岂不等同于普通话？本书中之方言，采用以下几种方法注音：

A）直音标法：选一相同读音的汉字注音。如：“新孺人（音宁）”。

B）汉字白读：某些方言较难找出相同读音的汉字，而选来注音的汉字得用方言口语的读法，即所谓的白读音，则在注音汉字之后标明“白读”或单标“白”字。例如“弗恒晚（音慢白），只恒错（音撞白）”，“洗伢（音牙白读）花儿”。

C）有的方音能用汉语拼音标注，但又不是该字的普通话读音，就在拼音之前加“音”字提示区分。如“生儿（音 m）名气，生囡福气”，“好囡弗供（音 jiōng）娘”，“只可共（音 qiòng）天下（白读），弗可共（同前）屋瓦”。

D）普通话中的多音字，直接用汉语拼音标注，如“弗是行（háng 白），弗用谈”。冷僻字也以汉语拼音注出，如“夹毛松树从小抈（yuè）”，“鼟（tēng）弗出厄（的）锄（音若）头”，“东鲎（hòu）日（热白）头西鲎雨”。

E）有的方音本身因流行地区不同而有差异，用汉语拼音只能标注比较接近的读音，则标明“音近”。如“好侬弗问(音近 mè)口”，“冷饭搲(音近 wò)死狗”。

5. 有些词条直接用方言读音的字写就，其意义相当于普通话中某字，则在括号内注出。如“种田早，弗及录(留)秧老”中“录”的意义相当于“留”；“且口(歪嘴)和尚打(音乃)弗得好道场”中“且口”是方音，意义为“歪嘴”。

6. 个别作虚词用的字，由于出现频率较高，且用法及意义相对固定，除在附录“横店土话单字选注”收录解释外，一般正文不再一一标注。如“好猛”，“力量猛”中的“猛”字，相当于程度副词“很”，前举两条意义为“好得很”，“力量得很”或“很力量”。又如“眼睛铜铃亨”，“鼻头梁一管亨”，其中“亨”字相当于形容词词尾“的样子”。再如“浪滑溜”，“浪难听”中的“浪”，是用于词头的程度副词，相当于“很”，“非常”，“相当”，“十分”等意义。又如“木匠厄眼睛，弗及种田厄股串(屁股)”，“老公厄饭砻糠，儿(音 m)囡厄饭刀枪”中的“厄”字是方音，其用法和意义同结构助词“的”。

7. 同一词条中出现两次及以上相同的字，其注释一般只标在第一字，后面的字以“同前”代之。如“好来者(音借儿)，胡相公；弗好者(同前)，黄赤蜂”，或者后面的干脆不注。

8. 同一词条析义中有几种意义的，一般以分号隔开。另有少量词条解析出褒贬相反意义，或者先解本义、后解引申义的，则在析义部分加㊀、㊁序号来表示。如“一个吹箫，一个捺孔”，“仰天八灶放尿(suī 白读)”等条即是。

9. 本书涉及的东阳“南乡”，以横店镇为主，兼及湖溪、马宅及千祥诸镇。从地域上看，千祥镇邻近永康、缙云、磐安等县市，其方言咬字读音可能会受邻县影响，因而与横店、湖溪、马宅等地存在较大差异，其方言语汇有明显的独特性。有鉴于此，书中某些仅在千祥镇流行的词条，会在其后特别注明“千祥”。如“阿驰”，“霍吸丼儿”，“凿花老司”，“翼股毛嫲硬”，“九十九，九十九，廿三加廿九”诸条均是。

上　卷

索源

(一)名物称谓

本大类多为方言中的名词或名词性短语,将其分为20小类。

1. 天　象

【1字】

鲎(hòu)　原指一种生活在海洋的节肢动物,方言也用以指虹。

【2字】

地下　与天公相对的地面,即地上。

断雪　春季自此之后不再下雪。

断霜　春季自此之后不再下霜。

淋搭　冰挂。

罗忌　迷信传说中的星宿名。

七戳　星座名,天亮时在东方显现,晚上多在上空,由七颗星构成。

起九　冬至日或冬至的前一天起九,进入一年中的严寒季节。

起伏　伏天开始,进入一年中最热的季节。

日头　太阳,也指阳光。

天公　与地下相对的天空;在科学没有普及的年代,指能主持人间公道、能予人祸福的威力无穷的神,也称天公造佛。

【3字】

倒春冷　春季受寒潮等影响，天气突然回冷。

忽闪婆　对电闪的敬畏称呼。

雷公精　对雷鸣的敬畏称呼。

犁拖星　状如木犁拖（音太白去声）的星座。

落黄土　北方的沙尘暴对南方的影响。

日头红　早晨日出之前东方天边的红色，或夕阳西下时回光返照。

日头孔　太阳。

扫帚星　彗星。迷信，出现彗星天下会不太平，故又有引申义指某人（特别是女性）是扫帚星，会带给灾难。

天亮晓　启明星。拂晓时亮在正东方的特等星。

作陂云　拂晓时东方天边成片的乌云，预示下雨发大水。

【4字】

浑水潽涨　雨季溪流中浑浊的溪水暴涨，甚至溢过堤岸。

流水滴冻　冬季最冷时节，流动的水滴也能结成冰，檐口处挂满冰挂。

萝卜丝冻　冰冻日子，地面泥土被冻成丝状，像萝卜丝的样子。

秋南夏北　秋季刮南风会下雨，夏季吹北风才下雨。

太阳菩萨　对太阳敬畏的称呼。

天狗食日　不懂天文科学的人对日食的叫法。

天狗食月　不懂天文科学的人对月食的叫法。

月亮婆婆　对月亮敬畏的称呼。

2. 时 间

【2 字】

工夫 时间。

明朝 明天。

年干 将近年关。

上八 正月初八,农历一年中头一个月的初八,专名上八。

天早 天时尚早;很早就这样了。

午前 正午之前,即上午。

午傍 下午。

一记儿 一会儿。

一向儿 一直以来。

早者(音 jiàn) 早时候。

【3 字】

重阳干 快到重阳时。

端午干 接近端午节那些日子。

上八日 正月初八。

五更头 早上。

夜快干 天将晚时。

一生世 一辈子。

一记添 再等一会,加重祈求语气,也说成"等记嚒(mè)"。

月半干 农历每月十五前后。

【4字】

出头之日　经受困苦的熬炼，苦尽甘来的日子。

过年时节　农历正月的上中旬时段，为全年最为欢快、休闲的日子。

年到西壁(音北白)　临近农历过年的日子，有许多急待处理的事务，显得较为忙碌。

七朝八日　拖延时日较久。

眏(jiá)眼时(音先白)刻　很短的时间(立刻、马上)。

食午饭干　接近吃中饭时间。

四时八节　一年四季二十四节令各种节日，如端午、重阳、中秋等的概称。

天个老早　(比这要)早很多时间，早就。"个"为衬词，起补足音节的作用。

天早五更　一晚分为五更，五更天就亮。意为很早的早上。

夜半三更(千祥)　半夜三更。

寅时卯时　十二时辰中寅、卯相接。意为紧接着，立刻或马上。

早先慢(音近 màn)后　早些时候或晚些时候；有早有迟。

3. 地　点

【2字】

处[厝]里　家，家里。

横店　民间流传：在通方岩的大路边，有人开了个小店，专为绍兴、诸暨及本县北乡前往方岩的香客供应香烛纸马、草鞋、点心诸物及提供茶水，因该店门朝大路，是"横向之店"，故名"横店"。

衡店　横店的古称。据明朝东阳县知县钱源撰《衡店义市碑记》所述，由夏厉墅厉思恩"慨然捐金，易其地为义市，土名衡店"，自此始有衡店地名，后慢慢演变成"横店"。

近干 附近。

近脚 近处。

里头 里面,与“外头”相对应。

里向 往里的方向,与外向对应。

身干 身边。

外头 外面,与“里头”相对应。

夏山 横店镇的禹山,俗称八面山,也称夏山。传说夏禹治水曾登临此山观察水势,因而得名。因村庄在山偏东向阳方向,又称“夏阳山”。

眼前 眼光所到之处,即极近的地方;指极近的时间之内。

【3字】

刺蓬窠 荆棘丛中。

八面山 平畴兀立、四面峭绝、八面凌空,外形极像“八”字,是典型的火山锥。此山酷似日本富士山,海拔523米,是横店的地标。

含芯地 最佳地段。

界止头 山、田、地、房等的两家分界点。也称“骑界头”。

坎头脚 土石垒成的坝,距起脚最低处。

上八府 浙江省中南部金(华)、衢(州)、严(州);台(州)、温(州)、处(州);宁(波)、绍(兴)八府的统称。

下三府 浙江北部的杭(州)、嘉(兴)、湖(州)三府的统称。

【4字】

壁角落头 角角落落,不出面的地方。

高山大岭 山区多为山高岭陡而长之地势。

弄堂角头 房屋的隈下、过道等不向阳、光线暗之处。

绕山绕坞 山区的道路沿山、沿峡,按小溪流旁边开辟,显得弯来绕去。

山坑坞弄 山上雨水往低流,山脚自然形成小坑小溪;两座山间即为坞。

眼睛头先 眼光所及的近处。

【5 字】

深山冷坞坑　山高坞长、人迹罕至之处。

4. 天　伦

【1 字】

囡　女儿。对幼年女孩昵称为“囡儿(m)头”。

【2 字】

表亲　直系亲属的第二代以下的亲属。
搭底　兄弟姐妹排行最幼者。
孤侬　未结过婚，因而无后代亲人者。
后生　男青年，也称“后生侬”。
姐妹　姐妹、姐弟、兄妹的统称。
老嬷　妻子。
男(音 nín)家(音近 guò)　男性。
内家　女性。
二(音廷)个　排行或次序第二位的。
双生　双胞胎。
头个儿　排行第一的。
小侬　小孩。

【3 字】

秤锤生　未经节育，总共只生一胎者。一杆秤只配一个秤锤，因这种唯一性而得名。

宠子儿(音m) 在众姐妹中唯一的儿子;在多子女中唯一的亲生儿子。

大姑娘 刚成年的妇女,一般以十八岁为界;未近男性的妇女。

典生子 典妻是封建陋习,旧社会为了生子传宗接代,有钱人家妻子没生儿子的,丈夫可花钱“租”来人家妻子,为自己生下儿子并养至几岁后让生母离开,回原来的家。由典妻生下的儿子即典生子。

孤老头 没有妻子,也无儿女,孤身一人的年老男子。

光棍佬 对单身男人的贱称。

后生侬 青年小伙子。

两公婆 夫妻俩。

囡儿(音m)头 对年幼女孩的俗称。

年生足 同胞兄弟姐妹中,一年生一胎甚或两年生三胎者。

二(音m)婚亲 已经结过一次婚的妇女,第二回嫁人的,被男人娶回称二婚亲。

晚(音mèng)娘生 一夫多妻制年代,由后娶妻生下的子女,其地位低于原配夫人所生的。

新姐丈 新婚女婿在岳家的称呼。

新汤罐 新郎倌的谐称,显得亲近而妙趣横生。汤罐,黄铜铸成,安装在锅灶里缘,利用烧火做饭的余热加水温用。

新孺人(音宁) 新娘子。

养媳(音新)妇 童养媳。

【4字】

前娘晚儿(音m) 晚音近“马”。前娘指原配妻子,晚儿是后妻所生儿子,两者关系往往极不融洽。

头花小娘 从未婚嫁的姑娘家。

5. 人 伦

【2 字】

半作　学手工的学徒期，因行业不同会有长短之别，一般为三年。学徒期过半，许多活能独立完成者为半作。

老师　对技艺高超的手艺人的尊称；新中国成立后对人民教师的称呼；现时对各行各业中能力强、水平高且年纪较大者的敬称。

老司　对手艺工人中能独立工作的手艺工匠的称呼。

两造　当事者双方。

邻舍（音近 xià）　邻居。左邻右舍也称“邻舍家”、“前后邻舍”。

尔（音 m）拉　你们。

佢（音 gǒu）拉　他们。

吾拉　我们。

牙郎　牙行，即经纪人。

自拉　自己一拨人。

【3 字】

邻舍家　左邻右舍。

主人家　相对于客人的主人；相对于受雇的工匠师傅的雇主。

【4 字】

六亲九眷　包含直系、旁系；上代、今代的所有亲戚的统称。

露水夫妻　夫妻关系保持较为短暂者，犹露水见了太阳即干燥蒸发。

前后邻舍　房前屋后的近邻。

四邻八舍（音近 xià） 所有本房、远房，住在相邻或较远的邻居的总称。

头首家长 封建时代的族长、士绅之类的有地位的人。

6. 植 物

【2 字】

矮菜 一种野菜，度饥荒时被采食充饥。

冬蕈 秋冬季节长在林地里的野生菌，褐色伞盖有青绿色斑块，可佐餐，味鲜美。

葛衣 多年生草本植物，其根茎可炼淀粉，叫山粉。学名蕨。

枸树 落叶乔木，即槐树。

金瓜 南瓜，老熟时成金黄色。

苦槠 常绿乔木，果实球形，褐色，有光泽，炒熟可食；木材坚硬，可制器具，尤宜做房屋地栿等，俗称尖（槠）树。

芦穄 高粱。用芦穄磨粉，调水后包入馅料蒸熟就是芦穄馃。整粒高粱炒成米花，切做冻米糖叫芦穄糖。高粱米蒸馏成白酒是芦穄烧。

落苏 茄子。

毛兜 多年生藤本植物，每节藤长出一个颗粒状果实，煨熟能吃，根茎可入药。学名马兜铃。

棉茵（音 m） 一种长在田里的野菜，捣烂混进米面烤饼充饥，形状与一种名天青地白的草药相近。

蒲芦 葫芦。

奇干 野果，长在带刺的常绿灌木上，学名胡秃子。

青木 常绿乔木，木质坚硬，制作家具、农具。学名青栲，壳斗科。

天萝 丝瓜。

田荠 长在水田的荠菜，开黄花，饥荒时充作主粮。

乌饭 常绿灌木，开白花，果实成熟后紫黑色，有半颗大豆般大小，很甜，可食。与蓝莓同科。

香荠　开白花，长在野地的野菜，根部很香，名荠菜。

洋芋　马铃薯。最早是从其他国家引种进来而带“洋”字。

腰芦　玉米，棒长在齐腰的长秆中部而名。在旧时代是农家的主食，磨粉后做成饼、羹、矶等，每天会有两餐是玉米做的食物。

樱珠　樱桃。

圆眼　龙眼，桂圆。

柽(zhái)罗　落叶乔木，其种子球形，如锥栗而个更大。栎属树种，木材坚硬，可用于建房等。

柽子　落叶灌木或亚乔木，栎属树种。其种子名橡子，可制淀粉，熬成羹，凉后是上好冷饮，俗称择子豆腐。

真麻　苎麻。

栚(音朕)子　乌桕，种子外部的白蜡可制蜡烛。

7. 动　物

【2 字】

白鲇　白鲢。

壁吸　壁虎。

扁毛　鸟类的总称。因鸟毛是扁的羽毛，与圆的“浑毛”相对。

鳖壳　鳖甲。

鹁鸪　一种鸟，毛黑褐色。遇天要下雨或刚转晴时，常在树枝上咕咕地叫，传说“咕——咕——”叫两声一停为天将雨；“咕——咕——咕”叫两长声，第三声以短促音收尾，天会转晴。

鹁鸽儿　鸽子。

柴(豺)狗　狼。

车条　一种野生鱼，身体窄而长，常浮游水面，个体不大。

虫豸　对虫子(包括昆虫)的统称。

地鸡　雉鸡。

海(豺)狗　像狼,而比狼略小的肉食性野兽。

花斑　石斑鱼,因身有曲线条形花纹而名。

獾(音昏)猪　小兽名。獾。

浑毛　兽类的总称。因其毛浑圆故名,与“扁毛”相对。

老鸹　乌鸦。

罗鸢　猛禽之一。传说系老鹰产下的蛋所孵,故有“三只老鹰一只鸢”之说。

麻只(白读儿化)　麻雀。

蚂蚵(hé)　蚯蚓。

麦鱼　一种野生鱼,能逆流而上产卵。

毛公　蜈蚣。

毛蝲(là)　松毛虫。

毛狸　猢狸。

鲇(音捏白读)袋　鲇鱼,因其腹部胀如布袋而名。

青鱼　草鱼。

蛇龙　四脚蛇,蜥蜴中较大的一类,色彩较单纯,身体较粗短,尾巴也较短。

松(音近茸)鱼　鳙鱼,俗称大头鱼,头部味特鲜美。

田獾　獾一类小野兽。

田鸡　青蛙。

蛙蟆　青蛙或蛤蟆。

乌阄(jiū)　乌龟。

野猫　(1)近似于狐狸或獾一类的小兽。(2)近些年家猫少有人养,传说猫也不再捕鼠,猫多流落户外变成野猫。(3)引申指常年早出晚归的操劳者。

鱼鳅　泥鳅。

逐魂　猫头鹰。

【3字】

公公鸟(音 diāo)　一种鸟,叫的声音“公——公”的。传说旧时一蚕妇因桑叶不够蚕儿吃,家中公公命她去邻家偷摘桑叶,发现后被人砍死。死后她的灵魂化作鸟儿,每当养蚕季节,就“公——公”地鸣叫不停,向着“公公”哭诉她的悲惨遭遇。

狗屙蝮　蝮蛇，剧毒。

狗头熊　狼的别名。

黄鼠佬　黄鼠狼。

黄鸭(白读)刺　黄刺鱼。

介高鸟(音 diāo)　布谷鸟。

犁头蝮　眼镜蛇，极毒。

量寸虫　尺蠖，其爬行过程中弓起身体，极似一寸一寸量着地面长短而名之。

牛八脚　(1)牛虱。(2)引申指只进不出的吝啬人。

青鱼棍　(1)草鱼，因其体形滚圆而名。(2)形容体型浑圆的人。

蜒蚰虎　蚰蜒。

【4 字】

笃(dǔ)(音答白)木树鸟(diāo)　啄木鸟。

家狗扁毛　本义指兽类禽类，引申为詈语，指斥那些没人性者。

翘嘴塘白(白读儿化)　一种野生鱼，因嘴巴上翘而名，大者能长至尺余，味鲜。

8. 人　体

【2 字】

奇(jī)手　左手。

娘颊(音 qiá)　人脸的贱称。

顺手　右手。

面颊(音 qiá)　面部，脸。

手骨　上肢(不含手掌)。

腰骨　腰部，骨盆部位。

【3 字】

鼻头红　鼻血。

鼻头涕　鼻涕。

耳朵柱儿　耳垂。

霍吸井儿　心窝。

脚髁(kē)头　膝盖部。

脚仄头　脚趾。

脚仄甲(白读)　脚指甲。

口嘴干　口边。

六豆牙　婴幼儿满六个月即长出来的牙齿。谐绿豆芽(白读)。

脑吾(wú)头　头颅,头部。

屁股骨　坐骨。

手窠(kē)下　胳肢窝。

手乃头　手肘部。

手箁头　手掌近腕关节紧连大拇指肌肉突出部。

手仄甲(白读)　手指甲。

手仄头　手指头。

头颈筋　后颈突出的两条肌肉。

头颈箍　颈项部。

【4 字】

背脊(音走)龙骨　脊柱骨。

双塌下巴　下巴因胖显出双重。俗以为此种长相为有福分的女人。

9. 饮 食

【2字】

白糖　农家土制麦芽糖。

板脂　长在猪腹壁部的成片的油脂。

菜粥　白米粥加菜煮成的咸味稀饭。

茶配　就茶的瓜子、糕点、麦芽糖等糖果点心的总称。

炊饭　浸过的大米置于饭甑内用水蒸气蒸熟的饭。

发饼　用米或麦面发酵后烤成的厚饼，本地以往均用制黄酒的酒糟混和发酵的，又称酒糟饼。

饭汤　用冷饭或新鲜米，加菜煮成的咸粥，即菜粥。

饭馈(音分)　大米煮开后不久即捞出沥干的半熟米饭，用以祭神、拜佛等。

镬苔　锅巴。刮起锅巴，粘捏成鸡蛋大小的米团子即食，称“镬苔个儿”，是小孩所爱。

鸡子　鸡蛋。

凉粉　木莲蒲炼制的胶冻状冷饮食品，旧时为非常大众化的冷饮。

麻糍　糯米粉拌成糊状，蒸熟后加芝麻粉、白糖即成。传统方法，直接把糯米饭置于石臼用杵舂成糊状，再加上芝麻、白糖拌和而成。

麻鸠儿(麻菇——千祥)　用面粉调和发酵烘制成蘑菇状的糕点，旧时东阳人出门返乡时做回货带回。

麦镬　以麦粉调成薄浆，摊烤而成的圆形薄饼，再卷进菜肴，是麦收季节的花样主食之一。

麦矾　麦粉做的面疙瘩，也叫“麦面叽”。

年米　临近过年，农家往往要舂较大数量的大米，一直吃到来年开春，因这段时间的米不会蛀，易贮较长时间。

年糖　家乡有过年前切冻米糖的习惯，作为年节待客的主要茶点；有女儿新近出嫁，则会送冻米糖去女儿家，称担年糖。年糖原料种类较多，有米花、花生、粟米、米胖、芝麻等。

年猪 农家都有养猪习惯，更会在过年之前杀一头猪，除年节吃猪头、内脏及碎肉外，猪腿、肋条爿片等腌成腊肉供全年食用；猪板脂也会腌上供全年食用。此处讲个真实小故事：在20世纪50年代末60年代初“大炼钢铁”、“大办食堂”的“大跃进”年代，国内遭遇三年自然灾害，农民吃饭相当困难，特别是“食堂”停办之后，农户普遍勒紧裤带度日。因为农户又有了自家做饭吃的“自由”，过年又可养年猪了，当年笔者村里有户人家的年猪“小”得出奇，去掉头杂内脏后，把猪体一分为二而成的“爿片”，每片的重量仅为8市斤，一时间成为奇闻。

年肉 年猪宰后，许多农户为了节俭会把猪腿卖给食品站，留下自食的肉即为年肉，腌制后要供整年食用。

起酥 相当于月饼一类的糕点。

牵面 手工牵拉而成的面条，现称拉拉面。

砂糖 从糖梗中炼出的红糖。

山粉 从蕨根中炼出的淀粉。

时货 时鲜水果及流行食品等。

索面 手工牵拉而成的咸味面条，晒干后储存备食。

粽粉 米粉干。横店夏溪滩村至今保留粽粉制作。食用方法除用汤煮，还可用水浸泡沥干再加佐料炒干待食，更为美味。

汤水 特指煮米饭时沥出的米汤水，可留下饮用，做汤水粥，煮泡饭，喂猪。

糖饧 用米浆蒸成的熟食，分红糖饧（加红糖而甜）、白糖饧两种，家乡有“七月半，糖饧顿”的传统习惯。

糖霜 白糖。

糟烧 酿黄酒留下的酒糟，混入米糠后烧出来的白酒。

子酒 蛋花酒，鸡子加黄酒煮成，有全是黄酒烧或黄酒兑水烧两种，这要看饮食者酒量、烧煮的习惯或节俭与否而定。旧时做谢客酬宾上等点心或做补品使用。

【3字】

茶叶茶 以茶叶冲泡的日常饮料。

茶叶子 茶叶蛋。

搭笑饭　为了省米，有意多加水，把米饭煮得烂熟，介于干饭稀饭之间。

大麦饭　因稻米宝贵，在收获大麦后，舂去麦皮，用来煮饭做主食。粮食困难时期，也用大麦磨粉做饼做矶充作主食。

大麦烧　用大麦制的白酒。

大麦饼　大麦磨粉做的饼。粮食紧缺年代，特别是青黄不接季节，充作主食。

大麦矶　大麦粉做成面疙瘩，充作主食以度饥荒。

豆腐粒　将豆腐切成立方体，经油炸即成。

豆腐浆　豆浆磨好煮沸后即成。

豆腐花　豆浆煮沸加卤水即成，即豆腐脑。

番薯粉　从红薯中提炼的淀粉；红薯切丝晒干后，直接磨成粉。

金瓜饭　煮饭沥好汤水后，将饭米推向一边，稍低那边倒入切好的南瓜，一起蒸饭，饭熟开锅，将部分熟饭与南瓜混合，一同装碗。这是粮食短缺年代普遍做法。

镜（白读）头油　煮肉汤冷却后漂浮在表面的油脂，可以捞起重复利用来拌茶、拌面条等。

烤豆腐　把豆腐切成方形薄片，放在带油的锅内，两面烤黄。

冷饭粥　将少量剩饭连同锅巴，加入烧饭时沥出的米汤水混合，或烧开，或直接取食；用冷饭煮成的粥。

芦穄馃　高粱磨粉，调水后包入馅蒸熟。

芦穄烧　高粱烧成的白酒。

芦穄糖　高粱米炒成米花，切成冻米糖。

麦面矶　面疙瘩。

糯米肠　将浸泡透的糯米拌少量盐调味，装入一头扎线的猪大肠（或小肠），灌入适量水，再扎紧另一头，煮熟后切成段。

盘肠脂　粘连着猪大肠的脂肪，也称“花油”，与“板油”相对。

切切面　刀切面，与牵牵面相对。

山粉蕈（笠帽斗——千祥）　山粉即蕨粉，加入煮熟去皮的芋艿，揉成面团、捏成蘑菇状，加料烧汤。

汤水粥　米汤水加冷饭煮粥，与“冷饭粥”差不多。

糖米个儿　切冻米糖时，熬剩糖油的锅，加入炒米或米花，粘捏成鸡蛋大小即食。

田荠饭　缺粮年代，青黄不接的春季，用田荠混入少量大米做饭。

童便(音 piáo)子　据传男童小便可治疗陈伤，因而春季民间有用童便煮鸡蛋做补食，能防疰夏，减少中暑。

岩头衣　长在岩缝或岩石表面的可以食用的菌类。

腰芦饼　玉米粉烤成的饼，手工拍打成形，糊到铁锅边上烤熟。

腰芦羹　玉米粉熬的羹，是20世纪70年代之前农村的主食，每天不会少于一顿。

腰芦矾　因其比羹更耗玉米粉，还算主食中较奢侈的了。

油麻饼　又名麻酥饼，带馅的圆面饼，两面粘满芝麻颗粒烘烤。是上世纪乡下流行的主要糕点品种。

油煎馃　用洋铁皮制的上宽下窄椭圆形模子，盛上萝卜丝等制成的馅，再浇上薄面糊，置于油锅内煎炸至蜡黄熟透。是20世纪流行的普通熟食点心。

柽(zhái)子粉　橡子面，从橡果中提炼的淀粉。

【4字】

白煮(音近 shāo)鸡子　水煮蛋。

豆腐镬苔　煮过豆浆留下的锅巴，刮下后拌点食盐即食。

肚里头杂　宰杀猪羊鸡鸭诸畜禽后取出的内脏，包括心、肺、肚、肾、肝、肠等食品的总称。也叫做“肚里货”。

馒头焐(煨 wū)肉　焐肉，东阳特有风味的红烧三角形大块肉。馒头焐肉配套上桌，成为各种喜宴必不可少的菜肴。

青菜淡饭　未做专门调配的普通饭食；主人待客时对自家饭菜的谦辞。

糖霜鸡子　鸡蛋去壳加白糖煮熟，作为待客点心。如同时加入黄酒，就称“子酒”，除待客，农忙季节也作补品。

柽(zhái)子豆腐　用橡子面熬成羹，冷却后切片，加上糖醋，即成上好冷饮。

煮粥捞饭　一般农民家庭均讲求节约，农闲季节很少煮白米饭。农忙时，为让主劳力有力气干活，往往在饭锅煮沸时，捞起部分干饭让给主劳力吃，余下的煮成粥，让妇幼诸人吃。

10. 穿　着

【1 字】

褂　中式背心。如棉领褂，羊皮褂。

襦（音近 xué）　带里子的上衣，如夹襦、棉襦、羊皮襦。

【2 字】

布袜　用棉布做的袜子，以往较普遍。

布帐　蚊帐。旧时以苎麻纺纱做的多。

单被　被单。

钉镶　耳环。

钉鞋　用牛皮做鞋面，鞋底装大头铁钉的雨鞋。

肚褡　护腹。

屙衲　尿布。

袱抽　用包裹礼品篮的格子布即花袱，对角折叠后，绑在腰部以加强腰力。

鹤佩　霞帔，配合凤冠披的肩饰。

花袱　以蓝、白两色小方格相间织成的花格子，裁制成正方形，用来包裹礼品篮的布。

夹袄　带里子的夹层上衣。

夹板　木制拖鞋。

夹被　配以里子的双层被（相当于被套）。

夹襦　带里子上衣，可有长短的两种。

脚绕　旧时妇女裹小脚用的长条布。

叫带　背小孩子用的长条布折成的布带。

拷皮　香云纱，丝绸织物之一。

马丁　马褂。

棉襦 长棉衣。

棉袜 附有棉毛的布袜。

蒲鞋 以稻草编底,用蒲草(较粗的席草)编帮的凉鞋。

手指儿 戒指。

头髻 发髻。

袜船儿 船形的布袜套,夹在袜子与鞋子间,起保护袜子的作用;袜子底破后,用针线缝缀在袜子底部的船形布套。

须头 起装饰作用的流苏。

银箍 银项圈。

银索 银项链。

扎缚儿 用布缝制的褡裢,扎在腰间,既可做钱袋,又起护腰作用。

燥靴 牛皮制的晴天穿的靴子。

【3字】

布衫头 对开襟短上衣。

残涎兜儿 小孩用的围兜。

长布衫 斜襟的长上衣,长至脚面齐。

长洋袜 高至膝下的长袜子。

单圆(音余)裙 妇女上灶或搞卫生时扎在腰间的围裙;某些工匠劳作时也有使用,其中木工用的围裙分左右两幅,既保护双腿又不影响动作,称双幅裙;哺乳期婴幼儿包裹下身用,相当于裤子。

荷花被 在白布幅上,覆以荷花等花纹的阴性纸模,用调好的黏性石灰浆刷在纸模上,揭去纸模,即成突出表面的荷花,然后下到靛蓝池内染色,出缸后成了靛蓝底的白色花,经多次洗涤后,洗去白色灰浆,花纹越来越清晰,做成被面,配以里子(蓝色稍淡)就成了荷花被。以往多以东阳手工织土布印花,是陪嫁必备品。

花袱抓儿 用蓝白相间正方形土布制成的花袱,平铺开,中置量笼篮、柿篮,或栲栳匾,装上索面鸡子,或馒头、粽子、饧梅等,再把花袱对角打结,绾上红色的花袱带,即成花袱抓儿;两个花袱抓儿,用两头钩竹扁担,或用特制的木质担钩(油漆木扁担,两头配铜钩子)拼为一担,即可走亲送礼了。

花哔叽 哔叽,一种较厚的机织布,印上花即成。

花洋纱　较薄的印花洋布。

夹板褂　前后两幅拼合成一件背心，在拼接的对侧留作开口，用带子系结，因两幅样子一致，故无论哪幅穿在前面均可，只是系带子的开口会在左手或右手而已。一般小孩背心都会做成此式样。

夹紧身　带里子的双层紧身上衣。

夹圆（音余）裙　带里子的围裙，婴幼儿冬天使用。过去年代小孩不会走路前均使用围裙，裤子只有在能走路后才穿。

捆身褂　紧身的背心。

毛线褂　毛线织的背心。

棉紧身　小棉袄，一般在外加穿罩衣。

棉夹襦　棉长袍。

棉坎肩　棉背心。

皮底鞋　橡胶底或牛筋鞋底、棉布鞋面的单鞋。

骑马布　妇女专用的卫生巾。

尿（suī）裤头　用旧衣裤等制作的小孩尿片，早些年代婴儿通行用品。

铜钵帽　宽檐的硬壳泥子帽。

土布衫　用东阳土布缝制的上衣。

卫身拐　旧时有身份人的拐杖。

羊皮褂　内里缝缀羊皮的背心。

羊皮襦　内里缝缀羊皮的长袍。

银手镯　纯银打造的手镯。

竹布衫　淡青色无花薄洋布做的上衣。

苎布帐　用苎麻纺纱织成的蚊帐，这是旧时嫁女必备陪嫁品。

【4字】

布衫头裤　土布缝制的短上衣、长裤子一套。

金丝眼镜　旧时有身份者戴的镀金镜架眼镜。

丝光洋袜　旧时有身份者穿的真丝薄长袜。

头颅翠花　旧时富家女子头饰概称。

鞋头袜脚　脚上穿着（zhuó）的概称。

衣裳服件　身上穿着（zhuó）的概称。

11. 建 筑

【1 字】

栋 泥木结构房子最高处，屋脊为瓦，其下为（木头）栋桁、椽子。

隈 房子以栋为界，把屋顶分为前后两个屋面，正屋前屋面与厢房前屋面相交处汇合为隈，交接处两个屋面瓦沟的雨水都汇流入隈。

【2 字】

扁叠 垒砖墙的一种格式，即把砖块最大面置于水平方向，层层往上叠。

椽树 纵向固定在桁料上的木条，其上才可盖瓦片。

大步 仅矮于栋柱的次高柱子即大步。

地栿 连接两个柱墩之间的横木，在地栿上留门以外做成板壁。

栋桁 架在房脊上的，房屋最高处的檩条。

栋柱 支撑着栋桁的最高的那些屋柱。

封泥 把墙体和屋瓦之间的空隙，用薄砖、灰泥等堵得不留缝隙的工序。

盖瓦 旧式泥木结构房子，屋面用瓦片盖成，凹面朝下的叫仆瓦，凹面朝上的叫仰瓦，仰瓦接成的沟，就是让雨水朝下流的水沟。

格隈 连接正屋屋面与厢房屋面，使之形成“隈”的工序。

搁栅 楼板之下的横木，一般是原木刨光，劈出一条不宽的平面使之接触楼板的平面。特别考究的则做成方栅，即栅的横截面为长方形。

隔间 左右并排的两间屋，沿纵向柱子，用板壁分割；有些房子一间前后分割成两半，分隔处的板壁也叫隔间；其上留的门为隔间门。

桁料 檩条。屋面上沿屋脊方向平行排列的所有横木，最高处为栋桁，最低处为檐口桁。

后披 在正屋紧接后墙建的一层矮屋，屋面只向后方倾斜，一般为农家的厨房、牛猪栏或厕所。

后檐　朝后屋面的瓦片最低处。

阶沿　房屋前门以外，屋瓦之下部分，阶沿口比屋檐口要往里收，使雨水淋不着阶沿。

接榫　使榫头凹凸部分合拢，起到两构件间的紧密连接作用的工序。

坑厕(音 si)　方便之所。也叫"茅坑"。

坎头　石头垒砌而成的是石坎；泥土堆垒后长出杂草保护表面不致流失而成的高出平地部分，是土坎。

楼栅(千祥)　见前"搁栅"。

门壁　前门分割房内与阶沿的板壁；泛指房屋板壁，如捣门壁。

门面　屋前的墙壁或板壁。

门堂　房前的院子或空基(未做围墙的)。

泥墙　旧时一般住房是土木结构，筑泥为墙；三合土的泥墙成本颇高。

弄堂　不露天的屋内通道。

平缝　两片板拼接处的缝为平面，以毛竹销拼接。

前窗　前门面留的窗，一般多为双首窗门的大窗。

前檐　往房前流水的房檐。

楸楣(音眉白读)　土木房屋的木构件，特厚木板连接两柱之间，其上架设搁栅，搁栅上铺楼板。

磉盘　柱子下方没入地面的正方形石板，其上置鼓形的磉子即柱脚石，如厅堂等考究建筑，磉盘上方有圆柱形突起，以与柱石形状相匹。建房时有定磉的工序仪式。

磉子　磉盘之上的垫柱子的柱脚石，一般打制成鼓形，稍简者为上大下小的方形。

水门　祠堂等大幢建筑设的横门，作为平时一般通道，或指取水(饮用或消防)通道而名。

榫头　木结构房屋或木器构件一凹一凸的接合部，凹者称雌榫，凸者为雄榫。

下檐　老式土木结构房屋的前檐分上下两层，下檐指覆盖阶沿，从楼檐窗口以下前伸的短檐；上檐往下檐滴水，下檐水直滴地面。

小步　大步往外，比大步短的屋柱。

小门　较窄的单扇门；拼装在大门边的窄门，平时出入只开大的那扇，要搬大件家具或挑担出入时才同时打开小门以增宽度。

腰枋 连接两根柱子间，把板壁分割成上下两片作用的方形横木，若要开窗，就在腰枋上方留窗洞安窗门。

腰门 安在板门以外的齐腰高栅栏门，打开大门时关上腰门可防鸡狗等进入房屋。

【3字】

雌雄缝 两板拼接处，一边做成凹槽称雌缝；另一边做成凸起的称雄缝，这样两片板合拢就严丝密缝，不留空隙。这种拼缝法一般用于楼板拼接，即使有点"退缝"也不会漏下灰尘。木制锅盖也用这种拼缝法。

大房间 在全埭屋的堂屋两侧的房间称为大房间，为最出面的。

大台门 全埭屋正对门堂和堂屋的双首门。

叠墙脚 土木结构房屋，在墙脚处要先把土挖去浮泥至硬土处，再用石块垒砌墙脚，然后在墙脚之上再做墙壁。

独扇门 整个门洞只安一扇门的，与"首双门"、"大小门"相对。

高低缝 在两片板的边上，各做成一级阶梯状，然后把一高一低的两片板接合一起，使之密切接触，这种拼缝法即高低缝，其紧密程度仅次于"雌雄缝"。一般用于楼板、门面等处。

高檐落 旧式土木结构房屋一般采用重檐式，即在楼檐窗以下有第二重屋檐。另有一种只有屋顶盖瓦，檐水直滴至地面的样式则称"高檐落"，此种结构更利于底层采光，结构也更简洁。

过间楼 底层留作公用通道，二楼才建房的屋。

过路间 屋内需留作前后左右通道的那一间。

后壁墙 房屋后面那堵墙，也可以有后门。与"门面墙"相对。

后门头 出房屋后门处的空地。

火筒屋 有些村庄全埭（整幢）屋一进挨一进，所有两边厢房的走廊连成一条直线，下雨天不必走湿路。

金字墙 即山墙，因屋脊处往前后两向逐渐降低，极像"金"字而得名。

空斗墙 以砖砌墙，墙体内部规律性地留空的一种，每平方米墙体约需标准砖 90 块。

老虎窗 为了采光和空气流通，在屋顶盖瓦面另建小的两面坡建成的窗子。

楼梯板 木制楼梯踩脚的水平板，称踏脚板；垂直方向顶着踏脚板，同时不让脚踩过头踏空脚的那片称为踢脚板。

楼梯步　按房屋和楼层高矮及每步高低不同，每层楼梯分十几二十几步，一级一级形成楼梯步。

楼梯级　木楼梯两根斜安，其上装楼梯板的厚木板称楼梯级。

楼梯间　一幢房子安装楼梯那一间即是。

楼檐窗　楼上在下檐以上开出的窗。

千年基　造房子不容易，造起房屋往往供几代人居住，所以把地基和造房大事称为千年基。

签墙脚　在建墙之前挖去墙基处的浮泥至硬格（隔）处为止，然后以砖石垒墙脚，这道挖土工序为签墙脚。

三间正　三间房一排为一幢的房屋。

沙灰墙　把石灰、沙子和泥土按比例混合筑成的墙，比普通泥墙坚固许多。

十八墙　用标准砖一面竖叠，另一面扁叠，一层一换砌成厚度为 18 厘米的墙，其厚度及牢度介于实体墙（厚 24 厘米）与五寸墙之间。每平方米用砖 105—110 块。

实砌墙　又称扁叠，标准砖 24×12×6 厘米，24×12 厘米的最大平面朝上，墙体厚 24 厘米的最能承重的实心砖墙，每平方米所花砖头数量也最多，约需标准砖 133 块。

双首门　在同一个大门洞安上两扇门的那种。

堂屋间　整幢房中间一间特宽，供各住户红白喜事通用的公房。都是有门槛（地栿）而无门面的开放式结构。

隈下屋　十三间那类全埭屋，在正房与厢房间会留有走廊，面对走廊的那间采光特差，因其屋顶处即为“隈”，故名。

五寸墙　标准砖的宽度正好为长度的一半（如长 24 厘米，宽 12 厘米，厚 6 厘米），以砖的宽度为墙的厚度的实砌墙，称为五寸墙。每平方米约用砖 65 块。

五间正　五间房一排为一幢的房屋。

小堂屋　除了正面房正中有堂屋外，全埭屋的左右两厢房正中间称小堂屋，其屋宽比两旁的厢房稍宽，而比堂屋又稍窄。

筑泥墙　土木结构房屋最普通和普遍的墙体均为一般泥土夯实即成，从墙脚始，一层一层往上筑墙的工序即是。

砖头墙　用砖块砌成的墙，老式砖有开砖（砌空斗墙用）和瞒砖之别；标准砖墙又有实砌墙(扁叠)、空斗(均24厘米厚)、十八(18厘米厚)、五寸(12厘米厚)四种。

【4字】

独份堂场　自家独门独院,房屋前后左右也无别户屋舍毗邻,这样的住房被认为是头等的。

廿四间头　整幢房屋有二十四间,其分布为:正面一排七间,中央间为堂屋;左右两列厢房各七间;离正屋约两间距离,有一排与正屋平行的三间公用房;公房前是门堂;连接两列厢房的金字墙建围墙,中间设台门。全埭24间。

十三间头　整幢房子有十三间,正房一排七间,正中堂屋间,左右各两个大房间,左右的第三间门口分别正对左右厢房前的左走廊和右走廊,再往外左右各一间"隈下屋",七间正房前有一直线走廊,走廊尽头为左、右台门;在左右第四、五间门前配建左厢房和右厢房各三间,合计厢房六间,每列三间厢房居中一间为小堂屋,左右两间小堂屋隔门堂相望。

【6字】

三千三,薄薄摊　旧式土木结构房屋顶部盖泥土烧制的瓦片,每间房屋至少需土瓦片3300片。

【7字】

独己门堂独己井　独家大院。旧时代的地主人家才有这种住房条件,不光独门独户,前进后进,有门堂,有天井,一般天井处开挖自家水井。此外,还应该有住房、厅堂、厨房、厕所、牛舍、猪栏,甚至长工保姆用房一应俱全。

12. 材　料

【2字】

开砖　老式砖，按需可将一块砖分开两片用的那种，叠空斗墙用到。

蛮石　未经打制和琢修的普通石块。

瞒砖　不能一分为二的整块老式砖。

篾白　篾条剖开朝里白色的不可用于编制的部分。

篾黄　介于篾青和篾白的中间部分，可用于编制，只是牢度比篾青差。

篾青　竹子外层带青色部分，是最为坚韧部分。

松明　松树上劈下的带松脂的木片、木条，可以点亮照明，只是烟特大。

洋灰　水泥、钢混结构的主要建材之一。

【3字】

白刁泥　陶土，因色得名。

黄金泥　金黄色的黏土。

绿石头　萤石，主要成分为氟。

木棉线　较粗实的全棉线。

盐卤冰　制盐的副产品，会凝结成块，溶化成液状即卤水，是由豆浆制作豆腐脑、压制豆腐必用之原料。主要成分为镁、钠等盐类。

【4字】

红青丝线　红紫颜色的丝线，用于女红刺绣，能从“对针对红绿”的货郎担处兑购。

溪滩石子　溪中的小卵石，用于拌三合土、筑沙灰墙。

13. 器 具

【1 字】

耖 耕田农具，先用犁翻耕，接着用耖把水田推平才能插秧。

尺 丈量工具，泥、木、石等各式工匠、裁缝等都要用到。

锤 一般由生铁铸成，打击用具，泥、木、铁、石等工匠都会用到。

镬 铁锅。

锯(音 gòu) 切割竹木材料的用具。

犁 翻耕土地的农具。

砻 木、石制的用于粮食脱壳和粉碎工具。

耙 耕田农具，把犁耕过的土块耙切成碎块。

筢 划拉柴草的用具。

刨 把竹木材料刮平的工具。

钳 用来夹取或固定的夹具，铁匠师傅、电工师傅必备。

线 缝制衣服等用的，棉或丝制成的细长均匀的材料。

凿 有锋利口子的铁制工具，用来斩凿木、竹、石等材料。

针 头部带尖锋，尾部有小孔，用以引线缝布的工具，裁缝、鞋匠师傅必备。

【2 字】

叭(音百白读)喇 即喇叭，吹奏乐器，比唢呐大。

板盖 木制锅盖，圆形，带把手。

板砧(zhēn) 厨房里切菜、切肉的垫板，即砧板。

箁篮 竹篾或无毒水草编的箩筐。

扁杭 扁形的木制长扁担，用以挑大件木器、大捆柴草等。

扁凿 扁而阔的凿子。

饼檑(léi) 可以擀面制饼的中间粗、两端把手较细的木制厨具。

薄刀　厨房用菜刀。

槽篮　篾丝编制的箩，能漏水，用于淘米等（数量较多时）。

草刀　弯成直角形的刀，专用于割草，比砍柴刀轻巧。

草篮　用篾条编的留有大孔的装牛羊草用的篮。

臿（chā）杵　石臼的配件，长约 2 尺的上头方柱形、下头半球形石杵，上端九十度角安装木柄，在石臼内舂插，使稻谷脱壳变糙米。

茶笼　篾丝编制的烘茶叶的形如大笠帽的器具。

茶筒　用大毛竹节，刮去外皮，在上头竹节留一段小半圈竹片作为呷茶水的嘴，此处竹节打小孔，做灌入和流出的口子。是农民上山下田的必备饮水器具。

柴梳（椴）　挑柴用的尖头担。

柴垫　用木头桩做的劈柴时的垫子；比喻挨揍的人。

长刨　把长木料刨光的刨子，为使木料更平，木制刨壳特长，使刨面成平面。

锄（音茶白）斧　铁制木柄工具，形如洋镐，一头为小锄头，另一头为小斧头。泥水师傅用得多。

炊巾　蒸馒头等，垫在蒸笼上的薄棉布。

粗刨　把木料大致刨平的，刨出刨花较厚的木工刨。

搭拄　挑担子用以分担放扁担的肩头的压力，停步休息时垂直撑拄扁担所受重力的，平肩高的木棍状用具。

大橱　安有四扇门（两明两暗），底下设暗柜的雕花衣橱。

大锏　大型的陶制鼓形容器。

担钩　木制扁担，两端装有黄铜饰品，安有铜钩，格外精巧，多用来挑花袱抓儿，给亲戚送礼。

掸帚　用高粱穗或芦苇穗捆扎而成的清洁用具。

弹车　人力踩踏的弹花机。

弹弓　手工弹花的弓形器具，用木槌扣动弹弓上紧绷的牛皮弹线，使弹线震动，从而弹松棉花。旧时弹棉被多用此法。

捣臼　石臼，舂米用具。

稻梯　安在稻桶内的梯形木栅，成把稻禾甩在上面即可脱粒。

稻闸　正方形，上大下小（四个侧面为梯形），稻谷脱粒用的木桶。

抵指　缝线时顶住针尾的戒指形顶针。

地笠　篾簟。摊在地上晾晒粮食谷物的竹编农具，不用时能卷成圆筒形靠墙竖放。

斗篮 篾编四角形篮子，也叫四角斗篮。

短刨 刨壳较短的木工刨，用于刨较短小木料，或局部修刨长木料。与“长刨”相对。

镦头 打铁用的生铁铸铁墩。

翻耙 水稻田用于中耕翻土的农具。

饭篮 竹丝编制的盛饭的篮子，旧时送饭到田间的必要用具。

饭甑 蒸饭用的圆形桶器，浸泡过的大米层层添加，用蒸气蒸成饭。

风车 手动扇风，借以扬去谷秕、麦壳、米糠、玉米芯的薄皮等杂质的木制家具。

风炉 用以生火煮铜罐饭，烧铜壶水或砂锅炖菜制汤的小炉子。

隑桶儿 婴孩站或坐的木桶，下层可生火炉取暖。

稿罽(荐) 用棕丝或稻草等编制的床垫，夏季不用时可取下卷起收藏。

狗槽 给家狗喂食的石制食槽。

谷耙 一块木板，安上木柄，用于收拢摊晒的谷物。

刮刀 两片钢刀折打成直角形，两边均有刀锋，用来把篾片刮光的刀具。

号头 一节套一节，用时拉长，不用时缩拢的长号，也叫先锋。

花床 雕花的木床，最考究的有一根藤，乃至“千工床”。

花袱 织成青、白两色小方格相间的布，拼制成正方形，用来包量笼篮、笥篮、栲栳匾、盒等器具，给亲戚送礼的布袱。

灰箩 专门用来装焦泥灰、泥垺块的篾制槽篮。

火塌 篾丝和篾片编的椭圆墙身，顶部为稀疏的六角形孔的篾笠，下置火盆，上蒙潮湿的围裙尿布等用以烘干的用具。

火笼 在泥烧的红色内胆(名火笼钵)之外，用竹篾编制外壳，装上篾提手，生上火炭，冷天里用以烘手取暖。后来也有用铁皮制的，叫洋铁火笼。(用黄铜铸造的带有孔盖子的则名“铜火熜”。)

镬铲(音戳儿) 锅铲。

镬灶 锅灶。

吉子 唢呐。

剑门 篾匠师傅用以修正篾片宽度的工具，由两片纺锤形刀为一组，将其按宽窄需要钉在长凳头边，刀锋朝前，刀片形成“八”字状，让篾片从剑门处通过，超宽部分即被两片刀削除，成标准宽度的篾片了。

解锯 双人手接锯板用大锯。

角尺　木工师傅的量、划尺具，握手的短尺截面正方形，刻尺度处镶白色牛骨片，长度为1鲁班尺；长尺为扁平篾片，长度为2鲁班尺；长短两尺以九十度角固定，故名。木工在使用间歇，往往短前长后，把尺子挂在肩头。

脚桶　脚盆，用杉木板拼制，由箍桶匠制作。

铰刀　切草刀具，安装在四脚凳上使用。

金锉　形如尖刀的磨锉竹木的锉刀，刀体正为平面，反为弧形。

酒篘（音抽）　篾丝编成圆篮状器具，按入酒缸，将酒糟逼在外，其内为酒清，即可舀取饮用。

酒榨（音借白）　酒缸澄清之后，将酒连糟装袋，榨压，使酒液与糟分离的木制器具。

糠筛　篾制筛子，其孔目比米筛要小，用以筛除米中的糠屑。

阔板　阔口锄头。

阔带　手工织成带花纹、宽寸许的棉纱带子，用来扎花袱抓儿、捆棉被等。又名花袱带。

阔凿　阔口凿子。

镴瓶　锡制的大肚圆口带盖瓶子，用来装糖果、炒粉等食品。

镴台　锡制的蜡烛台，有高（两层接蜡油盆子）、矮（单层）两种。

镴甑　锡制烧制白酒器具。

两齿　没有锄板，制成两股锄口的锄头。

路钮　小洋镐，独手操作。

罗纱　水碓配制的长方形大型筛子，置于长方形带脚木桶内，以手推拉，将磨下的粉过筛。

麦磨　人工推拉磨粉的石磨。

蒙帚　芦苇或黄秆（白读音）的穗子扎成的掸帚。

米筛　稻谷脱壳之后，尚有未脱去的谷粒，用筛可以筛除；摇动筛子，谷粒可集中在筛子中部，即可取出谷粒，留下大米。

面棍　擀面杖。

面桶　面盆。

篾尺　篾匠师傅丈量和编制的工具。

篾刀　破竹子、剖篾条的刀具。

篾（音捏白）笼　篾条编制的箱子。

篾掭　半厘米宽的铁条，有的一头平口，另一头带凹槽又带尖头，可用来牵引缚扎竹器的藤条，是篾匠不离手的工具之一。

篾席 竹凉席，原以篾片手工编制，近年发展为篾条机器织造的。

磨石 较细腻、软硬适中的石料，用来磨刀的石块。

墨箯 以篾片制成，较宽头剖作细篾丝，可以蘸墨画线，另一头削成尖锥状，用来控拌墨斗中的墨布、墨水。

木(音蒙)槌 洗衣服捣衣用的棒槌。“脚骨都木槌亨啷。”因走路太久，腿部肌肉僵硬之状。

泥刮 泥水匠用以抹灰泥的工具。

泥桶 泥水匠装水泥、石灰等材料的手提桶。

泥锨 用来锨泥土、锨田沟的农具，形似洋锹而平口、长柄。

牛轭 架在牛肩，两端系牛索，连接犁具的弯形木。

耙齿 装在耙上的铁铸齿，靠它划碎泥块。

笣搂(音拉) 竹片劈开做笣齿，每只均拐弯，五六片竹合为一把，再把笣齿均匀排开一定距离，用篾丝编制固定，装上笣把，即成笣搂。是将树叶柴草收拢的工具。

蓬盖 有一上小下大的圆筒，高出灶台尺余的连体锅盖；圆筒顶部才是小于锅口的木盖，木盖与圆筒连为一体，使锅的上方形成较大空间。

皮刀 鞋匠切割牛皮或切各种鞋底的刀具。

牵车 用双手拉动把手，再带着车肚肠即羊蹄在车筒内往上抽动，从而带着水吸上岸的小型水车，一人操作即能上水。

牵钻 木工用手工钻子，通过把手与牵钻绳，环绕钻身转动，使钻头旋转钻入木头。

钳头 一般指老虎钳形的钳子，木工用钳头则是固定在厚木板凳上的，可以按需控制宽度的铁制夹具，用以夹住要刨的木料；顶端的两尖头也可顶住木料。

墙线 建造房屋用以取直的拉线。

挈盒 竹丝编制的带花纹、有提手的食盒，可装馒头、粽子等上门分发。

绕锯 锯条特窄，可以绕弯锯木板的细锯。

肉桶儿 木箍带提手有盖的容器，髹红漆，考究的还配以木雕花饰。祝神谢佛时装进整个猪头加猪尾，表示全猪。

箬帽 笠帽，除夹进棕丝外，因其内层还铺上箬叶，既防雨又遮阳的两用帽而名。

三齿　分成三股齿的锄头。

纱绕　用于纺织时绕纱的四角或六角竹木制成的工具。

砂罐　陶土烧制的罐,产于江苏宜兴的即宜兴罐。

砂皮　用来摩擦竹木或铜铁的砂纸。

銯戟　带齿的镰刀。

石蟹　用来剖开大石的铁制凿具,需沿剖开线连续凿入多只,按次逐个敲打凿深,最后能将巨石一分为二。

石鏊　修打石头的凿子。

水碓　用水力带动的巨型石磨。

水龙　人力灭火器,由人工摇动杠杆,使水桶中水压入水枪,再喷射出水;水压大小取决于摇动速度和力度。

水枪　黄铜铸造的手动式灭火器,内外两层圆管紧密配合。内层活塞以上部分渐上渐细,顶端有细小喷水口。使用时下端外管浸没入水,往上抽动内管,再用力压下(活塞),水就能喷射老高,瞄准着火点喷水即可灭火。

四齿　将锄头分成四股齿,在水田抓泥土用的农具。

四轿　四人抬的轿子。

笥(sì)篮　篾丝编制的上圆下方中间大肚的篮,篮电以全株白藤缠绕而成。多用于给亲戚送礼时盛装索面等食品。

搜锯　带把连锯片的手工锯。

索马　褡裢。

踏车　双人脚踏龙骨水车,如提水高度过大,有三人甚至四人同时踩的水车。

踏碓　人工踩踏提升石杵,人站一旁可让石杵舂下的巨型石臼,至少两人同时踩踏。

炭鋾　将柴爿明火刚熄的火炭装入加盖并使之成炭的陶罐。

烫铁　用炭火加热的烙铁。

套缸　外大里小,大小成套的陶缸;单指比头缸还要大的特大型陶缸。

藤钻　篾匠缚扎白藤时,用一尖头带槽的钻子先钻通竹器,再沿凹槽穿透藤条的工具。

铁齿(音找儿)　指四齿锄头,每个齿头部尖锐。

铁锉　锉刀体为扁方形的,用于磨平铁、铜器件的锉刀。不同于金锉。

铜带　安在锅灶,绕锅圈有铜管,灶头有铜箱的烧水器。

铜罐 铜打的煮饭罐。

铜勺 黄铜铸的舀水勺。

铜瓢 瓢体连把手全由薄黄铜铸成,带到田头舀粥或汤都很轻便。

头缸 仅次于套缸的大型陶缸。

团匾 圆形的竹器,用于扬谷及摊晒等。

驼锯(音 gòu) 两头有驼背形上翘的安把手孔的双人手拉锯,一般用于锯断大圆木。

瓦壶 泥土烧制的茶壶,无釉,因而透气性特好,夏天泡茶叶也不会发馊。

碗壶 与瓷碗相同材料制作的茶壶。

细刨 刨出的刨花特薄,用来修平木料的刨子,有长有短。

细带 较窄的带花纹手工织的棉纱带子,是新娘嫁妆必备品之一。

先锋 可以伸缩的铜制长喇叭。

线刨 在木料上做出各种装饰线条的刨子,线的形状取决于刨铁刀口的形状。

线板 木质髹漆长方形厚板,用以缠绕丝线、棉线,考究的还在两端做有装针的小抽屉。

线锤 泥水师傅挂线以取垂直的线和下端圆锥形的重锤。

小凳 较为矮小轻巧的凳子。

小盆 装糖果或菜肴的带花瓷制盆子。

斜尺 丁字形的尺子,其固定处活动,可以旋转出任意角度,用以划线的尺子。

行灯 纸糊,篾丝灯罩的手提灯笼。

秧凳 拔秧时坐在水田,又便于坐者前后左右俯就的独脚板凳。

羊角 一头尖如牛角,另一头为锄头状的锄,即洋镐。

幼篮 上可睡小孩,下面能生火烘烤的竹篾编制的椭圆形婴儿移动床。

鱼叉 做成七股尖刺,有尖又有倒须钩的抓鱼工具,只要投掷刺中鱼鳖,即无逃脱可能。

圆凳 凳板圆形的四脚凳子。

圆凿 刀口打成半圆形的凿子,用来凿圆形孔。

甑底 在饭甑底部,为了不直接接触锅中滚汤,安装有竹篾编的、中部上抬、如斗笠的篾丝底,在其上铺好笼布即可上米蒸饭。

笊篱 篾丝编的可漏水的不带提把的球形篮,用以沥水汁、洗汰蔬菜等。

针钻 纳鞋底需钻孔时用的针尖状带把钻子。

铢锄(音近若白读) 用于挖掘硬地的锄板较厚较窄而重的锄头。

竹棒　晾晒衣被的长竹竿。

竹篙　撑船、撑筏用的长竹竿。

竹轿　用竹篾制作的轻型双人抬轿子。

砖刀　泥工用以斩劈砖石、蘸取灰浆的无刃刀形工具。

作场　木工刨、锯木料时的场地。

作凳　木工用以固定钳头或锯、刨时使用的凳。

作马　木工劈料、刨料时用的三脚笨重凳子。

座车　婴幼儿坐进，可以不起来就解大小便的木制四脚座具。

座圞　大小同团圞，四周高起的竹制器具，用于筛米、磨粉、摊晒。

【3 字】

八斗缸　能装八桶水的大陶缸。

白(音排白读)竹筒　用一两节毛竹管，打通竹节，留下半圆接嘴，削去外层竹青，做饮水器，容量大，又很凉，带去田间喝水。

被笼轿　木制两人抬轿子。

钵头架　专用以搁置陶制钵子的木架。

裁柴锯(音够)　专用于锯断圆木的粗齿锯。

裁缝剪　裁缝师傅用于裁剪布料的大剪刀。

抽筋袋(千祥)　袋口穿有带子，装进物品可把带子抽紧，将袋带搭在肩上背的布袋子。

床前桌　专门放置床前的长桌，多为三斗桌，配以雕花木饰。

炊馃栅(音 liāng)　放置锅内蒸馒头、饧梅的竹编栅子。

打铁炉　铁匠师傅生火把铁烧红的大炉子，用石板、黄金泥、砖块砌成。

大方箩　篾编上圆下方的大箩筐。

大头缸　大号陶缸。

捣臼柱　在石臼里将米、豆等捣碎的半球形有手柄石槌。

稻桶簟　小型篾簟，竖向把稻桶围住三面，以挡住谷粒不让飞出桶外。

雕花斧　不开锋，木雕师傅当作锤子，用以敲击雕花凿之用。

顶箱橱　在顶部放置衣箱的小型衣橱。

豆腐袋　做豆腐时把豆浆装进去挤压，去掉豆渣的纱布袋子。

豆腐刀　用薄铁皮制成的用来划切豆腐的无锋刃刀。

豆腐架　架在豆腐桶上，放豆腐篮沥去浆水或放置蹶板压榨豆腐的两长两短，四根小方木做成的日形木架。

豆腐篮　竹篾编制的四周和篮底均留小圆孔的圆竹篮，用豆腐袋沥出豆浆，去掉豆腐渣。

豆腐桶　磨豆腐时用来承接生豆浆等，杀猪煺毛时用来泡猪去毛。

纺车凳　配合纺纱车用的半高四脚短凳。

粉线包　内包红粉，中间穿过一股线，裁缝师傅用来在布料上弹线的布包。

风车斗　风车上部用来装待扬风的稻谷、舂过的带糠皮的米等的上大下小的木制斗状容器。

风车铰　风车用来摇动生风的铁制ㄣ状手柄。

风炉扇　(1)生炉子时扇风的篾编扇子。(2)比喻煽风点火者。

胡琴箫　胡琴、笛子等吹拉乐器的概称。

壶瓶垫　冷天用锡制酒壶饮黄酒，得置炭火炉上加热，取热酒壶放上八仙桌时，底下用来垫壶瓶隔热的木制雕花圆片。现也有竹或塑料制作的。

酱油壶　绘有花纹的瓷制带嘴装酱酒的小壶。

脚踏车　自行车。

界止石　埋在两户人家地、山分界处的记号石。

紧包袋　有抽带的购物布袋。

栲栳匾　竹篾编，木板底的浅口圆形匾，用来装面粉等。

镴茶壶　锡打的茶壶，是嫁妆之一。

镴壶瓶　锡打的酒壶，可放火炉上温酒。

犁横盘(盆)　木犁连接牛轭的横木，两头用牛轭索连接牛轭。

犁尾巴　木犁把手。

量笼篮　竹篾编，带高甏的篮，多用来装索粉、索面送礼。

两头钩　毛竹削制的扁担，两头拐成钩，使所挂物品不会滑脱。

两头直(舌——千祥)　直头的竹扁担，两头各削出缺口(像口舌状)，让所挂物件不滑脱。

流谷筢　用木头做成宽齿筢，再用长竹竿作手柄，用来在篾簟上摊晒谷物，过一会又用它去划拉翻动，使谷物快干。

鲁班尺　以各式工匠的师祖鲁班先师命名的尺，是泥、木、石匠专用尺，简称班尺。一公尺等于3.6鲁班尺。

六尺杆　木工专用尺，长 6 鲁班尺，做成截面椭圆形的木扁担状，既作尺子，又可作扁担挑木匠工具。

芦穄帚　用高粱穗脱粒后扎成把的掸帚，是灶上用品。

箩盖匾　竹篾编制的小半球形的箩筐盖子。

落米刀　装在风车斗底部，平置时可关住风车斗底，不让斗内谷物下漏，开启它即可让谷物落下；开启大小，可控制谷物落下多少，从而将谷物扬净。

马鞍桌　五个抽屉的床前桌，其形如马鞍而名。

蚂蝗揿　铁打的固定件，U 形，朝上两端打成尖钉状，揳入木构件连接处，起加固作用。

麦磨爿　石磨的上片或下片叫一爿。

麦磨帚　用棕片叠层、缝制成的掸帚，用来掸面粉一类。

毛公旗　长条形的旗帜，边缘镶齿形的分色饰片。罗汉班或戏台上用到。毛公即蜈蚣。

毛公梯　用独根木或竹做的梯子，脚蹬为一根根水平的木头或竹子，着地处有分叉的梯脚，整架梯形同蜈蚣而名。

猫食碗　质地很差的瓷碗，一般用来喂猫而名。

米泔缸　盛洗碗水、淘米水及剩饭菜的猪食料缸。

米筛箝　篾匠师傅编米筛的疏密标准，由米筛箝控制，其外形和织布箝差不多，就是箝齿粗细、间距不同。

面桶架　脸盆架，比较考究的多有木雕花板装饰，有六只脚，装有梳妆镜、皂盒等。

篾丝帚　用一节连节头小竹筒，剖成细丝，节头则保持完整，用来洗锅的刷帚。

牛草抽　毛竹枝，带枝丫的赶牛鞭。

牛轭索　连接牛轭和木犁的两股粗索。

牛绳柱(坠)　吊牛的石坠子。

牛食桶　用木头做的四脚方形桶，放置豆壳末等饲料喂牛。

牛头控　篾丝编制，套在牛嘴上，使牛耕田时不能偷吃旁边的庄稼。

破布条(吊)　裁剪时被剪成条形的边角布料；拆旧衣时剪下的卷缝成衣边的绳状布条，可作带子捆扎用。

剖(音派白)柴斧　专用来劈柴爿的窄口斧子。

蒲芦壳　葫芦长大留老，使壳变硬，将内瓤和籽取出，就可用来装凉茶，下田劳动时带着外出。

七斗缸 可装七桶水的陶缸。

钳头板 木工用来固定钳头顶住所刨木料的厚长木板。

三脚掌 用三根细木条或细竹竿扎成捆，撑开成三角，然后在捆扎绳上方叉处搭架横竹竿晒衣被。

三脚凳 三条腿的凳子，因其绝对成平面，放置地上特稳，木工用它固定木料操作。

三脚马 一个十字形木架，再在交叉处垂直安上木棍，让十字架两个端点和木棍的另一端三点着地；用这样两只三脚马即可架起一根长木料，削树皮、刨木料都行。

三元尺 旧时裁缝师傅专业用尺，古称轩辕尺。一公尺等于 3.3 三元尺。

上身灶 锅灶高矮术语。锅灶高度超过主妇腰部的叫上身灶。

手巾带 在手巾外面绕上几根新带子，嫁女时作为礼品发给抬嫁妆者人手一份。

水钩担 专用以厨房挑水的木扁担，其两头各装铁条、铁环组成的铁钩子；钩子各往两边上翘成两股钩，中间环内多吊一个钩，以便个子矮者使用。

四尺凳 鲁班尺长四尺的双人凳，可配八仙桌、硬板桌坐两人。

榫头锯 专用于纵向锯木料、制榫头的锯齿较细锯子。

抬坤碗 又叫高脚碗，因底部圆圈特高，好像碗坤(底)被抬高而名。

甜瓜刨 长形刀片两头直角弯，插进木制把手的木工小刨，虽名瓜刨却很少用来刨瓜。

铁笣拉 又叫铁找，四个齿，都带锋利的尖，用来水田里挖污泥等。

铜火熜 黄铜铸成的可以生火取暖的手炉，铜盖子布满小圆孔。

铜手炉 冷天灌入热水用来暖手或焐被窝的球形铜器。

铜钿柜 正方形四角木制储物柜，两只拼合可当眠床。

碗格(脐)橱 上方分隔两层，中间四只抽斗，下方为碗格。

戏面壳 (1)演戏面具。(2)把某些作假手段比喻为戴戏面壳。

细木斧 木工用斧，刀的一面为平面的斧头。

下身灶 高度低于主妇腰部以下的较矮锅灶。

小饭篮 篾编带盖球形篮，可装馒头、饧梅、炒粉或面粉等食品。

小铁锤 多指木工用的，一端正方形平锤，另一端为分叉可供拔钉子用的锤子。

鞋底钻　供纳鞋底时钻孔用的锥子。

秧田权　用一短一长两细圆木，以丁字形固定，长的为手柄，短的用于推平秧畦。

羊蹄板　水车龙骨上长方形薄板，水靠此板沿车桶底滑动往上抽。

羊蹄骨　木制水车龙骨个体件，因其形像羊蹄而名。

羊蹄销　每两节羊蹄板的雌雄榫，用羊蹄销锁定连接成龙骨，也称水车肚肠。

摇销鼓　拨浪鼓。(1)义乌的鸡毛对糖商人手握的招揽生意器具。(2)将一些走路左右晃动的人比喻成摇销鼓。

宜兴罐　江苏宜兴产的砂锅。

硬板桌　没有木雕花饰的普通正方形板桌，与八仙桌相对。

中钢斧　不同于一面平的木工斧，而是两面均凸起，中间为刃的一种斧头，可用来剖开圆木等。

苎布帐　旧时的蚊帐多用苎麻纺纱再织成纱布，然后缝制成蚊帐。

字纸篓　装字纸用的篾丝编制的篓，会贴上"惜字千金"的红纸。民俗认为人人都需爱惜字纸，凡有墨迹之纸绝不许践踏在地当作垃圾扫除，更不能充当手纸使用，不然下世会成盲眼。

字纸炉　村中公常建造的石砌焚纸炉。户内积多了字纸即会送去焚烧以敬惜字纸。

【4字】

车庠稻闸　水车稻桶等大件农具的概称。

豆腐榨圈　压榨豆腐成形的正方形木板架。

独脚金鸡　木工用来固定木料的小型铁制件，丁字形脚揳入作凳，平面两端均有锯齿形铁齿，木料顶点顶住铁齿平躺在作凳上即可用刨。

喙嘴钩刀　斫柴砍树的，刀口较长、弯头只有鸟嘴那么一点，整刀较重的柴刀。

犁耙耕耖　犁田农具的概称，也泛指技术性农活。

零三四碎　泛指家内各种用具。

零碎百件　泛指各种工具、家具。

萝卜丝推(音梯白读儿化)　刨萝卜丝的工具。

毛公纸鸢(音 yō)　形如蜈蚣的长串纸鸢。

蒲草笠帽 席草编织的草帽。

青木柴棍(音高白) 用来打人起惩戒作用的柴棒。

书箱捏笼 泛指竹木制作的读书人的箱笼。

丝弦傢(音加白)伙 泛指拉弦吹弹乐器。

四角斗篮 竹编的圆口方底带甩篮子。

铁箣(音丘)水桶 用铁皮箍的大号挑水木桶。

种田线板 用来缠绕种田线(拉在水田使秧行整齐的细绳)的活动木架,可插在水田,细绳收放自如。

14. 行 当

【2字】

把作 行业中业务带头人,如木匠的把作老司,就应掌握木工的全面技术,能答复各种疑问。

裁缝 缝衣师傅,既管"裁"剪,又管"缝"纫而得名。

打街 专卖跌打损伤膏药类中成药的,往往会武功,沿街叫卖时,会在场上先表演武术,并有意把自己"打伤",这样卖药更容易。

担橘 旧时本地农民农闲时前去黄岩等处步行挑橘子回来贩卖赚钱。

担盐 旧时本地农民农闲时前去临海白水洋、宁海等地步行挑回食盐贩卖赚钱。

钉碗 专门修补破瓷碗的匠人,把有缝的或破成几瓣的瓷碗用铜钉拼接固定住。此行多为江西人。

老司 师傅,各行当中的技术熟练者。

蛮工 无专门技术的劳工,只干些辅助性体力活者。

媒侬 为人做婚姻介绍人。

媒婆 以给人做媒为职业的女性,含有贬义。

木匠 木工师傅,包括"大木",专工造房子;"小木",专管做家具。

泥水 "泥水匠"的简称,包括泥工和瓦工。旧时建房以土木结构为主,除木工外，主要是接触泥土、水泥、砖石的泥水工。

石匠　打制石器，修造石板等的工匠。

剃头儿　理发在旧社会得由“小姓”从事的行业，是受人歧视的职业。

铁匠　打铁师傅。

洗婼　旧时农村土法接生的兼职接生婆。

牙郎　各种行当的经纪人，如牛牙郎是买卖耕牛的经纪人。

【3字】

打小铁　小炉匠，上门制作锡器、铜器等，家乡以永康人居多。

打猪槽　用岩石打制喂猪的食槽，岩石以较嫩（年代不久）的为主，横店以绕溪人为主，差不多全村男子都会，成了专业村。

担棉毛　与担盐、担橘同样，旧时本地农民在农闲季节会去余姚等地担回棉毛贩卖。因东阳土布是本地妇女所能，棉毛销路不错。

担砂糖　同上，去义乌担回红糖贩卖，特别是备年货切冻米糖，需要量较大。

鸟笃（音答白）命　带上几只鸟，写上一些命运之类词句，卷成卷，让鸟为你啄出一张，按字解命。多为外乡人所为。

雕花匠　木雕师傅。从事该行的人较多，这也是如今东阳木雕发达的社会基础吧。

读书侬　旧社会能上小学已属不易，在清明冬至已可多享太公“肉碗”；能上中学的应该可称为读书侬了吧。

棺材匠　东阳木匠技术较全面，除大、小木会分一分之外，其余分工极粗。下三府则不同，有方木、圆木（桶匠）；水车匠、解板匠、棺材匠、竖屋匠等细分。

结猪厄（的）　旧社会有专门从事上门为饲养户结扎雄性猪的行当，一般与剃头同样，是那些“小姓”干的，往往受人歧视。这些职业，是否属于“三十六行”以内，待考。

解板匠　见“棺材匠”条。专门为木匠将整段原木锯成木板备用的工匠。

抲蛇佬　捕蛇人。有的只是偶尔为之，以此为生者也有。

利市侬　在接亲嫁囡家，能够帮助打被包、装果子袋等喜事的，应该是上有老人成双，本人夫妻双全，下有子有女（光有女儿不行），最好有孙子、孙女，才可担当此任，称为利市侬。在迎龙灯时，挑蜡烛担、提香篮的男子，也应具备同样条件，也是利市侬。

卖膏药 见前“打街”，即上集市、下村庄，边表演武功边卖膏药，也称“卖拳头膏药”。

篾乌阄(音鸠儿) 对篾匠师傅的戏称(蔑称)，喻其整天干活，蹲腿弯腰之形象。

配锁匙 小炉匠一类，除了铸造铜器(铜瓢、锅铲、铜水勺等)，也兼修锁、配锁匙，旧时均为上门服务，多为永康人。

牵公猪 旧时有专门喂养公猪，上门为养母猪户配种的职业人，一般也要“小姓”才肯从事。

送公事 旧时乡、区政府专门传递公文、通知者，也有兼职人，相当于通信员。

塑佛匠 专门从事泥菩萨塑像的职业人。

讨饭佬 专门要饭者。也叫“讨饭头”。

剃头佬 理发师傅，“佬儿”是对其行业轻蔑的饰词。

田乌阄(音鸠儿) 见“篾乌龟”，种田人也经常需弯腰劳作，既辛苦，收入又低。

鞋老司 制鞋匠，除做布鞋，更会做钉鞋、燥靴之类的牛皮鞋。

錾鎵戟 小炉匠的分支，上门为农户的带齿镰刀重新凿齿，使之锋利刈割。

中介侬 (1)相当于行业经纪人。(2)协助买卖双方做见证人。

做卖货 本地木工师傅或箍桶匠等，平时在家制作家具，待庙会集市时入市交易。

【4字】

裁缝老司 裁缝师傅。

打镴老司 专门制作锡器的师傅。

打铁老司 铁匠师傅。

打铜老司 制作紫铜器具如铜罐、铜壶等的工匠。

担米泊粜 从事转运大米，然后出售赚钱的行当。

雕花老司 木雕师傅。

箍桶老司 圆木匠(箍桶匠)。

黉门秀才 对读书人的尊称(不论是否考取)。

经绸经布　对从事手工纺织的概称，多为勤劳能干的家庭妇女。

篾匠老司　篾匠师傅。

泥水老司　泥水师傅。

染布老司　印染师傅。

石头老司　石匠师傅。

食差使饭　旧社会对公职人员的概称。

食斯文饭　旧时对文职人员的概称。

书家侬家　书香门第。

讨饭行当　对一些不入(三十六)行的职业的蔑称；对自己从事职业的谦称。

剃头老司　对理发师傅的尊称(旧时认为剃头是“小姓”做的)。

细木老司　木工师傅。

小本生意　生意人对自己从事行当的谦称，做小买卖者。

油漆老司(千祥)　油漆师傅。

游花和尚　上门募化的佛教信徒；喻指不务正业者。

凿花老司(千祥)　木雕师傅。

15. 农　事

【2字】

柴蓬　把砍下的八月柴叠成方形柴堆，上盖稻草松枝等，到来年或更久后拆开出售和自用。

稻秆　稻草。

谷壳　因授粉不匀，只有外壳而无米粒的秕谷。

荒谷(忽吸谷——千祥)　不饱满的谷粒。

麦田　麦子收割后种水稻的田，与“戏田”相对。

牛栏　关牛的栏，也有牛、猪混养的。

藕塘　养莲藕的池塘。

山里　(1)山上，一般农活是上山砍树砍柴。(2)山区。

田畈 泛指田里、田野。说农活时，会与“山里”连用。

桐白 油桐果去皮后为桐籽，桐籽去硬壳后为白色的桐白(瓣)，可榨桐油。

桐箍 桐白榨取桐油后剩的渣滓，能做有机肥料。

戏田 头年秋收后播上紫云英做绿肥，翌年种水稻，这类田为戏田，与“麦田”相对。

【3字】

八月柴 农历八月，农活较空闲，山上的柴禾即将掉叶，此时为砍柴的好季节，砍下的称八月柴(即便延至八月后，也可这么称)。

补田塍 种水稻前，要把田埂泥土削去一些，然后挖起烂泥重新糊上刮平，以使不漏水。

草籽田 头年秋收后播上紫云英，翌年春季割下一些做猪羊饲料，留下根部做绿肥，翻耕后种上水稻，也称戏田。

穿牛桊(音根白去声) 旧时牛为农家宝。仔牛养满周岁左右，要在鼻中隔打孔，穿过小铁、铜环或小木棍儿，然后系上牛绳。该项手续需由有经验的养牛老农操作，围观者颇多。

稻秆蓬 将晾干的稻草堆叠成圆柱形草堆，以备平时垫栏做厩肥，或当柴草用。

蔼衣匀(jiū) 蕨根提炼淀粉后留下的渣滓，一般用做畜饲料，但在饥荒年代，人也充作主粮，往往连大便也解不出来。

烂糊田 有些因地势较低往往排水不畅，只能种水稻，无法种旱作的田。

冷水田 除地势低外，上头还会有地下泉水渗入，使地温也特低的田。

露水谷 收割稻谷为农忙季节，农民会早起割稻，这样打下的谷粒带有露水，分量特重。

搣(抺)腰芦 玉米棒手工脱粒。

擗(音掰白读)腰芦 收获玉米先把软壳剥开，再把玉米棒从玉米秆上拗断取下。

三熟田 一年能种三季(冬麦、夏稻、秋玉米)的良田。

扫谷蒌 稻谷脱粒后留下一些稻草屑，在篾簟上摊晒时用扫帚扫除。

山坞田 位于山谷间的田，这种田往往光照时间相对短些。

田畈头　泛指田间。

头板田　上年收下稻谷，就空着的田，第二年翻耕特费劲。

腰芦秆(腰芦头——千祥)　玉米秸秆。

舀猪尿(音 shù)　圈养猪在栏内拉屎拉尿，尿池满了得及时舀干，免得倒流入厩。

油茶籽　油茶开花、结籽，成熟后采下可榨茶油供食用。

捽(zuó)谷籽　浸好的谷种均匀地撒入秧田板(畦)。

【4 字】

叠稻秆蓬　将稻草把堆叠成圆柱形的草堆。

谷米豆麦　五谷杂粮的概称。

浼侬佣工　雇请各类短工，有供饭和包饭的区分。

门口头田　就在房前屋后较近的良田。

上街落市　到集镇去赶集，出售自家商品，买回生活生产必需品。

粟谷蒲头　收割下来尚未脱粒的小米穗头。

田稻上岸　有关水稻的劳作完毕，只等收割；水稻种管收全部完成。

田地山场　所有可干各种农活的场所。

田畈生活　泛指各种农活。

田头地角　田地的边边角角。

16. 金　融

【2 字】

铜钿　泛指钱币。

洋钿　旧时对钱币的习惯叫法，大约与银圆由外国(称洋)造币厂铸造有关。

纸票　用专用纸张印制的流通币。

【3字】

关金票　民国时流通的一种纸币。

铜钿银　泛指流通货币，也代财力。

袁大头　北洋政府所铸袁世凯头像银圆的俗称，也叫“袁头”或“大头”。

银洋钿　银圆。

【4字】

铜钿银子　泛指各种银圆、铜板等硬币和纸钞；代指经济实力。

17. 意　识

【2字】

秤头　付出货物的分量（经秤称出的重量）。

口白　话语，口头承诺。

乐得　求之不得的（结果）。

量气　气度，肚量。

名头　向外的名声。

凭些儿　随他怎样。

气概　极其客气。

事业　造房子、置家产等行为。

手戏　动作、方式。

素性　性格、性情。

【3字】

肚里才　头脑、才思、学问乃至语言表达等潜在能力。

棼(fén)堂筋　行为习惯等独有的表现或方式等。

中心段　斩头去尾后留下的最好部分。

18. 疾　患

【2字】

龅牙　牙齿外露。

瘪嘴　地包天。

赤痢　痢疾大便带血者。

虫甲　真菌引起的灰指甲。

搭舌　口吃者。

肚痢　由细菌或病毒引起的痢疾的概称;斥人说话缺乏分寸。

瓜癞　疥癣,极具传染性的皮肤病。

花癫　精神病的一种,发作时口中念念有词,多为男女情爱的话,甚至会赤裸自身。

鸡盲　夜盲症,鸡进笼时天已黑,就失去视力的病。

癞头　头癣,往往数年不愈,即使病好也会失却长头发的功能。

聋聱　先天或后天性耳聋。

盲眼　双眼失明者。

奶疳　哺乳期引发的小儿消化不良。

趣脚　跛足。

跷脚　一只脚高,一只脚矮。

秋疹　秋季长出的痱子。

坦鼻　塌鼻梁。

糖晕　低糖症引起癫痫。

哑口　哑巴。

阴毒　从内往外溃疡的毒疮。

痧痱　痱子。

【3字】

八字脚　走路时两脚外撇，与“斗尖脚”相对。

斗尖脚　走路时两脚内撇，使两脚尖靠近而名，与“八字脚”相对。

抖抖疯　因心血管之类的病引起的两手不停地发抖。

抖抖症　双手不停地抖动着的症状。

发冷丹　荨麻疹。

伏中泻　中医认为夏天起伏时泻泻肚子能驱内火，对身体有好处。

干血痨　肺痨严重者毫无血色，好像耗干了体内的血。

𪓿(音 jū)箭疯　因气血不和引起的痛风，民间称作鬼箭疯，意为中了鬼箭。

红丝疔　脉管炎，发病时沿着血脉方向显露血红色，据说“红丝”连到心脏部就无法医治了。

鸡爪疯　手指圈曲着伸不直的痛风病，像鸡爪子而名。

脚霉烂　脚癣，脚趾间霉菌引起发痒、溃烂。

芥菜癣(音签)　每年芥菜生长期间即引发的皮肤病，长出些发痒的小颗粒。

老鼠咻[疣]　扁平疣。

童子痨　儿童患了肺结核病。

【4字】

无名肿毒　说不上名称的痈肿。

走马牙疳　由天花、麻疹等病毒引起的口腔溃疡，严重者甚至牙龈溃烂，牙齿也掉落，用“走马”形容其病之危急，意为骑上快马送医也怕来不及。

【5 字】

七十二样痨　旧时代医学不发达，凡是不治之症全部归结为“痨病”，故有七十二样痨之说。

19. 特　指

【2 字】

骇大(白读)　傻子，也称作骇头。

百专　多面手。

半级　不骇不痴，也不聪明，表现得不上不下。

傈佬　生手，偶尔为之，很不熟练。

插剧　非正式动作，非正规行为；重大行动中嵌入的小插曲或有趣的小动作，与“正本”相对，同折子戏近义。

吵包　调皮捣蛋鬼。

拐子　骗子，与“扒手”连称。

豪民　天不怕，地不怕，不讲理，好动手者。

懒料儿　懒汉，好吃懒做的。

懒坯　懒人坯子。

冷屄　骂人语。屄，精子。讥人之无能、背时、不中用等。有时还在其后加个“壳”字。

李固　《水浒传》中卢俊义的仆人，后背主。喻指同李固那样恩将仇报、卖主求荣者。

流鬼儿　二流子，不务正业、好吃懒做，会干些对己有利的出格事。

奶婆　原配妻子以外的二房、小房等。

嫩生　早产儿，斥人怕冷热、畏风雨等情况。

攀天　能攀爬上天，喻指牛皮极大之人。

牲畜 骂人如畜生。

羞头 干什么事都抬不起头来的自卑者。

尿(白读)壶 尿谐书。讥人书读多了成为书呆子。也称"尿壶壳"。

填债儿 代人还债者;代人受过或操劳者。

坟犯 斥人糊涂犯浑,是否祖宗的坟墓出了问题。

妖六 喜冒尖,喜出风头者。

皂隶 一副凶神恶煞样。本指衙门里抓、打犯人的公职人员。

造佛 讥人如泥塑菩萨样无能。

贼(音石白)坯 骂人为贼人坯子。

贼料 骂人手脚不稳,有行窃嫌疑;斥人是贼人一样的坏蛋。

【3字】

骇不大 骇大,需用三音节词时,会在中间加不字。

白日撞 白闯,大白天趁无人入室偷窃者。

百骗逍 善于讲假话骗人者。

瘪死蛇 喻像躺在地上快死的蛇那样有气无力。

吵侬虫 吵闹得让人不安。

赤痢朸 骂小辈没教养,责大人生儿不教等。

臭屙缸 喻指名声很臭者。

锄(音若白)头富 仅靠一把锄头辛勤种地致富的。

大水筏(沫) 比喻像发大水时的泡沫那样虚而无力。

大头哄 讲话不实,喜欢吹牛皮、说大话。家乡人批评指责那种不负责任地信、传不实消息的人和事,会斥为"东阳哄"。

吊煞殇 骂人语,就像吊死鬼那么的怪模样。

冬至猪 每到冬至前后严寒季节,是久病或自然老者死亡的高发季节,此时逝去之人被借代为冬至宰杀的"冬至猪"。

独槽狗 斥小孩将玩具、吃食都要占住自己一人享用的行为。

短命殇 旧时医疗条件匮乏,夭亡儿童多之又多,即称之为短命殇。

反骨贼(音石白读) 不讲情义、恩将仇报、背信弃义之人。

风吹鸟(音近 diào) 随着风吹的方向飞翔的鸟。喻那种自己没有主见,顺潮流、随风走之人。

海来话　把话讲得十分轻松、毫无难处的样子，在人前夸下海口。

寒侬鸡　冷天里穿衣极少，一副挨冻模样。

哄天怪　虚张声势，空话连篇，能把一说成十。

猢狲精　轻手轻脚，好动得像猴子。

火烹鸡　形容热得像放在火上烤的鸡那样难受。

鸡虱屙　鸡虱，极小；鸡虱的粪，小之又小。形容该人的气度极小。

克（尅）虱鬼（音jū）　指某些不该节约处也相当抠门之人。

癞头壳　癞痢头；斥虚爱面子、摆空架子的人。

老得赤（音尺儿白）　小孩年纪小，资格却极老练。

老弹线　手工弹棉花的弹线是牛皮捻成的，用久了的老弹线更是又韧又牢。喻资格老得很的小孩。

老童生　读书很少进步者。

冷壶瓶　平时很少喝酒，别人也不知他有多大酒量，一开喝却能喝很多酒的人。

厉害婆　性格十分泼辣，处处要占上风的女人。

利尖婆　说话干事都要拿到便宜，不肯饶放人家的女人；善于无理取闹的女人。

两佰伍　义同沪方言，指不聪明者。

露水市　露水干掉人就散的短时间集市。

骆驼坯　不怕吃力，担子越重越乐意者。

麻脸壳　骂满脸麻子者。

麻脸婆　骂长满麻子的女人。

麻痘鬼儿　麻疹和天花曾是不治之症，由此二种疾病夭亡的儿童即是。也作一般骂小孩语。

马坦鼻　民间传说中的东阳南乡人，是阿凡提式的智者，与义乌牛坦、兰溪毕矮齐名。

劢老屄（bī）　指某些个性特强、不讲道理的女人。也戏称不听话的小女孩，此种意义又用“劢果儿”。劢（mài），此处音近没白读。

劢老八（白）　不听话的小男孩。

麦芒针　麦芒极尖细，形容某些心胸狭窄、肚量极小的人。也比喻小鱼小虾。

霉头灰　让人难堪，甚或下不得台的言行。

闷筒铳　形容平时话语不多，一旦开口就如放铳（火药枪）那么厉害的人。

迷侬精　善于以色相诱人者。

名堂筋　各种条条框框多得很。

明白侬　通情达理者。

奶婆相　言行不大方，干事偷偷摸摸的样子。

牛八脚　原指牛身上的吸血昆虫。讥人只吃进、不吐出。

弄聪明　要点聪明手段，有时聪明反被聪明误。

弄花股　搞些花点子，借以迷惑人。

爬天公　听其言，似乎能爬上天空，实际却往往十分差劲。

破捣臼　你可舂，我也能舂的公用捣臼。喻指破鞋式的烂女人。

破脚拐　一副天不怕、地不怕，不管不顾、敢冲敢打样。用于贬义。

三日香　一时新鲜，过不多久就感到厌烦；在短时间内好，久了就不好。

三只手　扒手，往人的包或袋内窃钱者。当源于“𢬵”（pá）字。

扫拉败儿　败家子，把家产一扫光的样子。

声散鸭　人因感冒、醒夜或讲话过度引起喉咙沙哑，声如鸭叫。

十月交　农历十月农闲季节的物资交流会（庙会）的通称。

偢蛋（音担或坦）子　讥人为无用、没出息之人。

讨债鬼（音居儿）　特指夭折的孩子；一般的骂人话，带有讨厌的意味。

讨饭骨　骂人没出息，穷得该要饭；逗小孩子语。

秃牙虎　孩子换牙时掉了门牙的戏称。

拖油瓶　特指再婚女人带着前夫儿子转嫁的，其儿子除叫拖油瓶外，又可称为带来子儿。

王伯罗　形容孩子老成而个子长得不快。

王三录　总要挑逗得别人不安宁者。

温汤鳖　像放养在温水中的鳖，有气无力。

瘟病打（音乃）　斥人糊涂犯浑得患上瘟疫一般。

戏花精　骂小孩行动不规矩，多指女孩。

秀才壳　指有一定文化，粗通文墨甚至能舞文弄墨者。

野猫抓　晒场上驱赶鸡鸭专用语，意为如此贪吃，恨不得让狐狸、黄鼠狼把你们抓走。

野种生　骂人是私生子。

贼骨头　骂人是窃贼。

贼娘颊　骂人一副贼人嘴脸。

着骨头　骂小孩穿衣不爱惜。

【4字】

半天炉灰　吹牛无度、不着边际者。

半折伦敦　子午线通过英国格林尼治天文台，将伦敦一分两半，当为该词之出典。讥人不聪明也。

吵塘乌鳢　乌鱼为肉食性动物，这个池塘只要有乌鱼，什么小虾及螺蛳等，都会成为它的口中食，整个池塘也就不得安宁。用此称呼比喻那些以邻为壑的不安分者。

城隍老爷　指占其位、不谋其事的糊涂人。

崔氏厄(的)命　崔氏为汉代朱买臣之妻，只要有她在，全家人都得跟着受贫穷。喻指命运不济者。

大脚奶婆　指男人干些女人的活，如做饭、洗衣等。

倒水(倒须)裙篓　顺流接鱼的竹篓，将其置于流水处，顺流鱼儿进入后，因有篾削尖刺而能进不能出。故也比喻某些自私者只进不出。

反针(殿)锄头　锄头板面与锄头柄形成的角度应小于90度才适用，此指大于90度的锄头根本不好使，喻指言行反常的人。

盖缸媳(音新)妇　某媳妇毫无心计，口没遮拦，为其婆母所忌。传说某日客将登门，婆母唯恐媳妇惹事，预先将媳妇藏入一口空缸，加上木头盖子。一会客到寒暄，谈论正事，缸内媳妇忽然高声发问：田荠几时开花呀？意为应趁尚未开花抓紧采挖，以便混入主粮充饥度荒。谁知如此一来将婆母精心设计的隐瞒贫穷家底、掩盖媳妇丑陋的骗局完全搅乱。此条喻指多嘴多舌，成事不足而败事有余的女人。

害侬三宝　斥人是害人精。

黄泥神倌　喻指当动不动，思维迟钝者。

黄泥造佛　见上条。喻指徒有其形，实则无用之人。

回头招牌　找个借口推掉别人的要求。

魂灵七魄(音 pá)　斥人一派胡言，或糊涂透顶。

开眼乌阉(音鸠)　眼睁睁看着自己老婆与别的男人鬼混者。喻指睁眼让人往自己脸上抹黑的人。

空心萝卜　萝卜空心就不好吃，萝卜也就徒有其名。喻指顶替别人罪名，为人做替罪羊者。

口舌头大(白)　人因病舌头发僵而致说话发音不清之状。此为斥人讲话胡扯乱说。

赖地毛狗　专指调皮小孩喜欢随时躺倒在地。

老郎先辈　老资格的前辈。形容那些讲话、行事都很老成的人。

冷坑蜢虫　处于山间小坑的蚊子，平时很少有机会叮人肉吸人血，偶尔咬到，又深又痛，让人吃不消。喻指平时不太引人注意的，一旦发作起来使人有难以招架之感。

冷粥奴才　当奴才者得吃主人的剩粥冷饭。比喻处处受人使唤的下等人。

两头柴梳　比喻如挑柴用的两头尖的柴梳一样，对双方事主挑拨弄事者。

罗隐厄(的)娘　东阳“皇帝”罗隐母亲心思凶狠，边切菜边诅咒，给这个人一薄刀，给那个人一薄刀，一副毒妇形象。

盲眼蕲蛇　蕲蛇视力很差，但有剧毒。比喻某些不识字，心思却极其狠毒之人。

毛竹篰头　原指包括须根在内的毛竹根部，它能一茬又一茬地生出竹笋，长成毛竹，故有毛竹篰头出好笋的说法，是名副其实的竹子的“老祖宗”。旧时专门用来喻指某些为婚外男女情事牵线搭桥之人，含贬义。

面上出毛　野兽的脸部长着长而密的毛。斥某些人如畜生禽兽。

黏(nián)侬草籽　一种野草种子，身长尖刺，能牢牢黏住人的衣裤。借指某些找人帮忙、黏住不放的人。

蓬尘垃圾(音勒失白读)　骂人如浮尘那样微不足道，像垃圾一样肮脏不堪。

清白良民　为无辜者辩白，本是好人。

沙箕头背　骂孩子语，过去夭折的孩子多用畚箕背出门扔入千人井内。

袖头伯伯　袖头，恨不得把自己的头藏进衣袖里。喻人说话做事躲躲闪闪，放不开胆子而被旁人看轻。

四方捣臼　一旦放好就很难搬动，指现状难以改变。多用以比喻婚姻关系需要十分慎重，一俟确定就不能轻易变更。

坦鼻门堂　形象刻画塌鼻梁者平如门堂。

拖半只鞋　衣着不整样，喻不务正业者。

歪劢狗劭(千祥)　不讲道理，胡搅蛮缠。

新挣侬家　刚成家单过的。

悬(音园白)空吊壁(白)　处于高端或半空,无所依附,无法攀援等等危险之状。
衙门皂隶　喻该人如凶神恶煞,抓人打人是他的本行。
阴间皂隶　阴间的皂隶自然不晓人间事,喻指不通人性、不谙世事者。
油头光棍　吃得好、穿得好,头发抹得油光锃亮,爱打扮又不务正业的单身男人。
造佛老爷　义同城隍老爷,徒有外形而无用处之人。
贼(音石白)公贼婆　骂人贼男女。
憎忌家狗　让人讨厌得像是狗。

20. 称　呼

【1 字】

伯儿(音 bàn)　对已婚男子称呼,与“娒”相对。
儿(音 m)　儿子。
毑(千祥)　娘,妈。
舅儿　妻舅。

【2 字】

阿奶(音 nà)　书香门第孙子对祖母的称呼。
阿姆　妈妈。
爸爸　旧时子女对在外谋事的父亲的称呼。
表哥　姑姑、舅父或姨妈的儿子,长于自己的。
表嫂　表哥的妻。
表弟　姑姑、舅父或姨妈的儿子,幼于己者。
表姐　姑姑、舅父或姨妈的女儿,长于己者。
表妹　姑姑、舅父或姨妈的女儿,幼于己者。
表姨　母亲的表姐妹。

表舅 母亲的表兄弟。

表伯 父亲的表哥。

表婧 表伯的妻子。

表叔 父亲的表弟。

表婶 表叔的妻子。

大嫂 大哥的妻子。

大舅 妻子的大哥。

大伯 丈夫的大哥。

大姆 大伯的妻子。

大姨 妻子的大姐。

弟妇 弟弟的妻子。

儿(音 m)孙(音近 shē) 孙子。

姑母儿 父亲的姐姐;丈夫的姐姐。

姑丈 姑母的丈夫。

姑婆 父母的姑姑。

姑表 姑姑、舅父的子女与自家兄弟姐妹间的表亲关系称为“姑表”;因姑姑与父亲同姓又同胞,舅父与母亲同姓又同胞,其血缘关系比“姨表”近。

姐夫儿(千祥) 姐姐的丈夫。

姐丈 姐姐的丈夫。

舅舅 母亲的兄弟。

舅姆 舅舅的妻子。

舅公 父母的舅舅。

舅婆 舅公的妻子,父母的舅妈。

妹夫 妹妹的丈夫。

姆妈 妈妈。

娘舅 面对外人时对舅父的称呼。

太公 曾祖父,对与曾祖父同辈男子的称呼。

太婆 曾祖母,对与曾祖母同辈妇女的称呼。

外甥 姐妹的儿子;妻子姐妹的儿子。

外孙 女儿的儿子。

小弟(千祥) 弟弟。

小妹(千祥) 妹妹。

小姨儿　妻子的妹妹；妻子最小的妹妹。

爷爷(阿爷儿——千祥)　父亲的爸爸；丈夫的父亲。

姨丈　姨妈的丈夫；妻子的姐妹夫。

姨公　父母的姨丈。

姨婆　姨公的妻子。

姨表　姨妈的子女与自家兄弟姐妹间的表亲关系称为“姨表”；姨妈与母亲虽也同姓又同胞，但姨父与父亲不同姓，男父间关系远，因而这样的表亲其血缘关系比“姑表”要远——姑表比姨表更亲。

丈人(音宁)　岳父。

丈姆　岳母。

丈公　父母的姑丈(姑父)。

【3字】

表弟妇　表弟的妻子。

表姐丈　表姐的丈夫。

表妹夫　表妹的丈夫。

表姨丈　表阿姨的丈夫。

表舅姆　表舅父之妻。

表姑娘　父亲的表妹。

表姑丈　表姑娘、表姑妈之丈夫。

表姑母儿　父亲的表姐。

大舅姆　大舅父之妻；妻舅之妻。

大姨丈　大姨妈之夫；妻的姐夫(襟兄)。

大爷爷　爷爷的亲哥。

老婆舅儿　妻子兄弟的统称。

囡儿(音 m)孙(音近 shē)　孙女。

孙(音 shē)孺人(音宁)　孙子的妻子。

孙(音 shē)囡婿　孙女的丈夫。

太太公　高祖父。

太太婆　高祖母。

外甥娘儿　姐妹的女儿；妻子姐妹的女儿。

外孙娘儿　外孙女儿。

小姨丈　小姨妈的丈夫；妻子的妹夫（襟弟）。

【4 字】

老婆舅姆　妻舅的妻子。

外甥孺人（音宁）　外甥之妻。

外孙孺人（音宁）　外孙之妻。

外甥囡婿　外甥女之丈夫。

外孙囡婿　外孙女儿的丈夫。

附：《亲属称谓表》《表亲称谓表》

亲属称谓表

系列 称呼 辈分	父系	自称	母系	自称
上四辈	太太公/太太婆	玄孙（shi）	外太太公/外太太婆	玄外孙（音生白）
上三辈	太公/太婆	曾孙（shi）	外太公/外太婆	曾外孙（音生白）
上二辈	阿爷（千祥）、爷爷/阿马儿、奶奶、阿奶（书家专用）；大爷爷（阿公）/大奶奶（阿婆）；小爷爷（阿公）/小奶奶（阿婆）	儿孙（m̄shī）/囡儿孙（nuōm̄shī）	外公、公公/外婆、婆婆；大（小）外公/大（小）外婆	外孙（音生白）/外孙娘儿
	舅公/舅婆（父之舅）；姑婆/丈公（父之姑）；姨婆/姨公（父之姨）	外孙（音生白）/外孙娘儿	舅公/舅婆（母之舅）；姑婆/丈公（母之姑）；姨婆/姨公（母之姨）	外孙（音生白）/外孙娘儿
上一辈	公、爷爷、舅舅/婆、阿马儿	媳（音新）妇	丈人（音宁）/丈姆	囡婿
	阿爸、阿爹、爸爸（旧时仅书家有此称）	儿（m）/囡	阿嫫、阿妈、阿姆、姆妈、妈妈（书家）；毑、娭毑（千祥）	儿（m）/囡
	阿伯、阿叔/阿婧、阿婶；姑马儿、阿娘/姑丈	儿孙（m̄shī）/囡儿孙（nuōm̄shī）	阿舅、舅舅（娘舅）/舅姆；阿姨/姨丈	外甥/外甥娘儿

续表

系列 称呼 辈分	父系	自称	母系	自称
平辈	阿哥/大嫂;阿姐/姐丈(姐夫-千祥);弟(小弟-千祥)/弟妇;妹(小妹-千祥)/妹夫;大伯/大姆;阿叔/阿婶	哥弟姐妹 叔伯妯娌	老婆舅、舅儿/老婆舅姆、舅姆;大姨、小姨(姨儿)/大姨丈(阳平)、小姨丈儿	哥弟 姐妹
	老公	老马(嬷)	老马(嬷)	老公
下一辈	儿(m)/媳(音新)妇	爷/爹/爸;公/婆	囡/囡婿	丈人(音宁)/丈姆
	外甥/外甥孺人(音宁);外甥娘儿/外甥囡婿〈姐妹之儿女〉	娘舅/舅姆	外甥/外甥孺人(音宁);外甥娘儿/外甥囡婿〈姨、妻姐妹之儿女〉	阿姨/姨丈
	儿孙(m̄shī)/孙(shī)孺人(音宁);囡儿孙(nuō m̄shī)/孙囡婿(shīnuōxī)〈哥弟之儿女〉	伯/婼;叔/婶	儿孙(m̄shī)/孙(shī)囡婿〈内兄、内弟之子女〉	阿娘/姑丈
下二辈	儿孙(m̄shī)/孙(shī)孺人(音宁);囡儿孙(nuō m̄shī)/孙囡婿(shīnuōxī)	爷爷/ 阿马儿	外孙(音生白)孙/外孙(音生白)孙孺人(音宁);外孙(音生白)孙囡/外孙(音生白)孙囡婿	外公/外婆
下三辈	孙(shē)孙/孙(shē)孙孺人(音宁);孙(shē)孙囡/孙(shē)孙囡婿	太公/太婆	外孙(音生白)孙/外孙(音生白)孙孺人(音宁);外孙(音生白)孙囡/外孙(音生白)孙囡婿	外太公/外太婆

表亲称谓表

系列 称呼 辈分	父系(姑表)	自称	母系(姨表)	自称
上一辈	表伯/表婼;表叔/表婶;表姑马儿/表姑丈;表姑娘/表姑丈〈父之表兄弟及配偶、父之表姐妹及配偶〉	表侄/表侄媳;表侄女/表侄婿	表舅/表舅姆;表姨/表姨丈〈母之表兄弟及配偶、母之表姐妹及配偶〉	表外甥/表外甥媳;表外甥娘/表外甥娘婿
平　辈	表哥/表嫂;表弟/表弟妇;表姐/表姐丈;表妹/表妹夫〈父之姐妹子女〉	表弟/表妹;表哥/表姐	表哥/表嫂;表弟/表弟妇;表姐/表姐丈;表妹/表妹夫〈母之姐妹子女〉	表弟/表妹;表哥/表姐
下一辈	表侄/表侄媳;表侄女/表侄婿	表伯/表婼;表叔/表婶	表侄/表侄媳;表侄女/表侄婿	表伯/表婼;表叔/表婶

(二)行为状态

这部分应该是方言中的动词或动词性短语,形容词或形容词性短语。

【1 字】

劻 用力牵拉。如~菜、~稗、~草。

【2 字】

安职 安于现状,不求上进。
拗断 用外力折断。
拗味 两种味道不协调,比如盐和糖。
傲硬 不听话,一味孤行。
耙田 用耙将泥块划割碎。
拌毛 将碎猪毛、桐饼等拌入焦泥灰加人尿掰块塞入稻秧根部。
帮凑 帮助。
逼力 催促你用力气干活。
逼食 催促你赶快吃饭。
闭咒 做事为人不公开、不开放。
扁者(音借白) 扁的,与圆相对。
扁次 稍稍有些扁。
唱念 口里念叨、记挂。
耖田 用耖把耕、耙过的水田耖平。

称心　顺心、满意。

硃进　将硬物塞入缝道。

冲撞　违拗,逆着意思而行。

愁恼　既担忧又气愤。

缺忒　糟糕,麻烦了。

出线　木工在木构件上做出装饰线条。

凑便　顺便。

凑头　顺利。

忖宜　从旁怂恿。

打稻　谷子脱粒。

带便　顺带方便。

担待　承担责任。

到门　绝了。

倒霉　害羞。

倒究　毕竟;究竟。

道地　合适。

端正　完成。

饬秧　拔秧。

饬稗　除稗草。

罚(发)愿　下定决心。

反田　给水稻中耕,把空间淤泥扶向根部。

犯贱　敬酒不吃吃罚酒;自找麻烦。

飞活　相当灵活。

阁得(gé dé)　合算,划得来。

硌侬　有硬物触动身体某处部位而痛或不舒服。

孤凄　孤独而凄凉;感到无助而悲伤。

滚胀　湿透了。

罕见(音计白)　很少见。

行事　干事,安排某事步骤。

行意　起意,打定主意要干某事。

行(háng)销　销路很畅。

好猛　很好,好得很。

和(huò)个(音 ga) 全部。

哄怪 把极小(差)的说成很大(好)的。

搰田 耘田，即给水稻中耕除草。

戽水 用双手合捧或用工具将水泼往指定处。

㫰(音毫)速(音 sò) 马上，赶快。

即数 不大不小，不多不少，不早不晚，不上不下；刚好，正合适。

急侬 让人着急、焦虑。

几罕[何ル(hè)] 多少。

计争 明争暗斗。

夹欠 几时。

接榫 合拍，衔接。

结果 (把某人或某动物)消灭掉。

解板 将原木锯成板材。

筋抽(千祥) 骂人话，像脑膜炎后遗症，不时发作，会肌腱抽搐引起胡乱动作。

净洁 干净。

归(音 jū)扣 回去，进去。

绝笃 绝了，绝得很。

宽慢 慢走(送别语)；行动迟缓，别急。

宽坦 宽裕。

拉债 干活极粗，不细致，只图快。

老实 实在；真实，真的。

老先 常常。

肋轧(lē gé) 磕磕绊绊。

嘞对 麻烦。

立(白)路 走路。

利市 顺利；好兆头。

搂兜 与人交往中，私下预留后退余地者；处理某事务过程中，善于捞点便宜的。

乱念 乱说一气。“乱念劤”同义。

乱劤 胡扯。“乱滚劤”，胡扯乱说。

吪没 没有。

蛮健　身体强壮，体力强大。

毛糙　粗糙，不精致。

磨灭　折磨，使得慢慢消逝。

魔眠　梦魇。

墨乌　乌而黑得像墨。

扭藤　方向弄拧，就如藤蔓拧来拧去。

弄穷　多方折腾，破财变穷。

弄怂（音 sòng）　捉弄人。

弄事　挑弄是非。

呕来　令人作呕。

汃（pā）水　引水，给田里灌溉。

偏生　偏要。也说偏又。

平服　让人口服心服，心平气和。

凭些儿　无论如何，不管怎样。

攲（qī）长儿（千祥）　伸懒腰。

牵水　用小水车双手摇动将水引往高处。

戗强　态度强硬，极不和善。

清脱　假装本人与事件无关，将责任推得一干二净。也说作假清脱（均白读）。

塞毛　插秧同时在秧根部堵塞焦泥灰拌肥料的泥团，一为填充插秧空穴以使稻秧早日生根，二是相当于施一次根肥。

杀野　说话、做事、为人野蛮，不留情面。

扇谷　稻谷晒干后用风车扇风扬净，然后上仓。

上先　走在前头；干在前面。

食饭　吃饭。

竖屋　建房。有人仰卧床上喜欢屈膝而睡，把被窝高高顶起，也调侃成“竖屋儿”。

松忒　轻而易举。

讨债　要回对方所欠的钱财；引申为让对方支付一些额外的钱物；斥人像要债样缠住自己。

套箍　钻入圈套。

统个　全部，所有。

无空 凭空、毫无根据。

嫌憎 嫌弃、讨厌。

祥彩(yáng) 好看、漂亮、美丽。

踏水 用两人或三四人的水车车水。

忒(tuī)板 差劲,不够朋友、不讲义气等。

歪筋 按着自己不正之理说话、做事。

希罕 少有、少见;自以为了不起;爱显摆;古厅堂或古祠堂门前的一对石兽,名为希罕,前两义项或由这种罕见怪兽引申而来。

洗汰 清洗,洗涤。

细详 十分细致。

小器[气] 气度不大,气量狭窄。

心妙 满心舒畅,心满意足。

新鲜 从未接触过的事物;刚出土、上桌、到手的东西;讥少见的、少有的言行。

虚文 不实际的,装出来的言行。

恹执(yān qiú) 动作拖沓缓慢。

野腔 做事说话野蛮。与故意拖沓误时,也讲恹庥(yān xiū)。见“野气”、“杀野”近义。

野气 野蛮。与“野腔”、“杀野”近义。

一记 一下。

一记儿 一会儿。

一(音叶白)凑 无中生有,乱说一气。

硬蛮 十分倔强,不听劝告。

圆通 请求给予方便。

圆便 给以方便。

怨怅 怨恨,埋怨。

张眼儿 眉来眼去;儿童掩眼捉迷藏。

正本 应该的;戏剧中的正剧,与“拆剧”相对。

之过 因过失引起。

中意 看中,喜欢。

种田 农民;插秧。

罪过 可怜。

自然　当然。

座定　一定。

【3字】

白光光(音近 guo)　白得反光。

白利利　白得刺眼。

白胖胖(音近 pong)　白得可爱。

白涂涂　白成一片。

白兮兮　泛白,白得浅。

包弗得　巴不得。

剥牛亨　杀后剥好一头牛需时很长,形容慢。

饱囵囵　吃得很饱。

刨箓笋　把箓笋刨成片状。

抱箩底　统包统吃。

背大刀　与人争斗冲锋在前,敢于出头露面,毫不畏缩,却往往缺乏用脑思考的素质。

逼死侬　催得很急,快急死人了。

草没了　庄稼被野草占据、遮盖。

缠(音传白读)千家　喻女人反复离婚再嫁好几回。

秤头足　不差分量。

吃(音近 qie)弗落　吃不消。

赤赤(音尺白)厉　厉声地。

赤血亨　好比榨取血液。

出屁股　光腚;形容赤贫。

出天日　从黑暗处来到阳光下;从受欺压的环境中离开。

汆记扣　放入开水中泡一回。

搭错脉　判断有误。

打劈(音屁)腿　侧手翻。

戴铁帽　一副天不怕、地不怕,不顾情面、敢冲敢杀样。

掸蜂亨　黄蜂上身肯定急着将其掸掉、赶跑。形容遇(某)事唯恐避之不及。

倒筋斗　后滚翻。

倒伙散　形势不佳，任其散伙拉倒。

得侬憎　讨人嫌。

鸟背窠　义同下条“鸟做窠”。

鸟(diāo)做窠　就如鸟筑巢般辛苦、缓慢。

寣猪壳　旧时习俗一年养一头猪，到过年前杀掉，称为年猪。平时只让它吃一般猪食让其长架，到最后以精饲料喂肥。平时喂养即称寣猪壳。

跌跌冲　急急忙忙前行，走路不稳，跌跌撞撞。

跌撞扣　遇危急事性急暴躁的样子。

叠柴蓬　将砍下晾干的柴禾堆垒成正方形柴堆，以备来年出售或自家烧火。

抖淋淋　因害怕或紧张，浑身发抖。

断六亲　因自身原因(性格、家庭变故等)断绝所有的亲戚来往。

礅矮菜　为度饥荒专门去山里拔一种野菜。

对心戳　抓住对方伤痛处攻击。

多口筋　打口水仗。

躲债主　喻人避而不见，就像怕债权人上门追债样。

翻筋斗　前滚翻。

犯弗着　犯不上、不值得。

赠见(音计白)过　有什么了不起？

粉忒忒　因淀粉含量高引出的口感。

蜂叮亨　形容某些人对他人过分厉害，连说话也像蜂蜇一样。

弗安职　心思不定；不安于现状。

弗出级　没有出息；不上等级(级别)。

弗得了　了不得；出人意料。

弗灵清　头脑不清。

弗上栅　不上档次。

弗要慌　(1)别慌张，慢慢来。(2)威吓对方：等着瞧。

弗识(音近 zhei)侬　不卖人情面子。

弗自(知)量　没有自知之明，不自量。

弗着关(音官白去声)　尚无着落。

该拉(音狼)该　活该。

赶会场　做好竹木家具或携带自家副业产品，赶去庙会(交流会)交易，即赶场子。

咯咯抖　冷得上牙打下牙；因害怕索索发抖。

嗝饱匊(jiū)　衣服穿得过多，显得过于厚实肥大之状。

哽咙喉(音够)　斥人吃现成饭；咒人吃进口也无法下咽。

关爷亨　因发烧或喝酒而满脸通红。

棺材相　喻人行将就木。

掼出去(音扣)　往外甩。

掼锣槌(音柱白)　喻人干了一半中途歇手(故意刁难或有头无尾)。

哈哈笑　大笑。

哈拉贝　讥人之语，意为活该。(旧时有上门卖哈拉贝的，系一种保健品。)

哈拉扦　胳肢人，使人因痒而发笑。

还确(音近 kuò)道　还以为。

还了得　斥人不得了啦。

汗淋淋　大汗淋漓状，也讲"汗淋沰滴"。

汗滋滋　因发热，从内往外慢慢渗出汗来。

行销猛　销路极好。

好断根　毛病完全好而没留病根。

好商量　态度和善，容易沟通。

龇笔管　写字中间遇到难题，或者联想时陷入沉思会咬住笔杆的状态。也用以比喻读书不好的人遇上做不了的题目时的尴尬状。

和本掼　不但赚不到钱，连全部本钱也赔进去了。

黑洞洞　黑得深沉。

黑涂涂　漆黑一片。

黑兮兮　微黑。

恨矩心　从内心到外表，刻骨地恨。

哼叽叽　一片嘈杂之声。

红得得儿　红得可爱。

红沛沛　红得热烈。

红旺旺　红得很，一片红。

红兮兮　轻微的红。

猢狲相　像猴子样多动。

糊答答(白读)儿　糊得透彻。

糊呱呱儿　糊得匀净。

糊泥泥　糊且粘人手脚。

滑滑溜　很滑溜。

画符咒　如画符念咒一样，让人不懂或受骗。喻敷衍了事。

话乱念　斥人讲话不负责任，乱说一气。

换生世　下辈子；活过二回。

黄呱呱　黄得可爱。

黄乃乃　黄得难看。

黄兮兮　微微黄。

黄渍渍　黄得深厚。

浑浊浊　水浑得一塌糊涂。

活烂死　斥人太胡言乱语了。同“活烂堆”。

活里仙　言行令人作呕。

火淋淋　怒气冲冲。

火络络　皮肤焦灼。

急冲冲　匆匆忙忙，急不可耐。

急淋淋　火急火燎。

急兮兮　急急忙忙样。

急死侬　太急人了。

夹（音加白）壳[廓]累　和衣而睡。

假青忒　装得一本正经样。

假执意　假装某种情状。

贱爬爬　一副犯贱（找打找骂）样。

渐渐干儿　缓慢地。

渐渐上　得寸进尺地。

尽不禁　大不了。

噤口历　失语症。引申为对方不做回答。

掘（音近 gé）命根　掘断人家命根，喻对人往死里整。

空落落　空空如也。

扣确扣　不多不少，刚合适。

哭哀哀　哭得很悲哀。

哭涟涟　哭丧着脸；流泪。

苦津津　很苦。

苦淋淋　痛苦得很。
苦兮兮　稍有点苦。
宽慢干　慢慢地。
扨筋骨　十分投入地干。
扨壮丁　封建时代无人愿意当兵，就去抓人当兵，义同抽壮丁。
啦啦响　说话顺畅，形容语速挺快。
浪滑溜　相当光滑；容易滑倒。
浪吭兴　相当冷清；缺少人气。
浪难瞷　非常不耐看。
浪难食　很难吃。
浪难听　声音难以入耳。
浪厌气　速度很慢。
浪嗡臭　臭味极重。
老鼠阁　形容睡得极短，一会儿就醒。
累谷蒌　稻谷脱粒时会混入许多稻草屑，得用粗目筛子过掉。
冷冻冻　冷得很。
冷兮兮　有点冷。
冷阴阴　阴而冷。
里反出　从堡垒内部攻出。
力量猛　威信高，权力大，独断专行。
亮晃晃　亮光闪烁。
亮利利　瞪着眼睛看。
亮兮兮　有点亮光。
亮雪雪　雪亮雪亮的。
了弗得　极不平常；出人意料。
流贱水　讥人伤心流泪。
流屄（音撇白）水　骂人流的泪水是从屄内流出的脏水。屄（bi），女性器。
露口风　从口中透露点秘密。
绿厄厄　绿得可爱。
绿兮兮　绿得轻淡。
绿雪雪　绿得反光。
绿阴阴　绿得深暗。

乱念话　随便说出的话;编造的空话、假话。

落黄土　受北方沙尘暴影响而飘洒下的尘土。

呒出级　骂人不上档次;斥人干不了事。

呒家教　斥人没受家庭教育;指责家长没有尽到教育子女的责任。

呒烈性　责人没有一点刚烈的气质。

呒手踪　做事有头无尾,对工具、玩具等不收拾好。

呒数笃　做事没有分寸;没有自己的是非对错标准。

呒夜摸　没有时间观念,天黑很久也不回家。

呒主意　遇上难题而主意不定。

呒抓捞　做事没头绪、无计划,不知道从何着手;抓不住要害,不知道关键所在。

呒着关(白)　没有着落。

麦磨旋　像石磨那样沿着圈转。

卖猪肚　形容人脸色难看,拉着脸,嘟着嘴。

没魂葬　咒骂语,意为人体和灵魂一块儿埋葬掉。

蜜甜扣　像蜂蜜一样甜。

摸[木]娘颊　斥人不要脸面。

墨秃乌　黑得像墨。

木滋滋　有点麻木或轻微痛感。

奶婆嘟(音洞)　口中念念有词;自言自语。

囡儿(m)绕(白读)　子女成群,基本生活无法维持。

难为你　感谢语;表示对人理解。

嫩出出儿　相当嫩而软酥。

嫩嘟嘟(音督白)　粉嫩而可爱。

能上能　能力好上加好。

哦(音呕,ōu)皇天　呼喊老天爷(帮忙、怜悯)。

呕街儿哎　永康方岩上山路旁有条“岩下街”,过去专聚许多职业要饭者,成天朝香客们哭喊讨要。斥人拼命不停地叫喊某人,就像方岩岩下街那些要饭者一样喊个不停。

爬起来　躺着或跌倒重新立起。

拍毛个　插秧后要塞毛,把焦泥灰混进截成短段的猪毛,用人尿拌和,双足踩踏至有韧性即为“毛”,将其拍打成圆球即“拍毛个”,然后手捧毛个,每垦稻苗根塞上一小块叫“塞毛”。

排场头　干某件大事、喜事得有事先的安排，并且拉开架势，头头绪绪各路实施，从而显示出精心策划的端倪，即为“排场头”。

屁股觔(千祥)　胡扯，乱讲一气，全是假话。

便(pián)壮扣　相当肥胖。此义也说成“便便壮”或“滚壮(扣)”。

凭佢自　随他去。

潽出来　煮稀饭、煎中药等，液体从容器内溢出。

齐崭崭(音折白)　相当整齐。

千世忙　老是忙碌，绝无空闲。

扦墙脚　要找人干某事，预先暗示，打个招呼。此说从建房工序“签墙脚”引申而来——都属准备阶段。

清水滚　某些青菜光加清水煮，而未用油炒，味道单调。这是过分节约的吃法。

敲镬铁　(1)从字面理解，把锅打碎变成生铁的碎片，以便重新铸造。(2)引申为饭少人多，把所煮饭吃光还不够，连锅巴也吃，此时锅铲与铁锅发出声音，犹如敲镬铁。(用引申义更多)

秋娘亨　形容人喜出风头，行动语言别出一格，引人注意。典出何处不详。

热烘烘　很有些热。

热烹烹　热得很，像火烤一样。

热兮兮　微微热。

尚好见(音记儿)　马马虎虎能过得去。

生瓜癞　得了疥癣。

时迁亨　像《水浒传》中时迁一样过梁入户不被发现。

实别别　实得沉重。

实丘丘　实得坚固。

食草厄　骂人是吃草畜生。

食刮镬　吃光见锅底，连锅巴统吃。义同敲镬铁。

食皇粮　吃公家饭，无后顾之忧。

蚀个洞　蚀本大了。

手脚懈(音近 ga)　动作慢。

守规矩　循规蹈矩。

羞答答　毫无主见，一副任人摆布的样子。

羞兮兮 有些自卑、顺从的样子。

死罢活儿 半死不活样。

死弗着 斥人怎么轮不上死，语气较轻。

死排场 斥人语言、行为出格，令人生厌。排场两字白读。

弹弹动儿 像胶冻状有弹性。

叹冷气 遇不顺心事而叹气。

汤罐[篱儿]亨 遇到危难事毫无办法。

螳(音近 guō)螂亨 像螳螂一样瘦。

讨饭相 斥人食相欠佳，比如舔碗刮锅等。

讨憎嫌(音记) 讨人厌。

甜蜜蜜 甜如蜜糖。

甜腻腻 甜得腻口。

甜兮兮 稍甜。

甜头感 有点甜的感觉。

铁健扣 相当健康。

铁太平 十分太平。

听口声 听听人家如何评论。

痛兮兮 有点痛。

痛攸攸 隐隐痛。

脱手滑 由手的操作不慎而引起。

瘟病打(白读) 染上瘟疫了。口头禅。

埲嘭嘭 满是灰尘。

乌兮兮 黑得较浅。

乌油油 乌黑发亮。

乌朱朱 黑得可爱。

希罕猛 自以为了不起。

洗伢(牙白读)花 老式接生。

下(白)山撬 从石块的下方往上撬动，比从上方往下撬要费力许多。比喻遇事处于被动地位。

享清福 不必劳动而享受吃穿用等。

想转头 想到要回头。

相相(去声)先 看一看(怎么回事)。

消灾死　骂人语，吃下的饭总得让它消化掉吧。

笑眯眯　笑得可爱。

笑兮兮　微微笑。

笑盈盈（音近 xīng）　满脸带笑。

歇休亨　语言行为轻佻而好动；爱出风头。

歇夜添　留客再住一晚。

凶巴巴　一副凶神恶煞样。

雄鸭声　声音粗，像公鸭叫声（不理想之声）。

雪滑溜　形容像在雪地上行走那样滑。

押（音压白）花会　旧时一种赌博形式，以“太平”、“银玉”等 36 个神（人）名作注，押中者为赢，反之则输。

痒挖挖　痒得难以忍受，恨不能挖去一块肉。

痒兮兮　微微痒。

揶揄相　令人作呕样。

一别蹚　一下子将人推倒在地。

一凑千　能把一说成千的言过其实者。

一声响　一锤定音，形容威望很高。

阴沉沉　阴得深沉。

阴冬冬　阴得厚实。

阴兮兮　天稍有点阴；形容某些言行不光彩者。

阴间（音官白）鲂　斥人言行阴阳怪气或胡扯一通。

阴间（音官白）相　阴阳怪气的样子。

阴鹫死　冤死了。

硬厉厉　固执坚持，非如此不可。厉厉，上声、去声。

悠悠痛　隐隐作痛。

幽炭锕　俏皮话，意为太冷了，只好钻进把柴爿火焖成木炭的陶瓮里避寒。

犹几加（白读）　更加。

犹加几　更加。

犹则可　退一步说。

油渌渌　油得光滑。

油滑滑儿　油得可爱。

游口歌　心不在焉地随口哼唱。

游魂亨　比喻魂不附体样。

有脚色　很有心计，言行掌握分寸，做得恰到好处。

有手踪　用过物品能放归原处。

鱼鳅亨　形容为人圆滑得像泥鳅。

咋衡相　什么样子。

咋名级　什么意思，啥名堂。

皂隶亨　像封建时代的衙役，一副凶狠的样子。

张飞亨　形容满脸漆黑，像张飞的脸。

张眼添　再看一眼。

召魂亨　形容本不愿前往，像迷信叫魂回身体那样反反复复，大喊大叫地坚决把人拉走。

针戳亨　形容心情极糟；心如被针刺样痛。

真箍(音苦)丘　一本正经；说实在的。

争闲气　一味帮某方争执；计较的全是无关紧要者。

直光光　形容眼光直瞪瞪地，缺乏神色。

中等干　接近中等上下。

忠有厚(谐后)　忠厚能给后代平安幸福，忠实才能长久。忠诚之人才能留有后路(后代才好)。

钟馗亨　像钟馗般凶神恶煞样。

壮便便(pián)　大腹便便样。

壮彬彬　胖嘟嘟，很可爱。

撞桐油　(1)手工榨桐油用悬空之石撞击木楔子。(2)荡秋千。

撞撞油(千祥)　荡秋千。

浞(zhuó)滚涨　被雨淋得浑身湿透样。同样意思也说浞浸扣。

擆(zhuó)巴掌　打耳光。也说掴(guó)巴掌。

滋味(音 mi)猛　味道太咸。

子午干儿　差不多的样子。

做侬家　节省的样子。

【4字】

挨(白读)摇弗着　没有关联;不会碰撞。

骇㖠(bà)零扽(dèn)　形容数量大得惊人或形状出奇得吓人。

骇大(音驼)神倌　痴呆得好似泥塑神佛。

骇头戏记　痴呆得够可以。

骇头痴充　痴呆得一塌糊涂。

骇头鹁鸪　痴呆呆的样子。

拔舌连根(音耕白)　因活着时讲空话太多,死后该进拔舌地狱,还应连根拔去舌头。

白毛堆尖　因物件发霉而长满了白色的“毛”。

百滚无毒　高温消毒,反复煮沸就不会有毒。

百末细碎　完整的物件被砸、打成细小的碎片粉末。

百日百挨　苦日子长着,挨过一天算一天吧。

半级戏记　不聪明,任性得可以。

半三不级　上下都靠不着档次。

半三两级　不伦不类。

半罅(xià)厘稀　一半利用一半丢弃。

比三比四　跟这个比,与那个攀。

比前比后　和前面的攀,与后面的比。

壁吸壳亨　瘦得如壁虎的外壳。

不中不可　处于中间状态,马马虎虎能过去。

查问(音 me)神降(白读去声)　追根问底,定要查个水落石出样。

捌(音侧阴平)记摇(音彭去声)记　动手动脚又不着要害。

长三短四　家长里短,琐琐碎碎的那些事。

扯空捏话　编造假话。

趁心快活　满足个人意愿而高兴。

称斤论两　计较分量多少。

宠小害大　宠了小孩,害了大人;小时宠他,等于长大后反而害了他。

从头一起　从头由一开始。

凑千白毛　把一说成千的连篇空话。

凑货百充　以次充好，以少冒多。

搓搓揉揉（音近 nuō）　任人摆布。

大门大路　大大方方、正大光明地（行事）。

大刀劈马　大大咧咧、不管不顾地。

大头趁哄　乘势胡吹。

大天八亮　天已大亮。

刀割来亨　心如刀绞。

倒罢𫄨葬　骂人已死，仅仅尚未下葬而已。

鸟背窠亨　形容建房辛苦如鸟做窝一点点积累而成。

对面三开　面对面摊开讲。

对哭对笑　边哭边笑，忽哭忽笑。

劶东劶西　东拉西扯，不着边际。

多礼文筋　过分讲究礼节礼数。

翻天倒地　天翻地覆。

飞龙活跳　活蹦乱跳。

𫄨会前会　只沾着皮毛就觉得全会了。

风吹落头　冷天又遇刮风日子，外出时遭受风袭情状。

弗够咸淡　程度太浅，既够不上咸，也算不了淡。

弗上程（音近仄）度　够不上标准。

狗面生毛　斥人如脸上长毛的猪狗不如。

鬼（音 jū）头活怪　鬼头鬼脑，鬼精灵。

寒毛振挤　一般指因感冒引起的汗毛倒竖、发热畏寒。

罕见八堆［劶］　非常少见，十分偶然。

罕百郎当　好的歹的、美的丑的、高的低的、长的短的……所有混在一起的总和。

汗淋嗒沥　满头大汗；全身流汗。

好看吒相　偶尔为之。

和坤家私　全部家当。

黑五黑六　指人开出的条件离谱。

横交（音近 guō）十字　横直交叉，一片狼藉。

红汗白汗　概指各种辛劳而流的汗。

红青梢嫩　脸色白里透红的娇嫩之态。
哄天八怪　胡吹上天。
后生侬性　形容性格像小伙子急躁难耐。
猢狲(音 shē)洗面　反反复复、不厌其烦地重复单一动作。
花食花用　把钱全用于吃穿用诸项。
话乱(音灵白)念堆　乱讲胡扯。
话乱(音 léng)仙念　胡编乱造。
话赤(音尺白读)乱念　胡扯乱说。
回里回话　讲些应付的话。
回三回四　推三阻四。
回七回八　敷衍了事,踢皮球。
火炮头亨　形容人的个头矮如炮仗炸后留下的半截子样。
火曝蚤亨　急得如遇火的蚤子般乱跳。
火临八灶　一股火气上冲样。
祸从口出　因讲话不慎而引来灾祸。
鸡拖狗入　因无人管顾而遭畜生践踏。
奇(jī)手律惯　左撇子。
讲讲谈谈　拉拉家常。
映(jiá)眼(白读)时(音西)刻　一眨眼工夫。
脚筋挣直　形容气力用尽。
脚手轻便　身强力壮,手脚灵活。
久经不厌(音 yi)　熬至最后还是……
空口白讲　光凭嘴巴说说。
空头八脑　凭空的一套。
口舌头大　人将死时舌头讲话不灵活。斥人乱说一通。
口舌脉吊　舌头血流不畅。斥人胡说一气。
宽宽慢慢　慢腾腾地。
宽慢四六　不慌不忙,脚踩方步。
拉里拉债　匆匆忙忙,干完了事。
浪做侬家　节省得有些苛刻。
劳心劳碌　既费心力又花劳力。
嘞里嘞觔　啰唆拖沓。

嘞皅八皅 相当讨厌而麻烦。

肋里肋轧 拖沓而纠缠不清。

两弗接头 双方未做衔接。

亮利盈(音勤)光 满眼光亮,亮得刺眼。

了你弗得 看你不出,想不到你会这样。

流水滴冻 滴水成冰。

六亲弗认(音近 xìn) 断绝所有亲戚来往。

搂搜挖搜 挖空心思搜寻。

乱念八堆 胡言乱语。

乱念八腔 胡说得走了调。

乱七八堆 乱扯一气。

乱七八半(音搬白)(千祥) 胡扯乱搞。

乱讲乱话 乱说一气。

呒本生意 喻指不用花多大成本和力气,却有较大收获的事。

呒口面侬 理屈得无话可辩、无法面对。

呒口热念 相同的话反复挂在嘴边。

呒名呒姓 不指名,不道姓。

呒没名节 毫无必要;毫无意义。

呒些要紧 没有必要。

呒生变有 想尽办法做成不可能之事。

呒头苍蝇 没有头脑,理不出头绪。

呒头寻事 无事生非,故意找事。

呒头坎念 没有中心和主旨地自说一通。

呒头坎皅(千祥) 没有头绪地自说一气。

呒主孤魂 没有主心骨的空壳人;离开主体的孤独灵魂。

麻木心侬 指言行不中肯,过分做作,让人起鸡皮疙瘩。

麦芒针(音愣)亨 喻人小肚鸡肠,细如麦芒。

蛮博戏记 说话干事不管不顾、蛮撞得很。

蛮七蛮八 说话干事仅凭蛮劲、没有分寸。

满(音没白)博旺(音弯白)仓 仓满柜满。

没(音没白)博生劲 劲头很足。

满(音没白)博新鲜 全新感觉;满怀新鲜感;很来劲。

盲眼搭笑　人家说话你没听清原委，尚不知晓事情就里即轻易讪笑。

毛毛糙糙　粗枝大叶；言行粗疏。

毛里毛糙　做工粗糙；处事粗疏。

霉头霉脑　用些讽刺挖苦的话语损人。

懵懂戏记　懵懵懂懂，头脑不清。

懵里懵懂　糊里糊涂，头脑不清。

眠那（音农）鼓里　被蒙在鼓里，不了解实情。

免免揶揄　避免一下别人的嘲笑或讥讽。

摸摸索索　不厌其烦、不怕辛苦地埋头干。

莫名弗知　完全不知实情，不知得无法称说。

墨赤里黑　如墨黑成一片。

墨黑洞乌　漆黑一片，毫无亮光。

墨秃里乌　乌黑一片。

奶婆赶轿　喻指平时少有机会，一遇机会马上前往。

能上能好　一直好好的（现在怎么……）。

黏侬圪（gē）哟（dī）　黏乎乎的，粘住身体某个部位，甩也甩不掉。

侬心难摸　所谓人心隔肚皮，要猜度别人难啊。

呕出来亨　形容对孩子过分宠爱。

爬山过岭　翻山越岭。

拍（音彭白）脚蹬地　拍手顿足（悲痛或愤恨）样。

牌子笔挺　穿着打扮十分讲究，言行矜持。

盘龙四匝　围或绕成一圈。

蓬［鬅］头赤脚　形容外观邋遢，衣冠不整。

平地打跌　毫无障碍，凭空跌跤。

七囝（音 m）八囡　形容多子女者。

七（音齐）抓八（音彭白）抓　骂人把话骂尽。

攲（qī）筋懈（音近 gā）骨　精神不振、身体疲软；伸懒腰、打呵欠，一副有气无力样。

其货压货　仅凭现有能力干事。

骑轮挂车（音唱白去声）　形容小孩好动、多动。

起头排场　在办理某事之前，需要做出相应的许多准备工作和事先安排。

气宽寿长　劝人别急，慢性子还长寿呐。

千变万化 形容人挖空心思要达到目的；不安于现状，寻求变化。（多用贬义）

千补万纳 对穿着的衣裤鞋袜补了又补、缝了又缝。

千儿（音 m）百套 反复多次，说不清次数。

牵（音气）箍扶扒 形容某些爱吵闹的小男孩，放开手脚抓呀、打呀、咬呀、踢呀，什么都来。也指某些不讲道理的大人，哭闹撒泼、蛮干蛮撞的样子。

前前后后 反复多回；多方面。

前三后四 前前后后的那些事。

前世弗修 遇上不理想状况时惯用的口头禅。

挈手挈脚 形容小孩多动；描摹某些善于表达之人（尤其女性）的动作形象，显得轻佻、夸张。

清清忒忒 清清爽爽，清清楚楚。

清汤白煮（音若白读） 某些菜肴不炒、不烤、不炸、不煲，也不加配料，只是加清水和盐煮熟，当然乏味而难吃。与前“清水滚”近义。

如乡入（音 niè）乡 入乡随俗。

塞牛屁股 送了礼，收礼人却不知是谁送的那类尴尬事。

三对四面 对着当事几方的面。

三句两话 说话干脆，简单明了。

三弗腰翘 不伦不类，三不像。

三弗知头 毫无征兆，忽然之间。

搡门捣壁 上门闹事之状。

上马正经（千祥） 一本正经样。

上先晚（音 màn）后 有早有晚。

十个（音股）吭法 实在没有办法。

食侬食话 指桑骂槐。

袖头戏记 缺少独立主见，遇事人云亦云。

数[诉]七道八 接连不断地诉说（说道）。

说亲道（音捣白去声）娘 骂爹骂娘。

死弗倒担 到底不认输。

四句八对 说话有声有色，字数整齐，读音押韵。

似乎不禁 满不在乎样。

饲家狗亨 斥人不知恩图报，如白喂狗一般。

扨记得佢 推他一把；怂恿他一回。

踏天踏地　言语不着边际。

体体面面　招待客人相当丰盛。

天伦地伦　讲话天一句，地一句，无根无据、不着边际。

同心并胆　心往一处想，劲往一处使。

头炈弗清　没有条理和头绪。

突（音测）去临时　骤然决定。

哇哇作作　行为或言语使人不堪见闻，令人作呕。

碗坤洋线　木工的一种装饰线条，如饭碗底部截面形状。

万无一瑟[失]　十分有把握（为止）。

王三百会　形容人无所不能。

未曾旺（音歪）健　条件着实尚未成熟。

无地白空　没有不是空话的。

无空白地　凭空乱讲。

无空白訪　凭空造话。

无空造孽　凭空造假，制造冤案。

无没（音柄白）扯空　无端制造空话。

舞手舞脚　手舞足蹈。

细皮嫩肉　皮肤细腻，肤色红润。

嫌三嫌四　挑挑拣拣，全不满意。

想前想后　反复思考，全面考虑。

心慌热念　内心急切，口中念叨。

心心挂念　一心牵挂，总不放心。

形（音印）踪气脉　外表形象等各种征兆。

修桥铺路　泛指善行。

寻东寻西　找这找那。

烟滚喷喷（音彭白读）　烟雾腾腾。

眼睛飞活　善于察言观色。

眼睛孔浅　爱贪小便宜者。

眼目清亮　眼睛无病，视力良好。

厌丑八灶　行动缓慢无比。

厌工厌日　浪费时日。

仰天八灶　破罐破摔，不管不顾。

养媳妇亨 斥女子不大方，如童养媳般自卑。

养媳妇相 言语行为和做派都像童养媳。

妖六戏记 喜卖弄自己，显得高人一截、与众不同。

要紧要忙（音 mò） 关键时刻。

野猫神道儿 非正宗的、威力不大的野神祇之类。常用作比喻。

一忒加（音近 guò）之 一共，笼而统之。

一心思想 一门心思。

一匝四圈 绕圆一周。

依顺百顺 什么事都顺着（对方）。

疑心八灶 满腹狐疑。

游别时光 精力分散，不专心一意。

有侬家未［赠］ 许了婆家没有。

有要不紧 无关紧要，可有可无。

余珠挂串 断断续续，不干净利落。

胀肚肠头［死］ 对方的言行无理得令人作呕。

正本实腔 认认真真，不马虎敷衍。

正经着念 一本正经样。

挣死挣活 不顾一切地操持劳作。

株小秧密 先天不足，成不得大事者。

滋苦甜（音连）蜜 酸甜苦辣各色味道。

滋味（音 mì）咸淡 好的差的各种味道。

子午（音 m）两字 差不多，八九不离十。

自哄自慰（音 m） 自己欺骗自己，自己安慰自己。

自讲自念 自言自语。

自讲自听 自言自语、没旁人听。

自解（音 gá）自宽 自己宽慰自己。

自生自灭 自己与自己过不去；自己制造，自己毁灭。

罪过弗恒 干了恶事无所谓样。

坐家命好 吉星高照，诸般顺利。

做鬼（音 jū）弗大 讥人鬼头鬼脑、毫不大方。

做死做活 义同“挣死挣活”。

【5字】

共(音 jiòng)船扺来厄　形容来路相同,一路货色。

老鼠尾巴尖　形容树梢、某根木料等,从某处开始突然如老鼠尾巴一样越来越细。

眉头百裥皱　苦闷愁恼得紧锁眉心。

难得雏雏吊[吆]　形容受人刁难、逼迫之状。

下(白读)爿关笑脱　形容遇上非常好笑之事,因连续大笑把下巴也笑得脱臼了。

眼睛铜铃亨　双眼瞪得滚圆。

一等拿摩温　拿摩温指上海工头。形容事物或人了不起,好得很,第一流。

【6字】

鼻头梁一管亨　鼻梁高而通直(长得帅气)。

鐾弗出厄锄(音若白)头　形容性格内向、不善表达。

【7字】

娘颊光捣犁壁亨　犁壁,紧贴犁头,能使犁起的土块翻个身的铸铁器件。形容打人耳光用力之甚,把人脸当作犁壁样狠命击打。

（三）习俗迷信

这部分偏重于迷信的习俗，有别于一般的礼仪习俗。

【2 字】

八个（千祥） 特指抬棺材的人，在村子里并不是随便哪个都能干这行，往往是约定俗成、相对固定的几个人。实际每次只有四人，却称为“八个”，横店一带则称“八个头”。

百岁 并非实际计算年龄意义，而专指老人去世。这是避讳说法，“死”字不必出口。

包饭 雇用工匠时，要对方自己吃饭后上门来干活，主人不负责供饭而适当提高日工资。

材脚 与千祥话“八个”同义，此种叫法像是棺材长了“脚”能“走”上山头。

常序 封建家族集体所有的。

冲喜 准新郎病重，假行婚礼，能以喜气冲去邪气的习俗。或者老人病重，乘机雇人做棺材，也叫冲喜。

大圹 旧时土葬，将装有尸体的棺材下葬入土，其墓穴属大圹（与小圹对应）。

单副 嫁女备齐大橱凳桌整套嫁妆者。

典生 典妻生子。即谈好条件，将人家妻子“租借”来家，待与主子男人生下儿子（女儿）后，养至断奶再离开返回原夫家。其间吃住在主子男人家，由男子支付若干钱财。此为生儿传宗接代、重男轻女封建时代形成的陋习。

斗五（音 m） 几个要好人拼合在一起吃饭，开支 AA 制。

坟犯 遇上不吉利事的口头禅，意为坟墓安放的风水不利，犯“冲”所致。

公常　封建家族大集体的代称。

供(音 jiōng)饭　佣工时由东家(雇主)负责供应饭食的,与“包饭”对应。

过辈　人亡故的避讳说法。

贺寿　逢十年(大寿)一贺的庆贺仪式,亲朋会送寿礼,主家要请客吃饭,并予回礼。

回货　家乡誉为百工之乡,出外打工者众,回家过年(或农忙)时要带些小礼品送人即回货。此外,外出做客或赶场,回来时带的食品之类也属此例。

接佛　久旱时向神、佛祈雨的仪式。

接龙　久旱时迎龙王向其祈雨之仪式。

哭嫁　女儿出嫁时,母亲要哭着送嫁,道些“利市话”,如“桥上点灯两头红啰”,意为夫家娘家都会好。

廓盖　坟墓内围着棺材四周及上面所盖的石板材。

老扣　对亡过的讳饰说法。

米撒　旧时土葬,出殡完毕,由山人主持在家内念咒敲锣撒大米、沙子以去邪的仪式。

“七”里　人亡四十八天以内,男主人不准理发等禁忌(用刀剪都会使亡者挨“痛”)。

请“七”　人死后每过七天要祭拜一次,直至断“七”,头“七”习惯于第六天祭。

求服　上门送礼并请求原谅的较正规道歉仪式,甚有鸣炮赔礼的。

求雨　旧时代久旱无雨时,以“接龙”或“接佛”祈求下雨的仪式。

施(音西)茶　在凉亭等处免费为路人提供茶水以解渴的善行。

寿材　人未亡,选闰年的好日子做好棺材,称寿材,意为长寿。

双副　准备两套嫁妆嫁女。

小圹　人亡后过三年及以上重新选地安葬,只需将尸骨装进小盒重葬,安放的圹体也比首次小许多,称为小圹。

小姓　封建社会因违犯族规被逐出家谱(在家谱中除名)的,在本族中地位下降,往往被驱离祖居,迁往外姓居地,其职业也被限定于看柴山、剃头、抬轿、吹打、阉猪、养公猪及守坟地等所谓下贱行当。

谢佛　用猪头猪尾、全鸡鸭、全鱼、斋饭及经卷之类敬玉皇大帝及上天神佛。一般在除夕夜、月半夜迎龙灯及清明冬至等节气时举行;家庭建房、结婚等喜事时节,均不可少的仪式。

移坟　亡人下葬三年及以上，一般会易地迁移，或为归入祖坟，或换成风水更好之地。

迎灯　又称迎桥灯，常年为正月十四、月半、十六三夜，若遇闰年，正月十三即出灯，且"计丁(男丁)计灶(每户)"出灯，桥灯也特长。

摘奶　婴儿断奶。有让小孩坐在尿浇(施肥接尿用的有甩带嘴小木桶)上，手拿锅巴饭团，母亲口中念念有词之仪式，据说这样会一次断奶成功。

【3字】

摆嫁资　(1)同"摆架子"。(2)女儿出嫁时，娘家会在当天上午就将全部嫁妆在公共场所如门堂、晒场或路边"晾"出来，以显示其气派。

背门政　封建时代，出嫁女儿在夫家产生家庭或家族矛盾，女儿会逃回娘家搬来"救兵"，重回夫家论理。

本保殿　在保甲制封建时代，保相当于行政村，村头所建之殿即本保殿，一般供土地、山神诸神。

猜倌神　旧时巫婆神汉借神佛下界为人问神占卜等仪式。

城隍殿　(1)旧时每座城会建一城隍殿，内供城隍老爷，以求保一城平安。(2)骂人阴阳怪气样。

串年户　旧时临近古历年关，会有一种上门索讨者串年户，来各家门口唱些送旧迎新的歌谣，主家为求好兆头都会给予布施。

打东道(千祥)　由某人买单，几个朋友等人聚餐的做法，与前文"斗五"近义。

大和头　棺材的大头，一般会写上"福禄寿"诸字。

戴白帽　有亲人亡故，出殡时头扎白头巾以戴孝。也代指家中死人的讳饰说法。

担周岁　小孩满周岁时，男女双方亲戚上门送礼道贺，特别是外婆家多担馒头、粽子前往。

担得周(千祥)　义同上项。

动山人(音宁)　家中办丧事，会请道教师傅敲锣击鼓唱曲，以超度亡灵。

翻九楼　用九张八仙台桌叠成高台(九楼)，表演者由下往上、从上到下地攀爬翻飞。现为省级非物质文化遗产项目。

坟面石　非公墓时代，稍考究的会在逝者坟前立起石碑，上刻姓名、生卒期、家谱排行诸项内容。

弗空手　因为讲究人情礼仪，凡是与亲戚朋友来往走动，都宜带上点礼物相送。

供(音 jiōng)儿(音 m)囡　抚养子女。

供爷娘　赡养父母。

棺材盖　人亡，入殓完毕，加盖棺材盖子，并用长铁钉钉死，后出殡。

害人命　遇有非正常死亡者，或因团体利益产生群殴，导致全体或大部分亲属本家上门对仇家进行打砸拿吃等的陋习。

活无常　迷信传说中的阴间派出的差役之一。与“死无常”相对。

见面钿　新媳妇进门，男家父母及亲戚长辈要给新娘子送红包。

结喜圹　土葬时代，为活着的高寿者预做坟墓，一般会选在闰年。

斤头包　早先拜年送礼，均以每斤一包为限，称斤头包。当然，你根据条件可送一至多个斤头包。

扚灶神　旧时腊月，会有乞讨者装神，上门为农户驱鬼，以求主家布施。与前文“串年户”相近。

瞿三日　新娘子过门第三天，娘家人会挑着礼物上新女婿家做客的仪式。

捏手银　新娘子出嫁时，临上轿前，父母及娘家亲戚长辈会给她送红包。

排夜佛　小孩久病不愈，疑是神祇作祟。置备斋筵，夜里请专人祭拜，然后用米筛装上斋饭由前门送至野外，在有田缺(排水缺口)处，将米饭豆腐等祭品倒在地上，把碗碟覆在米筛上，烧了纸，插了香，不声不响往回走，得换从后门进家，不让野鬼认原路跟回。

千人井　旧时代，夭亡的小孩特多，且均不行正规葬礼，各村会建一石板深井，专门用于丢弃婴孩尸体，即千人井。

千人间(千祥)　与上同义。

请祭祀　旧时会在清明、冬至等节气，或逝者忌日，置酒饭，烧经卷，行拜请之礼。

请太公　祭拜上代祖宗。烤豆腐越大片，下代子孙耳朵也越大，越有福分。公饭(大碗装饭供添加用)翻过来，底部若有筷子戳孔，证明祖宗前来食过斋饭。祭祀过的饭菜不能直接吃，必须回锅烧热再吃，不然子孙后代记忆力会差。

求功名　泛指上学念书求上进。

上横头　方桌宴请，习惯以靠厅堂内侧一边为上座。

施(音近 xì)兰盘 道教流传的布施孤魂野鬼,祈求活人平安的仪式。

十里红 比喻嫁妆丰盛得可以排成十里长行,据说连马桶、赶牛鞭等凡用到、想到的物件全都备齐。

食牛饭 旧时习俗,养牛户农忙时节为人耕田,不仅耕者上雇主家吃饭,连给牛割草的辅助工也得由雇主家供饭;如果吃饭者轮不过来,可以在耕完田之后,约定时间补吃饭。

食猪腹 一年一度年猪出栏,要请亲眷朋友来家吃上一顿,主要吃的是猪血、内脏等;对前后邻居则用大碗装上红白豆腐,少量肝、肉分发。“腹”谐“福”之音,故也有讨彩之意。

死无常 与“活无常”配对,是阴间上门的索命鬼。

送火种 亡人下葬翌晨,儿媳等诸小辈得点上火把送至坟前,意谓给亡者送火种点火做饭用。第三天晨火把送至半途即返,呼亡者前来接去;第四天晨送出百步外返。连送三日。

下横头 与“上横头”相对一边的下首座位。

小和头 棺材的小头,一般会写上“喜”字样。

雁(音外白)鹅飞 把人捆绑吊挂悬空的酷刑。

养产妇(音 m) 旧俗以 120 天为产假,产后满月要回娘家养产妇。

义家地 由公常等出资购买供穷苦之人安葬的坟地。

游十殿 旧时办丧事出殡之前会动山人,挂出十殿阎王等图像,宣扬好有好报、恶有恶报。

做佛事 丧家请和尚念经,超度亡灵。

【4 字】

春大如年 民间习惯,“年”是全年最重要的节日,但同时强调“立春”相当重要,甚至大于年节。

冬青夏鲤 饮食习惯,认为冬天吃青(草)鱼为好,夏天则吃鲤鱼更鲜。

棺材和头 包括大、小两头。

镬灶神倌 旧时有敬重灶神习俗,认为该神一年四季保家平安,腊月廿三上天向玉皇奏主人家情况,廿五下凡返回保佑主人一家。

接龙接佛 旧时天旱会行此仪式,向神佛祈求降雨救灾。

开祠堂门 旧时族规森严,族人如有违犯,会行开祠堂门仪式,召集全族人丁公开处置。

吪好坟场(音祥白)　斥人祖坟风水不对,影响到下代丢人现眼。

吪没后音　迷信认为某人讲话后半句降调或音量减弱,这种人寿命不会长。

男荐(音尖)女顺　看手相、撮数(连抽三个图片,按图解命),男人要用左手,女人则用右手。

牵牛端(音近 dē)镬　因有家庭、家族或邻村之间的利害冲突,严重者甚至出了人命,此时一方会动用宗族势力,聚众闹上对方处所,把对方养的耕牛牵走,端走灶头铁锅,使对方陷入困境。(参看“害人命”条)

浅茶满酒　敬客习俗,泡茶水宜浅斟,敬酒水要斟满杯方为敬重。

三跪三拜　旧时行大礼规矩,如敬神佛、祭祖宗、小辈向长辈拜年等。

送野猫精　青中年男女有些怪病久治不愈,会认为是“野猫精迷”(想象中的“狐仙”迷住了男性或女性)。会请山人驱怪疗病,即为送野猫精。现场会念经、诅咒、烧纸香、过火镬(火浴),颇为恐怖。

天来福凑　遇出殡天不能下雨;如治丧间天雨,刚到出殡时辰转晴,甚至出现阳光,就会说这话,认为是老天赐福。

铁牛耕田　佛教信徒认为,到一定时候,不用牛耕田,只消铁牛耕。

咸鱼淡鳖　烧鱼宜多放盐,烧甲鱼则宜少盐。

阴冰地狱　传说中有阴冰地狱,寒冷难耐。比喻天气或场所太冷。

长哥当爷　封建时代规矩,如果家父早亡,长兄应代父抚养弟妹,因此也可代行父亲的职责,如决定婚姻、分家等。

【5 字】

白头送乌头　形容年轻人先于老年人去世的不幸。

豆腐弗上筵　招待一般客人豆腐可以做菜,正式宴请则不能让豆腐上桌。

福人落福地　土葬时代注重寻片好坟地,讲究朝向、地势、土层、山势及绿化等。此语既可用于评价他人,也可作为自我安慰罢。

好侬弗问(音 mè)口　对质问口极易引发争吵,为防止生事,以少问口为好。

靠囡挂索马　索马者,肩背之褡裢,是上门乞讨者必备。封建社会传统是生儿传宗接代,养儿防老,而不提倡依靠女儿;靠女儿只有讨饭过日子的份。

囡婿抵半子　好女婿能顶半个儿子。

气死弗告状　在法制不健全的时代，打官司是劳民伤财的无奈之举，故有此说。

【6字】

辈大弗及年大　虽然辈分重要，一般情况却会让位于“年纪”——辈分虽大，还会叫年长于己者为“哥”或“叔”。

年大弗及辈大　在一些正式场合，论资排辈仍然风行，无论年纪大小，按辈分称呼不会大错。

年大弗如春大　此处“年”是指“过年”。年节虽为隆重，若此前此后遇到立春（即“春日”）照样会慎重对待。

男叹财，女叹子　民间规矩不提倡叹气，认为男子叹气会失财，女子叹气会丢子。

男像枪，女像姜　看相认为，男人的手指以又长又尖细，如枪（十八般武器中的长枪）为好；女人的手指，以像姜那样又短又粗为宜。

七弗出，八弗转　家乡多出门侬，习惯上古历逢七不宜出门，逢八则不宜动身回家。

三十夜，坐长夜　民俗除夕夜很晚才睡，不讲“守岁”，反正是“坐长夜”。

算算命，愁生病　一般请人算命总有些坎坷，这点算命者也心知肚明，所以，他往往会说些让人担心的话，然后你会求他消灾，他又可赚笔钱，形成恶性循环。此语即为归纳总结。

先入山门为大　本义指佛教徒先皈依者为兄，后皈依者为弟。引申为凡事有个先来后到。

一井水食到头　喻一女不嫁二夫。

择日弗如撞日　请人选了日子办喜事，信又不是，不信更不是；干脆不选吉日反而没事。

【7字】

年初一日弗扫地　旧俗大年初一地再脏也不能扫，认为扫地会扫去财气，所以这天以不丢垃圾为主。

年初一夜弗点灯　三十夜睡得迟，年初一夜反过来睡得早，并且旧俗这晚不准点灯；如果点灯，全年多鼠害。

千谢万谢三十夜　一年到头，该感谢上天者全都在这一夜谢了。此语也为除夕夜谢佛时的口头禅。

生个儿孙在朝中　家乡习俗竖屋上梁掼馒头时口中所念之语。当师傅念到此句时，主人家接口："弗对，该讲'生个儿孙背柴楤'，我可有人送终！"其意思，做官的儿孙还不及种田的好。

【8字】

初三十一，弗用择日。　民间认为，每逢农历初三、十一这两天，要做点事，一般不必挑选日子都会顺利。

弗恇野种，只恇绝种。　自己生不了儿子，由别人代生也要有个儿子才行，野种也没关系。

面上吪肉，弗可同宿。　看相算命人的口头语、顺口溜。认为脸上少肉的人，要注意与其划清界限，别在一起宿夜噢。

囡要远送，田要近种。　民俗认为，自己生的女儿，嫁得远为好，可以少些麻烦；田地要近些为好，方便收、种、管。

年初一日晚些爬起。　前夜三十夜要迟睡，今日年初一可晚起(这天客人不应上门)。

七煞七煞，疙里疙瘩。　算命人认为七煞之年，各种事情都不顺利。

千人同桌，万人共(音 jiōng)杯。　祭祀、拜太公仪式，只有一张桌子，六只酒杯，却要供无数上代祖宗及其朋友。

手背蓬蓬，到老弗穷。　看相人语，手背厚而有肉的人，一辈子不用过穷日子。

田畈赠归厝难动箸　农忙季节田里劳作者未回家，家中妇幼诸人不能先吃，不然田里人会两腿发酸发软。

头大官坯(音配)，脚大奴才。　看相人语，头颅大者为当官的坯子，脚板大者只能当奴才挑担子跟随。

头像西瓜，一世荣华。　看相人语，头颅滚圆如西瓜者，一辈子荣华富贵也。

【9 字】

内家内家，八十吒侬家。 在男权主义者眼中，妇女就是活到八十岁了，家中财产也没有她的份。

【10 字】

报生弗空手，报死弗空口。 女婿上岳父母家报生，岳家早备有新衣裤、尿布片、鸡子、红糖、索粉等物，由报生者顺便带回，绝不会让其空手而回。上亲戚家报死讯，该亲戚必定会烧点心让你吃过东西才准离开，据说可为双方避邪。

耕田弗用牛，点灯弗用油。 信佛者传，一俟弥勒佛接印，什么理想社会就出现了：不用牛来耕田，不用油可点灯。

好囡弗供(音 jiōng)娘，炉灰弗筑墙。 女儿再有能耐也不供养母亲，而应由儿子供养，这就好比炉灰不能用来筑墙一样明摆着的理。

好铁弗打钉，好儿(音 m)弗当兵。 封建传统认为，好的铁不会用来打钉子，同样，好的男儿不应该当兵去。

贺三弗贺四，贺五弗贺六。 民俗：逢十贺寿时，三十岁要贺，四十岁不贺；五十岁要贺，六十岁不贺。

九九八十一，只赚弗会蚀。 民俗：老人不可亡于八十一岁，如遇上，家属要乔装打扮上邻家“讨百家饭”，并且念唱这句话。讨饭之后才可出殡。

十包九弗净，贴茶贴点心。 雇用泥水木匠，分供饭、包饭两类，但即使是包饭，茶水不用说会提供，每天下午还要补贴点心。

饲猪大如牛，饲牛高过楼。 谢栏神时所用祝祷语。

雨打棺材背，份侬家要退。 迷信认为，出殡时不能有雨，若避不开下雨，要用被单罩在棺材背上遮雨。不然，这个家庭会节节后退走下坡路。

月日厄菜缸，廿日厄酒缸。 腌咸菜需三十天才可吃，做黄酒的缸有二十天就会澄清了。

只可男大七,弗可女大一。 民间习惯男女婚配的年龄限制,是否有理实在难考。

只有十三娘,呒没十六爹。 民间认为十三岁女孩当妈是有的,十六岁男孩当爹是不可能的。

【12 字】

割菜籽,动点心;割糯谷,除点心。 长工在东家打工,按规定季节才有点心。于是乎,为了早些吃上点心,等不得菜籽黄就收割;糯谷则有意拖至熟过头才割。

女奶大,做奶娘;男奶大,好做官。 女子乳房大,正好给人家当奶妈;男人的乳房大,是有福气之人,可以当官呐。

七月半,糖饧顿(音煅白);八月半,芋当顿(音煅白)。 饮食风俗,农历七月十五要做糖饧吃,此时已有新米;农历八月十五,芋艿成熟,正好当饭吃了。

十枚锣[腡],有得抲;十枚厣,日日戏。 十个手指指纹确定人的命运,当为迷信,与看相解命相同。十指全为椭圆形指纹,钱财能够白拿;十指全为开放型指纹,可以天天游玩、不必劳动。

只可留客食饭,不可留客宿夜。 作为女主人,留客人(如丈夫的朋友)吃饭是出于礼貌,也是应该的。为了避嫌,却不要留男性客人住宿哦。

【14 字】

好先生,弗过月半;好长年,弗过二(音 m)十。 好的教书先生放假过年,不会迟于腊月十五(不用担心因放假太早,来年会遭不续聘);好的长工,在正月二十日前就给东家雇用走了。

男子口阔食四方,女子口阔食田场。 看相人语:男人口阔有福,到处都能吃饭;女人口阔不好,只能刨地觅食。

三日清明四日年,端午一个大午前。 清明节,族长会带全族人丁去各处祖坟祭祀,分铜钱,需要三天时间;过年从除夕到正月初三不过四天;端午节最短,一个上午走完亲戚(担粽子馒头去岳家)就算完成了。

三世修来朝南地,七世修个街市头。 迷信观点认为好运好命可以修行得来。(女人)想住朝南房子要修行三世才行;要(嫁或生)在街市集镇,至少修行七世才成。

有银讨个老婆大,呒银讨个怀里货[养媳妇]。 旧时富家弟子十多岁就会娶回近二十岁的大姑娘做老婆,而那些穷人家儿子长成后生了也往往只能找个童养媳,等养大了再成婚。

有银讨个老婆大,呒银讨个平腰过(千祥)。 意思与上条相近。平腰过,即身高只够男青年腰部的小女孩,也指童养媳。

【16 字】

谷籽出田,夫妻分离;十冬腊月,照旧管业。 从事农业劳动的夫妻,一因季节性强,二是劳动强度大,忙季都得起早摸黑地干活,因而往往在家长的暗示监督下,夫妻实行季节性分床而居。

三日月半四日年,弗及清明一个大午前。 正月十四至十六的三晚要迎龙灯,正月半要作三天过。迎灯时龙头抬至大户人家受斋筵,主家会给迎灯人分发钱和麻饼。清明上坟祭祖,公常会在坟前给子孙分铜钿(公家留有田产)。全句意为:正月半加过年共七天所得礼品和压岁铜钱,还比不上清明日一个上午分得的铜钱多。

【22 字】

男家面上有疤,立到便挣家;内家面上有疤,立到便败家。 意为男人脸上破相问题倒不大;女子则不然,有疤不光破了相,甚至与家庭能否致富联系上,问题要严重得多。当然,把此话看成迷信,可以一笑了之。

【36 字】

一份侬家三株“龙”,弗穷也要穷;一份侬家三只“虎”,弗苦也该苦;一份侬家三只“兔”,弗富也会富。 民间认为,生肖关系到人的命运,最好同一家庭内有三人属兔的,必富无疑。当然,不排除谚语押韵取乐之嫌。

（四）谜谣嬉乐

该部分堪称大杂烩：谜语精选了有趣的草谜（实物谜）和少量有意思的字谜；歌谣分童谣和民谣，民谣中包括上代、现代和当代，范围涉及行业、时政、生活和生产，更有故乡村民自编的；游戏中包含孩童的，也有成人的；娱乐类多为非物质文化遗产项目。

1. 谜语

草谜

【5 字】

△背梯洗衣裳。（打一地名：湖溪高塘）

【9 字】

△xuē、xuē、xuē，屙放背脊里出。（打一物：木工刨）

【11 字】

△一头勾、一头直，对烧对好食。（打一事：吸旱烟）

【12 字】

△高高山，高高坞，背把枪，戳老虎。 （老式锁）

△高高山头一枚锣，挂那(音农)吒侬拕。 （太阳）

△高高山头一面镜(音根去声)，挂那吒侬鼟。 （月亮）

△孔里矩(进)，隙里出，响雷公，落白雪。 （石磨磨面）

△屁股食，口嘴拉(音近 zhuà)，四步路，赿到夜。 （车水）

△青蓬蓬，蓬蓬青，抓头髻，洗股串(音春，义屁股)。 （拔秧）

【13 字】

△哧咚掌，哧咚掌，两把斧头共(音 jiōng)株柄。 （豆芽）

△娘蓬头，爷蓬头，生出儿(音 m)囡尖尖头。 （竹笋）

△娘赤脚，爷赤脚，生出儿(音 m)囡得侬索(惹人爱之意)。 （鸡子）

△青蓬蓬，蓬蓬青，青蓬树下(音近 wō)挂铁钉。 （辣椒）

△青蓬蓬，蓬蓬青，青蓬树下挂行(音 háng)灯。 （野果：奇干，学名胡秃子）

【14 字】

△十个和尚劢袋口，五个和尚钻矩去(音扣)。 （穿袜子）

△水洽洽，滑滑溜，你仰天，我仆落来就。 （土屋瓦）

【15 字】

△有盖无底桶，有底无盖桶，无盖无底桶。 （打三样木器：蓬盖、脚桶、蜂桶）

【16 字】

△东劤布，西劤布，只能做衣裳，弗好做布裤。 （剥棕榈片）

△父亲姓金，坐[所]生八子，两子无成(谐城)，六子分明。（猜一组地名：金华、兰溪、汤溪、义乌、浦江、东阳、永康、武义)(按：金华府属八县，其中仅永康、浦江两县城没有城墙)。

△高高山头两株白蚕虫，钻矩(进)钻出弗跐侬。（鼻涕）

△叽喽勾喽，爬上凳头，只食脂油，弗食骨头。（土法绞棉花籽）

△男家好过，内家难过；内家好过，男家难过。（徒步过溪；男背女过溪）

△千金小姐，幽侬房里，抓尔(音 m)头髻，问(音 mē)尔年纪。（木杆秤）

△山里青柴，抲回农家，搓做干菜，落水开花。（茶叶）

△食饱囫囵，肚饥扭藤；食饱囫囵，肚饥扁者(音借白阳平)。（麻抽袋；土布袜）

△四角玲珑，挂上梁峰，美人吹箫，活佛扇风。（蚊帐）

△头戴乌帽，身穿白袍，走过乌城，见过红官(谐光)。（黑头火柴）

△越小越大，越大越小；小者(音借儿)才有，大来没有。（囟 xìn 门）

△竹厄(的)梁，树厄床，女厄来坐王，男厄来拜相。（便桶）

【17 字】

△日里弗玊(音督白)夜里玊，弗玊弗眠熟，玊玊才眠熟。（门闩）

△一只乌牛耕白田，牵出食口水，牵转耕耕添。（白纸上写毛笔字）

【18 字】

△七弯八曲(白读)，麻脸凹(音 xìu)鼻，姐妹一二三，同屋弗同间(白读)。（落花生）

【19 字】

△高高山头一坟小弄堂，一日到夜走弗完(音圆白)厄小娘。（水车）

【20字】

△大嫂一撮毛，小嫂一坎槽，讲来又讲去(音扣)，还是小嫂好。 (大麦，小麦)

△高山雨蓬蓬，矮山日头红，中央发大水，晒死永康(谐糠)侬。 (烧烧酒)

△哥弟十五人，同名又同姓，住在前后厅，永世不聚分。 (耙齿)(按：耙上有生铁铸十五个耙齿，交叉分列于前后两块耙榀上。)

△金华栽株蒲，藤带(音打，蔓延)过义乌，龙游开朵花，衢州来摘蒲(蒲芦)。 (琉璃灯)

△生那(音农)深山里，倒那泥洞里，乌云满天飞，街市寻死屍。 (烧炭)

△食从头里进(音矩)，屙放腰里出，肚里响雷公，口里飞大雪。 (风车)

△四柱四横档，和尚坐中央，尼姑来插香，劢牢弗肯放。 (小孩坐坐车)

△四角空空，挂上梁峰，里面吹箫打鼓，外面活佛扇风。 (蚊帐)

△藤家厄(的)囡，许配水相公，糖霜公来做媒，醋小姐陪陪。 (木莲蒲制凉粉——土冷饮)

△稀奇真稀奇，鼻头当马骑；古怪真古怪，鼻头两株带。 (眼镜；鼻涕)

△姓铜铜和尚，姓丝丝小娘；小娘劢和尚，和尚劢小娘。 (铜头布纽扣)

△有风我弗动，我动便生风，别个弗用我，要等起秋风。 (扇子)

△有槵弗戳柴，有盘弗置菜，有箭(犂)弗射鸟(diào)，有头弗食饭。 (老式木犁。各部件名称有犁槵、犁横盘、犁犂、犁头等)

△远看是只牛，近看弗是牛，肚里翻翻滚，口中吐如流。 (风车)

△做语儿猜，做语儿猜，一口龇扣(去)红血来，桃厄麦李弗可猜。 (饧梅馃)

【21字】

△山里衣裳田里肉，穿起衣裳好洗浴，脱落衣裳好食肉。 (粽子)

【22字】

△出那(音侬，义在)深山蓬里，倒那严(谐泥)州洞里，阴魂上西天，屍骨卖铜

钿。 （铁炭，即活性炭）

△陀起来一坎缝，跕落来一个洞，嗅嗅（音 pòng）腥臭气，摸摸糊黏黏（音 nī）。（渔网）

△平地一个窖，窖顶一株桥，伍子胥来游桥，穿蓑衣来焖窖。 （尿壶）

△肉柱对肉孔，一个推（音 chuá）来一个送（上声）；弄得奶浆出，两个才肯歇。（喂奶）

△头戴青凉伞，身穿黄衣裳，我弗欠尔钿粮，为何剥我衣裳。 （剥棕榈片）

【23 字】

△头发一把抓来，裤带马上解开，大腿一掰开，哧啦哧啦耶来。 （插秧）

【24 字】

△高高山头一张床，眠着七八个大姑娘，眠那（音农）床里浆水流天亮。 （酒榨榨酒）

△行灯行灯，两头平平；鼓啊鼓，肚里生乌堵；瓜呀瓜，肚里开朵花。 （鼓，瓜，行灯）（按：此系连环谜，无论从哪句做起均可）。

△活乃（在）青田县（取田意），倒那（在）处州府（谐炊白读音），尸骨行到浦江（谐缸）城，阴鬼（音 jū）还要来迷（醉）侬。 （糯米酒）

△金线吊金钟，金钟肚里空，有人敲得金钟响，奖尔黄金五百（谐呒没）两。（盘香）

△两叔伯姆出游戏，一摇摇着五小姐，一把来抓起，一跌甩（音掼）在地。（擤鼻涕）

△四脚弗落地，呒（ḿ）云弗能飞，弗食凡间油盐米，只食两样好东西。 （打二天象：天狗食日，天狗食月）

△走路身不动，食饱肚里空，得着横财呒堂用，仔细想想一场空。 （打一生理现象：做梦）

△头戴青阳伞，身穿黄衣裳，弗欠别个铜钿账，还让别个剥衣裳。 （剥棕）

【25 字】

△观音坐那(音农)杭州走马楼,双脚踏那金华浮桥头,双手捧个乌龟(音 jiù)头。 (土法织布)

△刘备东吴招亲,赵子龙后面跟,东吴食茶食点心,亲成马上付银。 (牵公猪)(按:公猪养殖户牵公猪上养母猪户配种,后者要招待前者吃茶吃点心;交配完了现付交配费。)

△走厄(的)四方大路,食厄烧酒酸醋,别瞓我破虽破,杭州城里呒没卖(音 mà)。 (抹桌布)

【26 字】

△小小东西三寸长,一头有毛一头光;送矩(进)去(音扣),吱咕响;拕出来,爬白浆。 (刷牙)

△远瞓八面威风,近瞓仆地金钟,有人翻得金钟转,赛过神仙吕洞宾。 (横店八面山)

【27 字】

△头戴箍,身穿乌,脚踏麻绳走江湖,江湖挜着江湖客,一把捋落秃娘且。(鸬鹚)(按:江湖客即渔民;捋落的是鱼,等于白捕鱼,自己捞不到鱼吃。)

【28 字】

△穿一生世红衣裳,眠一生世呒脚床,瞓一生世大姑娘,叫(ōu)一生世呒爹娘。 (演戏)

△穆(谐木)桂英造起城墙,布政史(即布)落在中央,铁(绣花针)拐李来来去去(音扣),孟姜女肚里思想(谐丝线)。 (木框架绷布绣花)

△侬坐那(音农)南午岭头,脚搁那荆浦桥(横店老大桥)头,两手捧一只船头,

叽喽勾喽唱歌头。 （织布）

△骑马坐轿两脚走，食酒食肉食空口，做官坐府一场空，受苦受难无影踪。（演戏）

△日行千里弗出房，有文有武有君王，亲生儿子弗同姓，恩爱夫妻弗同床。（演戏）

△四四方方一座城，里藏兵马外藏人，肚里计策多得紧，弗带刀枪要杀人。（弈棋）

△同时读书同时考，尔篇文章我篇好（稗草长势优于稻谷），我个名字取弗好，一生一世苦到老。 （稗草）

【29 字】

△大大一位皮丞相，小小一个祝四郎（谐竹丝篮），皮丞相闻到兰花草，恨死那个祝四郎。 （牛头控）

△清清楚楚不见我，糊里糊涂用着我，文武百官都爱我，千金小姐离弗得我。（抹布）

【30 字】

△六角十二头，人人都是有；神仙趟弗着，四十二只脚；尔若弗相信，廿四只眼睛。 （十二生肖）

【34 字】

△竹州城，竹州城，竹州城里一对小将军，开出城外打一阵，打打呒输赢，仍旧回转竹州城。 （东阳道情筒）

【50 字】

△一脚蹬一蹬，两脚叫（音 ou）天门，三脚坐中堂，四脚请侬客，五脚骑碗头，

六脚两层楼，七脚天上走，八脚爬壁头，九脚骑凳头，十脚横向走。
（秧凳，公鸡，三脚马，八仙桌，龟鳖，纱绕，七戳星，八脚嬉，草鞋拔头，螃蟹）

字谜

【19 字】

△同字加个六，猜得着分尔三斤肉，猜弗着书白读。（祠）

【20 字】

△千人一张口，小人张半口，乙人一张口，二人半张口。（打四字：和尚吃肉）
△我家一只狗，日日跟人走，一年生三窝，年年六月有。（伏）
△一点一画长，口嘴紧跟上，儿子脱落地，耳朵“厌”（装）弗及。（郭）
△双木（目）并排陀，难作林字猜；如作林字猜，是个（便是）骇秀才。（相）

【26 字】

△三点水，撇一撇，三只老鸹歇一歇，叽叽嘎，叽叽嘎，下底一个船老大。
（溪）

【28 字】

△半边有毛半边光，半边美味半边香，半边坡上食青草，半边身藏水中央。
（鲜）
△陈士林离东上任，张宝琛指日高升，朱福贵一品当朝，金瑞林忽忽无心。
（打一繁体字：陽）
△虫入鳳中飞出鸟，七人头上出青草，大雨落在横山上，朋友离去一月了。
（打四繁体字：風花雪月）

△蒋介石手下无将，何应钦无可奈何，吴佩孚抛弃天下，李宗仁独子不留。（葆）

【32字】

△董永卖身安葬父亲，幽公落难逃出山林，伯牙弹琴无人听音，李白无子好弗伤心。（打一繁体字：藥）

注：草谜、字谜分载于《东阳日报》2011年6月9日、2011年6月14日、2011年6月29日、2011年7月13日“东阳方言大家侃”专栏。

2. 歌谣

童谣

【6字】

△瘢头瘢，背柴卖。

△遮日头，烂鼻头。

【8字】

△鼻头拖（音 tā）涕，胡公大帝。

△介（音 gā）谷（音 gō）介谷，种田稍忙（音 sō mò）。

△一二一，瘢头教操练。

△有味有味，豆腐杂面。

【9字】

△阿称阿称，狗屙筒麦饼（音 méng）。

△敲碗敲箸，载柴来弗及。

△子曰子曰，蜢虫叮老爷。

【10字】

△瘪嘴瘪糖饧，瘪起弗像样（不好看）。

△钓鱼钓花公（虾），钓起[来]请外公。

△叽勾叽勾扛，扛记落永（音运）康。

△压眼多利尖，横岩将军殿。（按：马宅将军殿原有凸出悬岩。）

【12字】

△搼搼膊儿，弗恇风儿；搼搼背，大一块。

△肚脐凸（音弹），好配饭；肚脐凹（音 xīu），好配酒。

△老得咯（音 gòu）记响，置得瓶里拉（音 làng）记响。

△七戳七粒星，念得七遍好聪明。（按：要求一口气连念七遍。）

【13字】

△Gēng，guá，pòng，过年到，肉厄（和）豆腐食弗要！（按：过去年代平常吃饱尚且困难，连普通的猪肉、豆腐，小孩子也只在年节才能放开肚皮吃。）

△咯咯对，咯咯对，鸡子生出[起]漫（音 mè）楼梯。

【14字】

△奇勾，嘎勾，今日大热（日）头，明朝小热（日）头！

△一粒麻脸（音戾）一丘田，两粒麻脸（音戾）好过年。

【15 字】

△对哭对笑，眼泪弗燥，毛狸家狗上镬灶。

△两股辫，偷豆荚（音 jìn），偷得老公食得壮便便。

【16 字】

△某某哥，头里结个窠；某某伯，头里结个抓儿。（按：某某为男人名）

△敲个块，要尔背；敲个孔，呕尔赔个鸡娘种。

【19 字】

△黄刺（音车）蜂，九里落，尔叮来，我有药，格药便在床地下。（按：被蜂叮，可抹上污泥解毒止痛。）

△黄头毛，绞（音调）耕索，铁铜锤，打老嬷，老嬷幽得床底下。

【21 字】

△爷爷，爷爷——爷爷弗应（音 èng），替（音 tiā）我背凳，背得祠堂横头祭清明！（按：孙子在耳朵不便的爷爷面前玩俏皮。）

△一个和尚担水食，两个和尚扛水食，三个和尚吒水食。

【23 字】

△利尖婆，摘核桃；核桃摘记空，关门打老公，老公打记且口（歪嘴）疯。

【24 字】

△两面沿里破草鞋，中央大老爷；两面沿里花手巾，中央狗屙芯。（按：排排

坐时，先由坐在中央者唱前半句，坐两旁者接唱后半句反唇相讥，以此取乐。）

【29 字】

△“爷爷，爬起食五更(早饭)。”“啥(呵)，我尚忽(我们家)猪娘生?”“爷爷哩耳(音 m)朵聋厄(的)。”“啊，七只雌八只雄厄(的)?”——(祖孙对话，歪七歪八，令人喷饭。）

【36 字】

△麻雀(音只)娘，采砻糠，采粒米，供姑娘；姑娘啥几来，姑娘八月十三来；啥西担担来，馒头粽馃担担(阴平，去声)来。

民谣

【6 字】

△食茶脚儿，得侬索儿。 （按：一般用于主人对后到者的劝茶语，也可由后到饮茶人说出的自我解嘲。得侬索，意为讨人喜欢。）

【10 字】

△星期弗过三，过三便转弯。 （按：读书人一过周三，会觉得很快就到了周末。）

△姓张张狗毛，姓陈陈垃圾。 （按：极言该两姓氏人口之多，密如狗毛、多似垃圾。）

【12 字】

△老雷公，耳朵聋；新雷公，弗打(音乃)侬。

△卖盐客，洗盐袋；卖柴佬，烧柴末。

△瞐着八面山，爬起五更喝粥汤。

△七斗缸，置脂油；八斗缸，置猪头……　（《滚元宝》唱词）

△三日弗见八面山，便要想爹（音 diā）娘。

△想儿（音 m）孙，口嘴干（边）；想外孙，向脚踝（音乃）。　（按：意为想望孙子来孝敬爷爷奶奶是容易事，企盼外孙——系外姓人——来孝敬外公外婆就有些难了。）

【13 字】

△黄杨（音 liǎ）木，三年大粒粟，四年大粒谷。　（按：极言黄杨不易长大。）

△老厄（的）做倒，后生厄（的）戏倒，小厄（的）食倒。　（按：部分农村、集镇之现状。）

△三十弗豪，四十弗富，五十防死路。

△食胡公，用胡公，吒没胡公卷洞空。　（永康方岩岩下街写照）

△天弗管，地弗管，爬起五更捧大碗。

△头俊光，心铁宽，爬起五更三大碗。

【14 字】

△东阳癞头是个宝（极言其少），诸暨癞头是株草（极言其多）。

△东阳败子管行头（看中剧团女角，花钱租赁或买断戏装道具，当起了行头主，跟着戏班走四方），义乌败子饲吵（斗）牛（专玩养斗牛）。

△十个癞头九个“妖”（喜出风头），十个麻脸（音戾）九个骚。

△十个内家九个“半”（半级，欠聪明），剩落一个骙头货。

△天不怕，地不怕，只怕东阳侬打官话。　（过去东阳人普通话水平差。）

△一把斧头一把锯（音 gòu），漫块（哪里）赚钿漫块去（音扣）。　（按：建筑之乡的特点体现。）

△一个樱桐半个红，一村侬家半村穷。　（旧社会写照。）

【15字】

△编戏厄(的)才子，做戏厄(的)疯子，瞓戏厄(的)骇子。

△小者(音借儿，时候)奶头亲，大来屄头亲，老来床头亲。（按：此亦人之常情也。）

【16字】

△先生先生，屁股劢劢，趟得王坑，食碗冷羹。（反映旧时教书先生之清苦。）

【18字】

△薄粥桐油，烫死哝喉，弗食要肚饥，食食要拉尿(音书)。（按：在过去喝薄粥度日是常事，遇到尴尬不说，有得喝就已不错。）

△乡长买田竖屋，保长食肉食酒，甲长筹(音斗)米筹谷。（反映旧社会当官任职的不同待遇。）

【19字】

△食饭快，肋(馋)食快；趆路快，乱滚踹；做生活快，拉债(毛里毛糙)快。

△食饭快，饿(馋)食快；立(走)路快，乱滚踹；做生活快真正快。

【20字】

△办得冬衣起，杨柳已抽青；办得夏衣起，流水已结冰。（按：这可不是如今的反季节销售，而是旧时代生活的真实写照——连吃饭活命还解决不了，何况穿衣？）

△头牛食露水，二(音廷)牛满(音埋白读)口嘴，三牛食草生，四牛食黄沙。（按：干任何事，带头者不一定好；紧跟其上者，往往能得实惠；再往后，越后越不好。本条用的是比喻。）

【21字】

△孝顺田稻割瘟谷，孝顺爷娘雷公扑，孝顺老嬷自得福。（按：首句有科学道理，施肥过头并不好；二句有悖伦理，在此且做铺垫之用；三句有一定道理，只不过俏皮话耳！）

△一个儿（音m），孤侬隔壁；两个儿，搡门倒壁；三个儿，铜墙铁壁。（按：宣扬儿多势盛。）

【22字】

△烂芋好当粽，烂番薯吃堂翁（去声，义丢）；烂芋喷喷香，烂番薯吃侬张。

【23字】

△梨树种那（在）园里，园里发明亮，法海和尚来瞎瞎，好弗好？总好。（按：夫，连汝；妻，圆莲；长子，忠好；次子，发海；幼子，发民。全家人名字连成一首歌谣。）

【24字】

△爬树爬得高，跌落变做豆腐糟（渣）；爬树爬得矮[快]，跌落变做豆腐花。（按：原属童谣，后也用来讽喻某些快速升官旋又落马者。）

【26字】

△哈欠（音丘）！米坞华秀，上街头宝求，中央尚（村子中部）玲球，下街头腾头（某女绰号，意为幽默或不灵活之人），深塘下百凑。（按：有人打了个喷嚏，接着道了一连串本村人名，从山坞独户人家到上、到中、到下、到隔溪的自然村，有男有女，句句押韵，煞是令人喷饭。）

【28字】

△廿岁生儿(音m)同爷老,三十生儿真伙好,四十生儿平平过,五十生儿老恩何? (按:宣扬养儿防老、早生早好;迟至五十岁才得子,已是只有辛苦、无福消受了。)

△有囡弗可卖雅(白读)村,纺缨纺到鸡啼干;有囡弗可卖田心,穿双花鞋吪后跟。 (按:防军雅村打草席,妇女要用蔴纺缨做席子经线,往往纺到公鸡快要啼叫才睡。千祥田心打篾簟,蹲下编篾时脱鞋,站起身去取篾拖着布鞋,过去没有拖鞋,往往刚上脚的新花鞋就踩下了后跟当拖鞋用。)

△有囡弗可卖过溪,眼眼瞪瞪眼孤凄;有囡弗可卖东湖,爬起五更生风炉(千祥)。 (按:卖过溪的女儿遇发大水时无法前去探望,双眼望穿格外凄凉。卖到东湖的女儿没有柴火,早上起来只得用风炉做饭。)

【30字】

△"獳人(音宁)獳人真像样(美丽),可惜獳人个头一拃长"——"长侬多走长脚步,矮侬也弗少走路!" (按:闹新房时取笑新娘子个儿不高,岂料想新娘马上作答,让男宾哑口无言。)

【31字】

△一都许,二头门,三头颈(三景头——横店),四田畈,五桐青,六石口,七里寺,八担头(八达——湖溪),九坞天山,十里头。 (以基数开头的地名谣。)

【32字】

△瑶理背稻闸,一背背到长搭(那里全是地搭);二背背到牛角(那里我家没有田);三背背到姓麻(那丘糯谷未好割);四背背到钓鱼台山脚(总算背

对地方了，时候快到食午饭喊）！　（按：瑶理师傅是村内技术特全面的木匠老司，平时出门做木工，农忙才回家帮农，对于村里情况和农业生产倒不是内行，闹点笑话情有可原。）

【34字】

△上山锉（斫）柴，上山锉柴，肚饥咩，肚饥咩，还有一个腰芦饼，还有一个腰芦饼，水配配，水配配！

【35字】

△索拉索拉希拉希（56　56|76　7|），两角洋钿囥袋里，抖几抖几到区里，区长问（音me）我啥干几，我拉两个来登记。（按：新婚姻法规定，男女青年自由恋爱，到区政府登记结婚即为合法夫妻，仅收工本费两角人民币。）

【40字】

△有囡弗好卖过溪，要戏弗得戏；有囡弗卖四十四，半年稻茬半年刺；有囡弗卖四十六，半夜夫妻弗搭肉。（按：首句因过去东阳南江常有洪水，到隔溪女儿家做客很不方便。二句四十四都横店湖头陆一带没有柴火做饭之状。三句四十六都横店苦竹岭一带，丈夫多外出做工，夫妻长期分居。）

【43字】

△只要心中爱，弗恒烂干菜；只要有手表，弗恒麻脸（音戾）结爪；只要有皮鞋，弗恒门壁破（白读）；只要有毛线，弗恒屋顶茅草丝（音西）。（按：20世纪六七十年代，手表、皮鞋、毛线是男向女求婚定亲送礼的最高标准了。）

【44字】

△先前"嘁——吐","嗪——咣——得";今日"啊——哈","嗟——嗵——噌"!前面一堆大堆灰,后边锣鼓紧紧催!天萝弗刨皮,落苏连只儿(柄)煎。哈而……呸!咣得咣! (按:旧时戏班子,除却专业人员外,也有些是农业或手工业者闲时上台充数。该条所记原为打铁匠,上台演戏忘了剧中台词,却不忘自己出身:先前拉风箱打铁,今日上台合着锣鼓器乐节拍唱戏;接着记不得台词,即景生情,把丝瓜连皮、茄子带把统统编成道白,随口而出,蒙混台下观众。)

【71字】

△灵香灵香,食过五更饭,柴楤背背上荒山,一趑趑得黄泥岗,一阵恶风吹下向,"砰"记跌去(音扣)弗会响……岩金来撮腰,木银烙稻秆,雪卿来呕(叫)魂,彩兰扭痧筋(腱)……时辰用扣一个半,总算还魂转阳间。(按:此为村内看牛小弟按实际发生故事而编的歌谣。小弟者,聪明伶俐也,颇有语言才干,此谣一出,马上在村内传唱,成了一时新闻。)

注:童谣、民谣其中部分载于《东阳日报》2011年7月20日"东阳方言大家侃"专栏。

《花名宝卷》选句

△在家买些公婆吃,何用南海去斋僧[敬世尊]? (按:孝敬长辈最根本、最实在的就是好好赡养。)

△三兄四弟一条心,门前泥土变黄金;三兄四弟各条心,家内黄金化灰尘。(按:团结确实重要,还应扩大范围。)

△五更鸡鸣清早起,三日起早抵一工。 (按:务农时间也得精打细算。)

△别人求我三春雨,我求别人六月霜;三春之雨时常有,六月浓霜何处寻?(按:喻求人之难,故有求人不如求己之说,在当今社会提倡互爱互助,此种陋习应该成为过去。)

△穷的哪有穷到底，富的哪有富到头。（按：此为常理。）

△十年财主轮流做，富贵贫贱世上轮。（按：富了别翘尾巴，暂贫不用失去信心。）

△斗大红烛难照后，看他结果有收成。（按：所谓人事难以预料也。）

△三十无子平平过，四十无子冷清清，五十无子无人敬，六十无子断六亲。（按：封建意识认为，养儿为了传宗接代，没有儿子，六亲断绝。显然与优生优育、控制生育的现行政策不符。）

△虎头牢狱强人坐，哪有良民坐牢中……宁可高山望牢狱，不可牢狱望高山！（按：为以身试法者戒。）

△人恶人怕天不怕，人善人欺天不欺。（按：指望老天公平自然虚妄，法治时代自有公道人心。）

△善恶到头终有报，只争来早与来迟。（按：事实正是如此，却不能消极等待坏人落入法网。）

△阎王出了拘魂票，不要钱财只要人，阎王分定三更死，断不留人到五更。天大家私带不去，一双空手见阎君。（按：钱财实乃身外之物，生不带来，死不带去；生命有限，须及时行善；此条更为贪腐者戒！）

3. 游戏

△摸盲　以布条裹住眼睛，抓人；抓中者去布条，被抓中者裹上布条，继续游戏，如此循环往复。

△幽盲　即捉迷藏。甲方闭眼一定时间，让乙方藏好；甲方开眼寻找乙方，找到者为胜；然后甲乙方互换角色，继续游戏。

△打劈腿　侧手翻。

△倒筋斗　后滚翻。

△翻筋斗　前滚翻。

△飞纸鹞（yào）　放风筝。

△撞桐油（撞撞油—千祥）　荡秋千。

△紧鼓催花　击鼓传花。

△老虎拖羊　老鹰抓小鸡。

△毛栗豆腐　五爪栗加耳光。

△塞籽塞油麻，塞着一点咸菜枢。 边唱边在每人长衫的面前巾裹成的“布衫裹”内做塞东西样子，被塞者警觉，当即抓住塞籽者为赢；被塞者不觉，被第二轮塞籽者抓住即输；然后变换角色继续游戏。此游戏近似于丢手帕游戏，不过后者将手帕丢人背后。

△撮中指，打手片，前三后四欠我十八片。 抓中指，抓中者赢，被抓者输；相反，抓不准中指者输，被抓（即伪装成功）者为赢。赢者可边唱上面的歌谣边打输者手心。

△点点说说，桃花麦叶，伢儿真主，小人正出，鸡头鹅头，爬（音别）落山脚一只！ 一群孩子排排坐，主持者按序唱一字点一人，末字“一只”的“只”字落在谁身上，由谁出节目；节目演完，从下一名“点”起，继续游戏。

△一点恭喜，两相好[来]，三元及第，四季发财，梅花开开，六六全丰，七窍图[嘞]，八仙寿[啊]，九魁秀[呀]，十全大发！ （按：此为大人喝酒猜拳口令。）

注：游戏其中部分登载于《东阳日报》2011年7月20日“东阳方言大家侃”专栏。

4. 娱　乐

△掉（调）龙　舞龙。两条分节龙，每节一人操作，外加舞珠手，形成“两龙抢珠”热烈场面，后台锣鼓助威。

△走马　表演者身上套一只篾制纸糊之马，扮成各色人等，“骑马”表演，实为单人一马，两脚走步。

△叠罗汉　表演者手拿十八般武器，以武术套路走阵，最后以杂技形式叠成人阵。一般在旧时各种庙会或重阳等节日表演。横店镇沈坎头、任湖田等村较为有名。

△翻九楼　以八仙桌叠作九层高，表演者在其中翻上翻下，做出各种惊险动作。也在庙会等场合表演。

△讲大话　夏夜乘凉或白天劳动休息时讲故事，方言称作讲大话，内容十分广泛，如马坦牛坦，盖缸媳妇，骇（呆）头背布机，金凤姑娘卖豆腐，乃至

各种传记、小说。

△莲花落　表演者扮作三十六行各色人等，边走边唱边表演。又名讨饭莲花。

△霸(马)王鞭　米许长的细小竹竿，挖出孔，用铁丝串上铜钿，又名铜钿鞭，手持舞之，铃郎作响，边舞边唱边表演。横店镇湖口村较为有名。

△迎大旗　大旗大者要十几人一起迎。横店镇衡山村较出名。

△迎龙灯　正月闹元宵，迎龙头、迎桥灯各地均有，较出名的还迎花灯。

△迎台阁　制造能转动的车，由金童玉女扮相乘坐翻车表演，横店镇杨店以台阁闻名。

△迎大蜡烛　湖溪镇郭宅的大蜡烛全国闻名。

注：娱乐名录载于《东阳日报》2011年7月20日“东阳方言大家侃”专栏。

(五)俚言熟语

1. 识天收种

凡涉及月份均指夏历,即农历。

【5 字】

△春到六九头。 立春刚好是“六九”的首日。

△春冷冷肌(或音矩,进入之意)骨。 倒春寒冷得厉害,冷进骨子里。

△冻死三九月。 三月倒春寒,九月冷空气,让人觉得格外寒冷。

△六月呒夜和(雨)。 六月夜晚极少有雨。

△七月七秋凉。 七月入秋后,早晚渐有凉意。

△三霜抵六月。 三个早上的初霜,对农作物的伤害,要胜过六月旱天。另解:连着三天浓霜之后的“和霜”(无霜)日子,气温回升,其暖和程度堪比六月天气。

【6 字】

△冬雪饭,春雪难。 冬天多下雪能减少来年虫害,等于降下了米饭;春雪对农作物伤害极大,无异于下了灾难。

△立冬晴,一冬晴。 立冬当日晴天预兆燥冬,整个冬季以晴天为主。

△雨打中,两头空。 中午下阵雨,早晚两头却会是晴天。

△好霜弗杀黄菊。 霜降节气一般在阳历 10 月下旬,黄菊初开也在此时。

若在黄菊开时下霜属早霜，对农作物危害特大，因而以霜弗杀黄菊为好。

△种田汗，揩（耘）田噤。　插秧时节汗流如注，而到耘田时节反而冷得打寒噤。

【7字】

△白露萝卜秋分菜。　白露到可下种萝卜籽，秋分到可以种菜了。

△逢春落雨到清明。　立春当日下雨会直下至清明。

△六月和雨隔田塍。　六月下雨会随积雨云走，云飘哪里雨下到哪里，仅隔一条田埂就可能晴雨两重天。

△天萝杂瓜开朵花。　民间认为丝瓜与南瓜混种要减少结果率。

△头伏油麻二（音 m）伏粟。　芝麻宜头伏下种，粟谷于二伏下种。

△夵[鬉]尾巴龙祭清明。　清明节气前后，冷热空气对流频发，暴风、雷雨、冰雹等异常天气增多，民间认为是断尾龙祭拜老龙王来了。

【8字】

△稻出一叶（穗），食缺一月（30天）。　见有稻抽穗，到成熟收割至少得一个月时间。

△风风凉凉，晴到重阳。　秋天天凉，雨天就少，甚至可晴到重阳节。

△清明断雪，谷雨断霜。　清明到才不会下雪，谷雨到才不会降霜。

△热在三伏，冷在三九。　初伏、中伏、末伏是一年中最热的日子（阳历7月中旬出梅后即进入伏天，至8月中旬出伏）；三九则是一年中最冷的日子（即冬至后的个把月）。

△生活落局，田稻登场。　忙完施肥、中耕、除草等田活，又忙完大豆、玉米等地里活，就该轮上夏收夏种的忙季了。

△小满弗满，芒种弗种。　小满如果不下雨，到芒种就会干得无水插秧。

△一日赤膊，三日勾缩。　春夏之交天气闷热，会热得脱去上衣，一遇降温又会连日冷得勾头缩颈。

【9 字】

△头降弗降(音官白读),十八日稳当(白读)。 霜降当天早上无霜,那么接连十八天就都不会下霜,农作物也不会受伤害了。

△大旱年庚弗过七月半。 大旱之年等到农历七月十五也会降下雨水解除干旱。

△五月十三关爷磨刀水。 这天往往会下雨,是给关公磨刀用的水啊。

【10 字】

△八月龙风碎[赛],有米吃柴煨。 八月台风季节多雨水,连柴火也会供不上。

△白露弗出头,割倒饲黄牛。 玉米出天花不能迟过白露,不然会遇霜打而断收。

△长晴廿三落,长落廿三晴。 久晴或久雨,到廿三这天是个微妙的转折日子。

△春冷多雨水,夏冷断水流。 春天寒冷往往经常下雨,夏天天凉预示着少雨。

△春雪弗漫[瞒]路,漫路难开步。 春天的雪即下即融,一般不会积雪;一旦有积雪,则必然大得无法行走。

△二月初二阴,树木两遍青。 农历二月初二如果是阴天,预示倒春寒,第一次抽青的嫩芽会冻死,需二次发芽。

△高山瞪日头,矩处(回家)半夜后。 冬天白天较短,在山上砍柴眼看落日还高,回到家里却已很晚。

△立夏吃大麦,小满有小麦。 大麦要过立夏收割,小麦在小满即已可收。

△六月六,猫儿家狗好[要]洗浴。 六月天气较暖,水温适宜洗澡了。

△日晕三更雨,月晕午时风。 太阳有晕半夜会下雨,月亮见晕中午要刮风。

△三年两头闰,三年两弗闰。 农历闰年规律。

△十日浇三浇,月日(30 天)动薄刀。 蔬菜要勤施肥才长得快。

△十月初十晴,炭火满街迎(千祥)。 十月初十晴天,这年是暖冬,卖炭人得

满街里叫卖。

△食过端午粽，还要冻三冻。　端午之后还会有冷天。

△午雷弗过未，过未落弗及。　正午时响雷，不超过未时就会下雨，如果过了未时才下雨，必定滂沱大雨。

△午前阴冬冬，午傍晒死侬。　上午下午天气可有明显变化。

△夏天割担柴，冬天拖双鞋。　夏天眼看太阳快下山了，还能砍回一担柴；同样高的夕阳，在冬天只来得及套上一双鞋。

△夏雨隔牛背，秋雨隔堆灰。　夏天下雨可随着云团移动，近在咫尺也会出现晴雨两重天现象；秋雨这种现象距离相对远些。

△雨打早五更，雨伞弗用撑。　一早下雨，白天会停。

△种豆弗用料，只消锄（音若）头掉[调]。　豆科作物省肥料，只要勤用锄头中耕除草即可。

【12字】

△三个二（音m）十晴，一株棉花百廿铃。　如果农历正月、二月、三月的二十日都是晴天，这一年的棉花收成会很好。

△七月半，见花娘；八月半，做衣裳（千祥）。　七月半开摘棉花，经弹花、纺纱、经布、织染，到八月半就可做成新衣裳穿上身了。极言其快。

△食过端午粽，破棉袄脱落来送。　端午过后，天气渐暖，棉袄用不到再穿。

△做头梅，侬享福，做三梅，侬结搏。　头梅下雨，雨水可以满足稻谷孕穗之需，人就享福了；到三梅才下雨，已然错过农事所需，农民心中懊恼不已。

【13字】

△春雾雨，夏雾晴，秋雾凉风冬雾雪。　各个季节雾与天气变化之对应关系。

【14字】

△东鲎日头西鲎雨，早鲎日头夜鲎雨。　虹与出现的方位、时间和晴雨的关系。

△惊蛰赠到先响雷，四十弍日雨门开。　未到惊蛰就响雷，接着会有连续几

十天的雨。

△净洁冬至肮脏年，肮脏冬至净洁年。 冬至晴天，过年要下雨；冬至雨天，过年会晴。

△六月潮云活见鬼（音 jū），七月潮云满氾（音没搏）水。 六月的退（推）云雨降雨量较小，七月的才大。

△秋败落苏苦津津，秋败天萝抵人参。 秋天的茄子略带苦味很难吃，而秋天的丝瓜却十分可口，胜过人参般宝贵。

△三夜油麻四夜粟，五夜荞麦出弗足。 种子发芽出苗时间各有长短。

△三月清明弗见青，二月清明蓬蓬青（千祥）。 清明落在三月的，多年生草本返青较迟；二月清明的，返青也早。

△雨打秋头廿日雨，过了廿日烂稻秆。 立秋前一天下雨，会连续下雨多天。

【15 字】

△七晴弗过夜，八晴 zhuā、zhuā、zhuā，九晴连头带（音大）。 初七、初八和初九三天，转晴的结果各不相同。

【16 字】

△上八有星，月半吪灯；上八吪星，月半有灯。 正月初八称上八日，这天晴，正月半要下雨而无灯可观；反之，则结果也相反。

△雨打秋，件件收；雨打秋尾巴，大水吞（冲淹）侬家。 立秋下雨，风调雨顺收成好；而立秋后一天下雨，可要发大水了。

【20 字】

△鲎高日头低，明朝披蓑衣；鲎低日头高，明朝晒断腰。 虹与夕阳相对位置不同，对翌日晴雨的不同影响。

△五月小，蒲芦金瓜生结爪（音早）；五月大，蒲芦金瓜弗用瞓（音近 mè，问的方音）（千祥）。 五月大小与葫芦、南瓜长势的关系。这不一定合乎科学，只凭一时经验罢。

【21字】

△六月初一难得晴，七月初一难得落，八月初一捣雨牌。 六月初一盼晴天，可晒衣被，却下起雨来；七月初一希望下雨，可以种菜，偏是晴天；八月初一往往大雨滂沱。

【24字】

△冬至月中，无雨无风；冬至月头，卖被买牛；冬至月底，卖牛买被。 冬至日处在中旬，这个冬天以晴暖天气为主；冬至日在月初，该年冬天暖得可以卖掉棉被去买耕牛；处于月底，该年冬天冷得要卖去耕牛改买棉被以保暖。

【32字】

△七月半，蜢虫上打(音乃)算；八月半，蜢虫去(音扣，少去)一半；九月九，蜢虫叮捣白；十月十，蜢虫叮造佛。 蚊子的生长规律，到九月后就不多了，即使有也不会咬人了。

【53字】

△《九九歌》：一九、二九弗出手；三九、四九冰上走；五九和六九，河边瞤杨柳(或曰：五九四十五，太阳开门户)；七九六十三，破棉袄脱落来担；八九子燕来；九九八十一，犁耙耕耖一齐出。 (按：冬至或冬至前一天起九。)

【61字】

△《月亮歌》：初二(音 m)、三、四眉毛月；初八廿三半圆月；十五、十六月团圆；

十七八,煺只鸭(音近 wo);十八九,煺只狗;二(音 m)十彭彭,月上两(二)更;廿三四,月上鸡啼;廿五六,烧饭饭熟;廿七八,漫尚(哪里)有(月亮)?

注:"识天收种"曾在《东阳日报》2011 年 10 月 19 日以《东阳方言·自然》为题登载。

2. 俚语俗话

所谓俚语是指粗俗的或通行面极窄的方言语词,如北京话里的"撒丫子"等。东阳方言与其他语言一样,最早也是来自群众口语,当然也有这一类俗话俚语。

【4 字】

△柴米油盐　生活必需品的概称。

△读书读输　读书辛苦不说,家庭投资成本高,考取高一级学校风险也大,靠读书谋出路、找工作、领工资,从各方面看都是输而没有赢,还不如做生意、学手艺、办公司来得赚。书者输也,不无道理。

△夫能妻贵　丈夫有能力,地位高,自然带挈妻子受人尊,讲话灵。

△罕见八舫　少见得很,偶尔所见。

△恨死弗仁[尽]　恨得要死。

△横山背竹　夏天睡的是竹凉席,此语隐喻正躺在竹席上睡觉呢。

△檵槭火筒　檵槭即檵木,木质坚韧,用来做吹火筒因为实心是做不了的。比喻心思不通之人。

△九门响动　家中所有的门都有响声,形容其动静之大。九,多也。

△老者(音借白)无能　随着年岁的增大,挣钱能力下降,威信也随之降低。

△量大福大　气量大的人往往福分也大,表明两者辩证关系。

△路生口里　路本在地上,你到了陌生地方,只要善于开口问路,就不致不识路、走错路,也可以少走冤枉路。

△呒树爬竹　原应爬树往上,因为没树只好爬竹。比起树来,竹子又软又光

滑，摇来晃去，实在不好爬。既树爬竹是不得已而为之，算是无奈之举吧。

△卖田就笔　卖田应是反复考虑而定的重大行动，写下卖田文书也是十分慎重的行动。趁着人家写文书之机，你也想搭趟顺路车，把自己的卖田文书写写好，这一行动未免太不慎重，太不负责任了。

△慢鸟先飞　知道自身能力有限，比人家先行一步，从而赢得时间不致掉队，也算是明智的做法。

△瞷菜食饭　菜对胃口能多吃点饭。这是看对象行事、看条件办事。

△捏屄放尿　女人小解不必动手，你若动手就是多此一举。

△牛筋马力　牛耕田、马拉车是十足的力气活，你运用牛的筋骨、马的气力，何愁干不好事情！

△弄朝不轨　封建王朝若由奸佞之臣掌握朝政，普行没有规矩之事，则该朝代必定走向没落。社会如由小人（坏人）当道，其理相同。

△破罐弗碎　一只原有裂纹的罐子，由于使用者格外小心，反而能延长使用寿命。比喻身体基础不甚好的，由于多方注意，加强锻炼，细心保护，同样能长寿，并能提高生命质量。

△轻讲重听　批评者说话口气宜轻，便于对方接受；被批评者则应把问题看得更重，以便设法改正。

△忍气弗穷　世间事不如意者十之八九，许多时候当忍则忍；忍一时之气，也有可能换来无限福气。

△蛇大孔大　蛇大孔小，蛇就无法出入洞穴，蛇大相应孔也大。比喻收入多者付出也多，经济状况好的开销也大。

△日本生意　日本，谐"蚀本"。此语委婉地表达，这是一桩赔本买卖。

△事不过三　民间有"三趟（音堂）为准"之说，求人不过三，罚人不过三，亏人不过三，认输不过三。有了前三趟，第四回当有不同表现。

△熟不知礼　与相熟相交者不必过分拘泥于礼节，关键在于把要做的事做好。

△熟主熟客　主人与客人已非初次交往，因此可以省却一些客套和礼节啦。适用于主客双方。

△水火无情　水、火这两种自然灾害是不会讲情面的，它们对不同地位、条件悬殊的各色人等一律同等对待。

△死水无能　处于高位之水具有势能，正在流动之水具有动能，唯有一潭死

水何来能量？比喻无钱无权、地位低下者。

△贪食摸夜　有时为了饮酒吃饭而浪费了时间，耽误了正事。

△弹(淡白)笑无情　那些善于表面应付，脸上挂着笑容，借以掩盖情感之人，在关键时刻往往是最不讲情面者，对这种人可得留心防范噢。

△挑嘴弄舌　用话语挑拨人家关系。

△头毛赠燥　刚出生的婴儿，头发是湿漉漉的。形容某人还未长成，还没有资格说这种话、做这种事。

△托鬼(音 jū)瞩病　鬼是害人精，巴不得人生病可以从中作梗图利，你若拜托鬼来治病，只能越托越糟，乃至断送生命。

△脱货求财　做生意为的是赚钱，但不能一味追求高利润；虽然自己的货品精良，但客户不出高价也不能惜售，有时薄利多销倒不失为变现以增加流动资金之妙法，何况会有走了这一位，再无下一位的尴尬，故而当脱手时须脱手——脱货为了求财，变现才有机遇。

△袜脱靴里　袜子本应紧箍着脚，靴筒往往宽松，如果袜子滑脱于靴筒，不紧不松的状态给人是甚感觉——要紧不得紧。

△问(音近 mè)客杀鸡　客人到家，主人才逮着活鸡问客人，这只鸡杀掉招待你好吗？客人必然说，不必，随便吃点就成。这样一来，主人有了待客的名气，却又不必破费什么。如此待客，何来诚意？巧嘴一张罢了。

△新鲜苋菜　头一回摘的苋菜特好吃，吃到后来就厌了。形容干任何事，只在开头时感兴趣，越往后越不好好干。

△严州背板　严谐泥，喻指人已过世，装入棺材，入土为安了。

△衣禄食禄　概括穿衣吃饭两项内容。

△意东话西　心里想着往东，行动却是往西，思想与行为相背。

△应名故事　仅为应付人而编出的故事。

△硬棒(音近 pàn)挑局　棒硬而局软，必然是挑上又滑下，劳而无功也。

△召龙召虎　干点不起眼的小事，却要呼这个、叫那个，动静很大。

△众口难买　一个人的嘴巴用上酸甜苦辣各味总能堵住，你要买通大家的口，让每个人说你的好话可就难了。另一种说法，如果大家都讲某人好，这个人也就差不到哪里去。

△坐食山空　如果不劳动，只享现成，即使是座山，也能吃得空空如也。

【5字】

△白撮[闯]哄会场　会场(庙会,演变成物资交流会)人多,白闯们可乘机作案,因而凭空也要把会场规模“哄”(抬)得大大的。

△半级吪药医　百病有百药,唯有半级(不聪明)实在是无药可医。

△背脊贴肚脐　肚子饿瘪,贴到背脊了。

△背把“铳”转来　买回物非所值的东西。

△聪明多利尖　聪明者要求高、主意多,挑挑剔剔,往往不太好相处。

△撑头恇老马　凡有地位的男子,都有惧内的通病。

△大麦屁打仗　吃过大麦饭食,肚里胀着气。以大麦屁去打仗,似乎气头足却有气而无力,不易见效。比喻说得好听却不实在的言过其实者。

△大虫食细虫　大鱼吃小鱼,小鱼吃虾米,这是自然界铁律,推广至人类社会,也被许多势利者效仿,除了为“细虫”感叹,可有他法?

△倒灶泥风炉　锅灶比风炉自然高级且受用,倒了锅灶不重砌锅灶,而是泥个风炉替代,岂不是每况愈下?

△地栿下矩(进)出　地栿是房屋构件处于最下层的近地处,把此处作为出入通道者,只能是下等之人或无能之辈了。

△豆腐生命亨　过去时代,除了鱼肉荤腥,豆腐算得上好菜。某人上桌吃饭,眼睛总盯住豆腐。别人问他怎么这样喜欢豆腐,他随口回答:“豆腐哈(如)我厄(的)生命亨。”此时猪肉上桌,该人马上又将筷子伸向肉碗,旁人又问:“既然豆腐是尔厄生命,为什么又爱上猪肉?”其人筷不离肉碗答道:“豆腐生命亨弗假,只要瞎着肉,我便命也弗要喴!”……

△肚饱眼弗饱　按胃纳,进食已差不多;按食欲,则还想吃。这种现象不是没有,特别小孩子家。

△放屁吹着火　屁是腹中之气,哪有不放之理?若说放屁还能吹着未熄之火,实属偶然,未免太过碰巧啦!

△弗痒厄(的)瓜癞　喻指无关痛痒之事。

△高山有好水　山高处无污染,完全是地下渗水,自然是好水。

△狗肚肠弗捋　狗靠吃人屎长大,即使吃狗肉之人(过去有善者不吃“牛肉狗鳖”规矩)也嫌狗肠子恶心而弃之不吃(即不必捋而洗之)。此语则责

人不自量、不知臭。

△汗难好晒干 用力干活自然会流汗，既然晒不成干储存，那就让它流出来吧。此语劝勉人要勤劳，而不要惜力。

△好狗弗挡路 会挡路者应归入狗类；狗也分三六九等，挡路之狗算不上好狗——别挡人家的道罢。

△好囡弗出村 一个长得漂亮又聪明能干的大姑娘，必然会在村内享有好名声，不用等外村青年来求婚，就已经被同村小伙子相中了。

△和尚园箆箕 和尚剃光头，箆箕对他毫无用处，园箆箕不过是多此一举，或为装模作样。

△黑心烂肚肠 黑心者够坏，加上肚肠也烂，岂不是坏上加坏。

△后股毛赠硬 鸟儿只有长成翅膀才会飞，其后股毛未硬，是未成气候也。

△慌浆吒豆腐 卤水点豆腐只能慢慢来，若操之过急，豆浆转化豆腐不完整，反而会影响产量。

△活无常庆寿 无常的任务只是拘魂让人死去，你想请他来庆寿辰，只能是敷衍了事。

△火毛[曝]性透天 形容急性子了得。

△家狗瞐家样 讥人不动脑筋，只会模仿。

△见风便是雨 把事情估计得过了头。刮风之后不一定就下雨，充其量也仅仅是下雨的前兆罢了。

△见眼动眉毛 形容相当灵活，凭看人眼色甚至眉毛的动静即能会意。

△讲些海来话 形容只会讲一些不着边际的假、大、空话，海吹。

△脚后跟向前 形容遇事快速前往。

△锯(音够)末塞桶底 某人自身有很多不足，却不自量要找别人的岔子，结果让对方抓住其要害反唇相讥，弄得他无言以对，犹如用锯末屑塞木桶底一般，结结实实，滴水不漏。

△糠箩跳米箩 原先只能在装糠的箩内啄糠屑，现如今却转入米箩啄米吃，这个变化无异于一步登天啊。

△靠门口头强 凭着地头势力行事，是某些人惯用手法。

△口嘴米糊亨 嘴巧糊弄人，内心和行动与说的却不一致。

△口燥挖(抓)盐食 口干了找水喝才对，抓盐吃只会越吃越干嘛。

△懒人有懒福 有时偷懒者反而享了个现成，也算是偶然吧。

△烂心不甘意 自己本不愿意，只是客观条件利于对方，自己怎么也不甘

心啊。

△老牛吃嫩草　形容年纪大者还一心想着年轻人干的事，往往会中计上当。

△老虎变猪娘　会吃人的猛兽竟然变成温顺的，并且变成为你生钱的母猪，这真是少有的事。形容某些人一落千丈之态势。

△老鸹笑烰(音乎)炭　老鸹除颈部一圈白外，几乎全身是黑毛，它见了木炭却讥笑其黑，未免太不自量。

△冷饭挜(音近 wō)死狗　死狗不会吃了，你却拼命把冷饭硬让它吃，这只是一厢情愿的蠢事。

△力气难晒干　道理同前“汗难好晒干”。

△力气上戥秤　戥秤是只能称一斤以内两数的铜盆小秤，专用于中药店称中草药。指舍不得花力气者。

△两手弗割交　前后两人(任)未做交割，没有把事情移交清楚。双方不衔接。

△两脚扛个肚　所谓“一人吃饱，全家不饿”，除了自己混饭，没有别的负担，够轻松的了。

△乱梦吃思想　乱七八糟的梦境，只能是空想，岂可当真。

△吃三弗比四　有比较才有鉴别，见过三短才知四的长处。

△骂(音 suò)侬弗要命　指那些专事咒骂别人者。

△盲眼摸溪滩　溪滩全是黄沙石子，盲眼人误入此处就很难找到出路了。

△瞎戏瞎头夜　以往农村请戏班子演出，一般都在三天三夜或以上，日场只在下午演，往往安排上演次一等剧目(少安排主角，刚排练尚不熟练等)，而第一场夜戏作为重头，演好演砸关乎剧团声誉和生意，往往上演本戏班的看家剧目，故而也最有看头。

△霉豆腐放汤　用霉豆腐来做汤，喝上口只能是满嘴霉气，怎有好味道。此语指对别人说些讽刺、讥笑话。

△门槛下矩(进)出　同前“地栿下进出”。

△眠侬讲爬起　说话不抓要害，东拉西扯，没有目标。

△捏个乌鼻头　明知自讨没趣，却不得不说，或不得不做。

△千大一个礼　知道自己错了，主动赔礼道歉，取得对方谅解，有再大的不是也用一个礼化解了。

△千年冷屙缸　比喻不去动没事，一动会有奇臭无比的尴尬。

△牵侬肕利细(野葱)　比喻不分对象乱扯上别人。

△清工大闲日　指无事做、没活干的休闲日子。

△曲[耋]田呒曲谷　插秧虽然插得行不成行，弯弯曲曲，但是长出的稻谷并不弯曲，也不会影响产量，曲田照样有曲田的收成。

△曲田有曲谷　稻行虽然插得弯曲了，照样有收成。此条是对上条的错误理解或争辩。

△软地打笆椿　编篱笆打木椿，从软处打很省力，如遇上板结地甚至有岩石处就费劲了。喻欺软怕硬。

△砂糖屙甜些　世上事无奇不有，就有人会认贼作父，颠倒黑白，觉得红糖还是大便甜呢。

△上弗得台盘　喻指某些人或事是无法放在正经场合理论的。

△上田挂下坎(千祥)　处于上方的田主，在田埂上种金瓜、蒲芦，其藤蔓挂下田坎，处于下方的田主不得干涉而不让牵挂。(你自己也可往下挂嘛。)

△狮子开大口　狮子体型大、嘴巴特大，一俟狮子开口，必然会提出过高的、不切实际的要求。

△十个弗相信　你再三再四、反反复复地讲，我还是绝不相信。

△食粮弗管事　光吃饭，不理事；只知吃饭，却不管饭从何处来。

△食过细味饭　指干过体面活，如当今的公务员、事业单位工作的人。

△双双同到老　能够白头偕老者，这也是多数人的良好愿望。

△探亲瞎大舅　凡姑娘的同胞兄弟好者，姑娘家也就差不到哪里去。故民间有这种讲法或做法。

△讨饭懒带拐　要饭者少不了拐棍，既可以打狗，又可以做走路拐杖。如果已经沦落为要饭人，却连拐棍也懒得拿，只能说明你人品太差，要饭也不会顺利的。

△讨饭争阶沿　阶沿本为屋前通用过道，人人得而走之，讨饭人却在争你的我的，有什么意义呢？

△天上脱粒星　从天上掉下一颗星来，真是既难得又珍贵。

△铟到功德到　求神拜佛时，不管有无效果，觉得既然花了钱、烧过经，效果(功德)总该有了吧。引申到任何事情，只要花了心思或用过金钱，总会有好处的。其实更多的是自我安慰罢了。

△驼背讲直话　驼背人背虽弯曲，讲出的话却是直爽的。表明自己说的都是真话。

△屋柱生耳(音 m)朵　隔墙有耳。

△相争连咬扣　吵架骂人十分了得。

△小花面上台　形容不会有好事,或局面不会久长,只是如小花脸上台走个过场一样。

△心根弗灵清　对形势或结局缺乏分析,心中一笔糊涂账,把结果看得过分乐观。

△盐都要出虫　用食盐腌制鱼肉食品可以防止虫咬,如果盐也长虫子,简直不可思议。喻指根本不可能。

△眼睛瞐个大　一副望眼欲穿的样子。

△眼睛阁把凑　睁只眼闭只眼。

△眼泪淘饭食　形容悲从中来,吃饭不香。

△眼前亏难吃　处事应当张弛有度、能屈能伸,眼看吃亏的事就别做。

△一股脉搭牢　血脉功能全凭畅通无阻,如有搭住而阻滞血液流通可就麻烦。

△一股脉弗通　义同上条。

△翼股毛䁆硬(千祥)　同前"后股毛䁆硬"。

△有可无不可　有也可,无也可;可有可无。

△有钿好买命　只要有钱,就能用钱换回生命。如生病者花钱医好,又如用钱行贿,变死罪为活罪。

△有钿难买命　与上条相反的情况。

△自屙弗嫌臭　其实只要是大便就是臭的,却有人嫌人家大便臭(人家干的都不好),自己拉的屎却不臭(自己所干没有不好的),岂不怪也。

△走弗出侬前　觉得自己见不得人,不敢去人前面对。

【6字】

△白钿财弗安家　君子爱财,取之有道。凡来路不正的,或白得来的钱物,都不会让人安耽、给人享受,相反会给人添麻烦。

△摆到麦磨顶旋　麦磨转个不停,麦磨顶部的东西就下不来。比喻把人家置于被动地步。

△板壁隙里瞐侬　从板壁缝隙里瞧人,势必不准确,不是把对方看小了、矮

了，就是看扁了。比喻戴着有色眼镜看人，难免有先入为主之嫌。

△常序娘，呒道场　常序，共有。大家有份的娘，你推我，我等你，过世之日连道场也无人安排打一场。

△吃亏便是便宜　吃亏与便宜只是相对而言，有些时候（有些事情）表面看起来吃了亏，但从长远（从结果）看反而是便宜了。

△出头椽树先烂　与“枪打出头鸟”的道理相同。

△锄头针[殿]，两面整　锄头在安装手柄时用到刀劈（即锄头针），刀劈一边是木柄的平面，另一边叫哑口针，作为刀劈夹在中间，用力揳入时，刀劈是两面受力，遭受挤压。比喻被夹在中间，难以做人。

△打铁弗离火星　打铁时总有火星往四周溅出。喻两者密不可分。

△大笠帽，扑田鸡　用大笠帽去罩青蛙，一罩一个准。比喻以强势欺压人。

△大门堂，扫垃圾　门堂大，垃圾也多。比喻花大气力去办某事，总会有所收获。

△颠倒头爬三匝　打赌用语，相信自己必赢无疑，如果己方输了，就倒过头（倒立）爬它三圈。

△颠倒头瞎皇历　把历书颠倒过来看着。比喻明明不懂，却装模作样好像很懂。

△跌得倒，爬得起　形容做人能屈能伸的样子。

△东阳（谐洋）侬做生意　东洋又称日本（谐蚀本）国。意为做的是蚀掉老本的生意。

△屙缸虫瞎密钻　比喻坏人或坏事结伴地来。

△耳朵肮脏弗摸　对自己耳朵后面的脏东西不擦不洗。比喻不自量。

△赠放屙，前[先]呼狗　喻事情还没头绪就预先咋呼出去。

△高弗配，低弗就　见高者嫌太高，遇矮者又说太低，最后变成老姑娘才罢。

△耕弗着，耍耙着　头遍用犁耕田，二遍用耙耙田，即使头遍没有碰着犁头，可能二遍就会挨到耙齿，反正总能轮上。警告人等着瞧（等着挨）吧。

△共（音 qiòng）天公，各乡风　虽然同在一个天下，风俗和习惯并不相同。

△拐也来，骗也来　斥人不老实，招摇撞骗无所不能。

△观音佛手头尖　形容为人吝啬小气。

△好心弗得好报　你好心好意对待，人家毫不买账，甚至恶言相向。

△污泥田翻捣臼　污泥田稀糊，石臼很沉，如此翻滚只会越陷越深。比喻某事越弄越糟。

△黄鼠佬变老虎　黄鼠狼又小又无用，老虎是兽中之王。形容威力成十倍增长。

△会叫[夹]厄(的)鸟吒毛　形容老是嘴上能耐，却无真本领。

△会做弗及会算　只会蛮干，不会精打细算不行，后者比前者更重要。

△鸡子里择骨头　比喻硬找碴。

△鸡脚骨，鸭脚板　两者同样不怕冷，光脚杆、能下水；鸡爪子、鸭跖蹼吃在嘴里味道都极鲜——所以能够并列。

△家狗瞷花被单　比喻越看越糊涂。

△讲话敲破锣亨　说话音色十分差劲。

△归(音矩)安文，落杭州　比喻走了不少冤枉路，花了不少冤枉力。

△扣(去)力气，买淘气　你花力气，人家非但不感激，反而责怪你、气你。

△宽慢侬，宽慢福　有些事急也无用，你耐心一点，反而获得成功。

△宽时办，紧时用　许多事有备无患，别事到临头才办就来不及了。

△痨病虫爬出来　以为生肺病是有痨病虫作怪，所以特爱吃东西。比喻一副馋食相。

△老鸹弗食谷处　形容地处十分荒凉，连老鸹见了稻谷还不知可吃。

△老虎口嘴舫毛　形容十分危险。

△临时曲，临时唱　事前毫无准备。

△六十岁学绕脚　封建社会妇女缠足从三四岁开始，上六十岁骨头早已老化，根本缠不了足。比喻为时过晚。

△鹭鸶脚骨刮肉　鹭鸶脚瘦而无肉，仅有一层角质。比喻毫无所获，或过于残忍。

△吒意头，借锄(音若)头　无话生话，找个借口去接近。

△瞷侬家，打火叉　这把火叉打得大点或小点，好点或差点，要根据主家的身份或客气程度决定，即看对象行事。

△瞷瞷明(白读)，捋捋平　用眼看，字迹笔画清晰明白；用手摸，平滑光溜而无感觉；就是识不得也读不了。形象地描摹一字不识者的尴尬。

△门角后等天亮　起身太早得在门后等着天亮才出门。形容过早或等得不耐烦。

△门堂大，垃圾多　空地广阔了，垃圾自然就多。比喻广泛收集，总有所获；人员多了，自然会有各色人等。

△陌生鸡弗杂笼　不是同只母鸡同窝孵出的小鸡，喂养中难免不合群。喻某

些不合群者在生人面前的尴尬。

△木勺里切咸菜 切菜本应置于平面的砧板之上，在凹底勺子里显然不妥。比喻工具或场地不对影响手脚的施展和工作效率。

△男筢搂（音拉），女扫帚 男人管赚钱，女人管储钱，分工合作，成效更好。

△难得养媳妇亨 童养媳在家内最没地位，干的是重活，吃的是剩饭剩菜，穿的是破旧衣服。比喻人地位低下。

△年好过，月难过 贫困之家过年倒不怕，三五天就过去了，倒是平日难挨，一年三百六十五天，吃穿用避不开，生老病死绕不过，日子实在不好过。

△廿里路厄午饭 行路人从最初看到路边人家吃午饭开始，继续走了二十里路（约两小时），仍能看见有人在吃午饭。

△娘颊犁头蝮亨 脸拉下来，好像眼镜蛇般凶恶难看。

△娘口击旗鼓亨 形容嘴巴出声轻易、响亮，像舞旗擂鼓般凌厉。

△娘颊光两面栽 威吓语，从脸面两边打你耳光，让你好受。

△娘颊光刮尔死 威吓语，耳光打得你叫死叫活。

△牛大压弗虱死 牛那么大，相比之下虱是那么小，两者体重之比成千上万倍，可是让牛压在虱身上，虱子活动自如，随便躲闪都行。喻权力重大者如不占住理，也吓不倒小人物。

△侬靠心，树靠根 此心为良心，根则不言自明。意为要凭良心做事。

△侬比侬，气死侬 我的能力、学识、身体、年龄都比他强，可是职务、收入都比不上他，越比心理越不平衡。是的，还有机遇、手段什么的，那样去比只有气死。

△侬会料，天会调 天气、收成、某些事件的成败等，原先的预期与最终的结果相去甚远的种种情况。

△骗也来，拐也来 同前“拐也来，骗也来”。

△破草鞋凑成双 比喻条件不相上下者，终于成为一对。

△千间屋，吃间空 房屋再多，也不会有空着的一间，总会有东西可堆放。

△千担货，吃担干 把腌好的咸菜晒成霉干菜，将刨成片或丝的萝卜晒作干，或把切片的葫芦晒成干等等，由于本身含水量大，其成品率都极低。

△千生世赠见过 吃不到葡萄就说葡萄酸。争取不到的东西可以自我安慰：有什么了不起，千年万代从未见过的稀罕之物么？

△若吐水爪爪滴 形容想吃得不断流口水。

△三十夜厄(的)饭甑　除夕夜,家家会用饭甑炊(蒸)饭,这天不会有空闲饭甑。形容十分紧张或稀缺之物。

△三十夜饲年猪　年猪都是在过年前宰杀,猪头三十夜要谢佛,然后全家人吃猪头肉。临近三十夜了再饲年猪,显然为时过晚也。

△三个瓶两个盖　总共有三个瓶,却只有两个盖,只能哪俩要紧盖哪俩,老是缺一个,也就难免会捉襟见肘了。

△石板顶掼乌鸠　石板坚硬,乌龟甲也很硬,比喻两者是硬碰硬,谁也不弱于谁。

△食起麻糍吞亨　麻糍实在好吃,偶尔吃到狼吞虎咽,未经细嚼就下肚了。

△死弗晓得脚直　人死了,两脚也伸直了。比喻不甘心自己失败,或死到临头了还全然不知。

△鼕弗出厄(的)锄(音若)头　比喻说话做事极不干脆,就像锄头套在木柄上退不出来一样。

△天好调,侬难料　老天的晴干雨落凭它自由调换变化,但人事的变换却难以预先料想。

△头毛都要纺完　形容你来要,他来讨,穷于应付,连头发也被拔光一般。

△头戴我,脚踏我　某些撒泼婆婆骂媳妇语。

△污泥水,没(满)口干　肮脏的水,满口满口往肚里吞。比喻处境十分糟糕,只好承担不良后果。

△屋窄(音杰)窄弗死侬　房屋面积再小也挤不死人。东西挤一挤,该丢该塞该叠;人多可拼房,可加铺;总有办法应付。

△小狗忒(跌)落便缸　狗是吃屎长大的,小狗正长身体,不注意跌进粪缸,正可方便吃粪,真是求之还怕不得。

△牙齿铁䎬拉亨　讥人长满暴牙,外露就像四齿锄的齿那样锋利吓人。

△阎罗王厄(的)工夫　人的寿命由阎罗王决定,活着的时间也就是阎罗王给的了。比喻别怕没时间,时间反正是阎王爷的。

△眼泪咽肚里落　形容悲痛得无法排解,且痛苦只有自知。

△羊食藤,牛踏(音拿)绳　小范围俏皮话,青年恋人男矮女高为"羊食藤"(男抬头);男高女低为"牛踏绳"(男低头)。

△仰天八灶放尿　㊀做事不管不顾,听天由命样。㊁破罐破摔,做到哪算哪。

△野猫弗识(音近 zēi)邻舍　是野猫,即使是隔壁邻居也不会交往。比喻对有过交往或是住在近处之人也记不起的状况。既可抨击别人,也可用

作自嘲。

△衣裳角轧死侬　觉得自己很了不起，连衣裳角也能轧死人的样子。

△有堆屙冷侬哎(吗)　讥人急忙往前，是否像狗急于趋前抢食已凉了的屎那样啊。

△雨伞骨，里戳出　里反出，从堡垒内部往外攻。

△月亮青铜镜亨　形容月光明亮，明洁得像青铜制的镜子一般能照出人影来。

△贼(音石白读)呒脚，偷弗着　要干偷窃之事而没有“脚”，那样的偷窃是不会成功的。此处的“脚”，意指窃贼事先的“踩点”甚或与窃贼勾结、共同作案的内贼，即“配角”和从犯。

△直一刀，横一刀　顺向砍一刀不成功，那就逆(横)向再来一刀，非成功不可。

△着弗着，格帖药　格，也用“顾”，这也。成功与否，都看这一回啦。

△字写得虱子亨　字写得密密麻麻，细小如虱子一般。

△做堂样，像堂样　干一件事像一件事。

△做贼偷麦磨爿　麦磨片子既笨重又值不了几个钱，既然做趟贼，总得偷点轻巧且值钱的东西才好。喻干的是很不值得的笨事。

【7字】

△百姓百姓百样心　人心不同，经历、学历、见识、能力、观点都不一样嘛；百姓的姓氏有百种，说不定心思也就有一百样了。

△半夜三更出神仙　(1)讥人迟到了。(2)比喻半路杀出个程咬金，来捡便宜。

△别个皮肉好煎冻　个人主义，反正是别人身上的肉，割下煮成肉冻也不是我的痛。

△常序铜锣大家敲　公家的铜锣嘛，你可敲得我也能敲。喻指破鞋一类的女人。

△钞票弗用是张纸　对于舍不得花必要开支(如吃饭、看病等)的人，此话是有益的劝导；对于以此语作为自己乱花钱(如赌博、嫖娼之类)的借口的人，此话却成了这类人的挡箭牌和遮羞布。

△趁侬婆娘假正经　形容某些人既要做违规之事，还要装出一本正经的样。

△城墙壁(谐迫),迫(谐壁)来难挡(音谈白) 形容儿子长大了,父母得更加为他们操劳:造房子、买车子、谈婚姻,还是囡囝绕时好说话。

△除了前山有后山 可走的路、可选的方法或对象不是唯一的。

△大麦赠割割小麦 喻年长的儿子未解决婚事,年幼的儿子反而先解决了。这好像违反了大麦先熟、小麦后收的自然规律。

△大树脚下好躲(音翰白)荫 比喻靠着有能力的父母或亲戚,什么事情都好办;依靠有能力者,自己不用辛劳也能享福。

△灯盏[烛]乌前亮一记 回光返照。

△肚痛埋怨黄刺瓜 肚子痛本非吃黄瓜引起,却把原因归到黄瓜身上。

△耳朵后肮脏弗摸 喻不肯自我检讨、自查原因。同前“耳朵肮脏弗摸”。

△弗叫厄(的)狗会龇侬 会叫的狗倒不必害怕,根据情况当避则避;只怕那种不叫的狗,啥时上来就咬你一口,防不胜防。比喻遇上性格内向的对手,可得小心噢。

△斧头敲凿凿食树 斧头在上,凿处中间,树(木材)最底下。中间者受压后,可把压力传递给下级,真正吃亏的是最底层。

△陀那(音农)讲话腰弗酸 挺直腰杆站着指挥的,不会体谅弯腰用力干活者的辛劳,他自己腰不酸,以为别人也很轻松。

△格头弗着侬头着 此路不通还有那一路,反正总能有办法。

△跟得别个屁股后 自己缺乏独立思考和创新精神,凡事只能跟在人后头。

△贵(音 jù)买零碎贱买食 买件东西贵点无妨,总能用一段时间;花高价买吃不行,一下子就吃没了。

△好瞓难食红辣挂(椒)儿 辣椒表面红得可爱,吃起来却辣得不行。比喻外表美的,实质内容却不见得就是好的。

△和尚寺里借篦箕 和尚全是光头,根本用不到,也不会备篦箕。比喻必定落空之事。

△皇帝也有背后言(音念白) 当了皇帝还有人背后说或骂他,何况是普通人呐。

△黄泥摁得胸口头[平咙喉] 形容行将入土。

△会耕厄(的)牛多耕田 喻听话的人总是多干活。

△会做会食斥(音近 chuā)弗直 虽然会干活,却很能吃喝的,收支还是平衡不了。说明“吃”所占比例不在低。

△镬灶泥那脚板背[脚板肚——千祥] 比喻无所着落的人,正像带着锅灶走

一样，走到哪里算哪里，无后顾之忧。

△金凤姑娘卖豆腐 民间故事——有个叫金凤的卖豆腐姑娘，见到漂亮后生竟呆在那里不动，连豆腐让猫吃了也无知觉。

△口嘴訪得耳朵桠 喻人得意过甚的样子。

△抲鱼避弗开腥气 抓鱼人是躲不了鱼腥臭的。喻干坏事者避不开嫌疑的道理。

△拦腰对折掼一掼 市场里谈价钱专用语兼俏皮话，拦腰对折为5折，再掼一掼为2.5折，属大甩卖价。

△懒孵鸡娘争鸡窝 懒孵鸡娘占着鸡窝，既不产蛋也不孵小鸡，要争鸡窝毫无意义。喻干的是占住茅坑不拉屎的丑事。

△烂稻秆塞牛栏弄 比喻做了好事却听不到赞扬的话，或给人送了礼，收礼人还不知是你送的。

△老虎跐来脚后跟 比喻情势十分危急。

△良心生那(在)背脊心 心应该在胸腔，有其自己的位置，而不在背脊心。斥人没有良心。

△六月伤风真伤风 农历六月不是伤风感冒多发季节，若在此时得了伤风，可得引起重视。

△螺蛳壳里打道场 比喻所留余地不大，干事者放不开手脚，效果显然好不到哪里去。

△蚂蝾也要逶坟路 蚯蚓总算无能之辈，可到百般无奈之时，它也要用身体钻出一条道来。比喻被逼无奈之下，弱者也能反抗成功。

△免免别个厄(的)揶揄 自己倒觉无所谓的，但为了少被别人议论、抨击也得这么做啊。

△面上快话心里愁 把忧愁放在心里，脸上还得装出高兴样。

△木槌摆脚踝头跐[拗] 明知办不到的事，还要坚持去做。喻不自量力，或固执己见。

△牛头捺弗马饮(音ē)水 喻弄错了对象；强做的事不可能成功。

△屁也夹弗过门槛 喻直肠子人，不会藏、不会掖。

△骗死侬弗用填命 你的一句空话、骗话，却让人丢掉一命，因不是直接杀人或者抓不住证据，却不用担责。用现代法律处理，却不会这样定性。

△七坐八爬九出牙 婴儿满七个月会坐，八个月会爬，九个月长出牙齿。这是一般生长规律，个体差异还是相当大的哦。

△千工生活脚里做　讲的是建房道理，强调基础之重要，其实别的事何尝不是如此。

△强盗眠弗得滚屄(音近 piē)　女人有心反抗，就是强盗也占不了她的便宜。讥那类既想做婊子，又要立牌坊之人。当然此语未免绝对化。

△墙头倒落墙脚下　比喻(自己)是当然的继承者、受益人。

△青菜篮置水弗漏　喻讲空话、装正经的能耐到家，达到滴水不漏的地步了。

△三个五更抵一工　鼓励人早起干活，实际也正如此。

△三大拳打(音乃)弗屁出　形容人不干脆、支支吾吾。

△十股毛病九股九　大势已去、情况糟糕到家。

△十窍便有九窍通　表面看似乎赞人通达，而十减九为一，暗讥人一窍不通也。

△十月芙蓉赛牡丹　农历十月芙蓉花竞放，其旺盛美景能与牡丹花媲美。

△石板门堂落开隙　俏皮话一句。开隙即裂缝。地面只能晒裂缝，不会因下雨裂缝；石板铺就的门堂会因下雨裂缝更是奇谈。喻雨下得大。

△石头打落石头堆　形容农家孩子好养活、不娇贵。一块石头相比于成堆石头因不稀罕，就不会娇贵。

△手掌遮弗得日头　手掌与太阳比，实在微不足道，要想挡住阳光根本不可能。比喻办不到之事。

△水鬼(音 jū)都要骗上岸　水鬼上岸必死无疑，因而他绝不肯上岸。形容某人骗术实在太高明了。

△水牛背脊舫针(根)毛　比喻太微不足道了。

△水牛落塘劢尾巴　水牛耕田之后非常向往到水塘中去纳凉，在它行将到塘之时，想要扯住牛尾拉它回到岸上，未免来不及了。

△讨饭想食脂油饭　比喻不顾自身条件的过高要求。

△讨个媳妇卖个囝(音 m)　原本很听话的儿子，娶了媳妇之后只听老婆的而不听父母的了。相当于儿子出卖给人家了。

△旺盛弗恇太婆肉　生意旺时，连母猪肉也如上好猪肉般会抢购一空。太婆即老母猪。

△性急食弗得热粥　急着想喝滚烫的粥，会烫嘴巴和喉咙。比喻急不得。

△牙齿口舌有相彭(碰)　同处口腔内的牙齿和舌头尚且有碰撞、错咬的可能，更不必说人与人、物与物、人与物了。

△眼睛生得貂蝉亨　形容某女眼神飞活，反应灵敏，就像三国时能迷住董卓、

吕布的貂蝉一样本领。

△一代做官三代绝 旧时当官权力独大，要么身为清官得罪奸臣或地方恶势力，反遭报复算计而影响自家后代发达；要么自身是贪官，坏事干尽受到报应。总之，上代为官子孙几代都成“绝代”。

△一分铜钿成买卖 在商业活动中，只要按约付款成交，即使再便宜也不能反悔。

△一个萝卜一个孔 比喻人员与位置已经一一对应，不多不少。

△一家囡争两家气 出嫁的女儿既要为夫家争气，还要为娘家争气。

△一粒油麻一个㦤(音 yì，谐意) 礼轻情义重。

△一粒瘆痱当背痈 形容把问题看得过于严重了。

△一侬呒没两侬计 人多主意才多。

△一日三餐求安职 安分守己样。

△一世聪明一时騃 一辈子聪明却一时发懵做了糊涂事。

△一株肚肠通屁股 形容毫无城府之人。

△一忽眠熟到天亮 睡眠很好，一觉睡到天亮。

△硬扚雄鸡生鸡子 谁都知道公鸡不会下蛋。形容强要人家去做不可能成功的事。

△择老嬷先择媒侬 通过介绍找对象，介绍人的素质、眼光和识人标准至关重要。

△直直锄头直直针(刀劈) 开门见山一句话地把事情说开来。

△猪也叫，老(睾)丸也阉(音结) 给猪阉割必然会叫，但你再叫，还是会把睾丸割去的。教训人：想清楚噢，阻力再大，事情照做。

△自掇石头自压脚 搬起石头砸自己的脚。

△钻得铜钿孔里去(音扣) 喻指把钱看得过重，认钱不认人。

【8 字】

△拆坎叠坎，只得一半。 一道石坎拆倒重垒，却没有原样高。喻返工必有损失，反复折腾没有好处。

△长一尺弗如宽一寸。 房子的宽度比进深(纵长)更有作用。

△纯钢铁不过是枚针。 质量再高，数量太少，还是不行。

△点点侬头，分分馒头。　这个人安排在这里，只能凑个数，起不到大的作用。

△吊么吊好，打么打好。　想吊就吊，要打就打，听凭处置。

△吊么打好，打么吊好。　要吊，觉得太疼；要打，又觉太痛。这不好，那不行，无所适从。

△钉定厄（的）秤，生定厄（的）性。　喻某人性格不会变，就如钉好的秤花般，板上钉钉了。

△多个弗密，少个弗疏（音纱白）。　比喻无关紧要之人。

△弗要名头，只要条透。　只要舒服就行，管他名声好不好听。

△隑有隑相，坐有坐相。　干什么都要注意规范、规矩。

△高弗得一张皮子件。　包馄饨的面皮很薄。反唇相讥：你比人家即便高些，也高不了一张面皮那么一点。

△掼到水里吒没浮沉。　两者分辨不出优劣轻重。

△行灯壳麦磨爿成头。　畸轻畸重，担子根本无法挑啊。

△好生弗生，又生个囡。　本为生儿子再生一胎，谁知又是女儿呀。

△换样生活，换副骨头。　活儿变换，用力大小、方式等都跟着变。

△皇帝还有三门穷亲。　我们不是皇帝，更不要欺穷哟。

△皇帝弗急急死太监（音官白读）。　关键人物不着急，无关紧要者却空着急，急也无用。

△黄鼠佬当作老虎用。　小材料派上了大用场。

△讲过忘记，食过肚饥。　正如吃饱要肚饿一样，讲过的话也可能忘记嘛。

△轿夫命穷，好日都同。　封建社会规矩，凡“小姓”只能从事剃头、阉猪、抬轿等少数几样又辛苦又不赚钱的所谓下贱行当。当轿夫总希望常有雇主雇用，可办喜事选吉日偏多重叠，同日只能应付一户，这轿夫岂不命穷。

△救难好救，救苦难救。　灾难只一时，得到外部救援能渡难关；穷苦却不能马上解决得了。

△空话弗讲，实话弗搭。　前半句肯定，后半句否定；否定基于肯定，何许人也，一目了然。

△来出一圠（趟），苦[宿]出一夜。　来（我家）不过一次，辛苦也不过一晚上。主人家的自谦语。

△癞头弗在乎后勺叶。　大势已去，已不在乎这一小片了；全局已输，不必计较局部了。

△瘌头等弗得凸一暴。 已经长满头癣,还要打上一栗暴,这不是雪上加霜么。

△六个月大,六个月小。 比喻形势不会一成不变。

△六月囡,娘家吪张瓦儿。 俗以为农历六月出生的女儿命运多舛,甚至害得父母家一贫如洗,连一张瓦片也没有。

△萝卜青菜,各侬各爱。 萝卜有萝卜的味道,青菜有青菜的风味,何况每个人的习惯喜好并不一致,允许挑选各人喜欢的吧。

△吪千斤弗行厄(的)骆驼。 据说骆驼背负越重越肯走。喻不怕重担,责任愈重愈认真的人。

△买把新尿壶弗到夜。 喻碰上新玩意即跃跃欲试者,活脱脱刻画出急不可耐的形象。

△瞒在眼里,园在肚里。 见到什么不马上发表意见,是颇有城府之人。

△瞒着酒,咙喉翻筋斗。 喻酒瘾极大,见了酒喉咙就翻动着,甚至口水也流出来了。

△门槛坐坐,脚骨捋捋。 多悠闲的样子呵。喻不须劳作之人。

△面皮厚得屙缸板亨。 脸皮厚还好说,要与屙缸板比可是太臭太丑了。

△娘有爷有,弗如自有。 人不能一辈子依赖父母(别人),必须得自立才行。据说美国人的传统,子女长成十八岁,父母就不管了,子女也自食其力了。

△侬会(么)侬亨,佛会(么)佛亨。 人再美再能耐,也还是人嘛,不可能像神像佛那样无可比拟、神通广大吧。

△侬老口多,侬小手多。 年纪大的人往往嘴碎,而年幼之人都好动。

△侬戏有福,田戏有谷。 戏田能养地力,反使稻谷增产;人要能戏,是他的福气,别人不必眼红噢。

△侬有良心,狗弗食屙。 要想人讲良心,除非狗改了吃屎(旧时养的狗,是必定吃屎的)。此话虽然过于绝对,但人家也是一朝被蛇咬,十年怕井绳,窝囊事见多了,难怪。

△牌子要摆,斗篮要抓。 从外表看,似乎很富有,实际上却得手提篮子,靠讨要和借贷过日子。

△欺老好欺,欺小难欺。 老的只会越来越老,欺他也奈何不得你;小的会越长越大,你欺他日后会遭报复。而从尊老爱幼讲,老少皆不能欺。

△起弗得风,作弗得浪。 形容能量过小,于事无足轻重。

△热会(么)常序,冷是私己。 热天只会大家都热,是共有的;冷天不同,有的要干活,有的不用干活;有的有御寒衣服,有的却无;有的供暖,有的却无——是私己的。

△日里游游,夜里花油。 白天游荡,不干正事,到了晚上却点灯熬油赶活儿,此种行为方式不可取。

△三八廿八,各自算法。 只有按自己奇怪的算法,才会有如此怪诞的结果。讽刺心目中唯有自我的人。

△三个内家,抵阵老鸹。 女人嘴多,三个女人讲起话来抵得上一群老鸹聒噪。

△上家打媳妇下家听。 从邻居的争吵中,可以吸取教训。

△生弗带来,死弗带去(音扣)。 钱财乃身外之物,千真万确。

△生出胭脂,教出利细。 天生的才是可爱的,单靠后天硬教出来的,总有过于明显的人为痕迹。

△生儿(音 m)名气,生囡福气。 生儿子名气固然好,可是当父母的将儿子养大,娶亲、买房、带小孩,够你辛苦一辈子;生女儿不用这般操劳,或许还会得到诸多照顾,岂不是福气? 此为重男轻女者戒。

△生定厄(的)性,钉定厄秤。 同前“钉定厄秤,生定厄性”。

△十个手指头有长短。 手指头既然不一般齐,人就会一般高矮? 承认个体差异,允许人家存在缺点和不足吧。

△十里路,叫(音 ōu);门口头,丢。 离家老远,拼命叫人上自家玩;来到门口,却不再理人家。讽刺那些假殷勤者,一副虚伪嘴脸。

△十二个时辰圆满罢。 忍一忍,这一天马上过去了,别惹事啦。

△食过肚饥,讲过忘(音毛白读)记。 同前“讲过忘记,食过肚饥”。

△食萝卜亨,剥寸食寸。 让事情顺其发展吧,到什么程度算什么程度。

△晴候庘(yā)漏,落雨照旧。 天晴时雇工翻漏忙乎,再次下雨还是老样子,仍旧漏水。这是句讽喻泥水工干活不过关的俏皮话。

△外甥皇帝,娘舅狗屁。 舅父斥外甥不听教导。

△小者(音借儿)手多,老来口多。 小时好动是天性,老了爱唠叨也自然。与“侬老口多,侬小手多”条近义。

△眼睛瞎弗着后勺叶。 喻自己不知道自己的缺点。

△羊脚弗风,狗脚弗跷。 羊能在山上跑,狗能在野外奔,因此前者的脚不会得风病而无法走路,后者的脚也不会瘸。故而民间习惯吃肉后会把两

样脚骨收藏，万一猪羊等家畜得了腿脚病时，可用该两种骨头煮汤或煅灰喂饲治疗。

△一个吹箫，一个捺孔。 ㈠分工明确。㈡一人能干的活要两人干，多此一举。

△一句太少，两句太多。 讲得少，对方不理解；讲得稍多，对方又会厌烦；真不知该如何讲。

△一日做贼，千日做贼。 一种坏名声一旦形成就很难消除。

△一张床弗眠两样侬。 物以类聚，人以群分。

△有话明讲，有屁明放。 有话好好说，无理的话也会耐心听。

△有口讲别儿(音 bīn)，呒口讲自。 议论别人长短很能，讲到自己短处就像没嘴巴一样。

△有宿弗宿，敲门借宿。 主动变被动。

△园里择花，越择越花。 花园里多的是花，反而选择不定。是否有点"这山望着那山高"的味道呢。

△只耳朵矩(进)，只耳朵出。 听到的话好像没听过一般。

△只可逼力，弗可逼食。 迫人用力可以，反正力气不够者也拼不上，伤不了身体；迫人吃食可不行，为了争虚荣拼着命吃，就会吃坏脾胃伤身体。

△只可赌力，弗可赌食。 道理同上。"赌"与"迫"同样不可取。

△只可欺老，弗可欺少。 同前"欺老好欺，欺少难欺"。

△只要条透，弗要名头。 同前"弗要名头，只要条透"。指只求舒服，不思上进者。

△走夜路总要搲着鬼(音 jū)。 比喻某种情况是绕不开、避不过的。

△嘴上呒毛，办事弗牢。 年纪太轻，还没长胡子，干起事情也不稳妥。

△做官为食，讨饭为食。 民以食为天，此理相同。

△做样生活，换样骨头。 改变行当，身体各部位用力会有不同；岗位调换了，就有重新适应的过程。

【9字】

△八十岁也少弗落爷娘。 父母永远爱子女，父母恩义大如天，自己长到八十岁也希望有父母关爱。

△剥狗格(这)套(音通)，食酒也格套。 已无更好的衣服来替身上穿的这

套。讥人或自嘲均可。

△当着弗着，三十夜火着。　形容不该发生的时间、不该发生的事件，偏偏发生了。

△屙缸板升弗得楼梯级。　本质较差的，终究也上不了档次。

△各侬各爱，破缺儿爱驼背（千祥）。　各有各的爱好，先天性唇裂者爱上驼背的人，也算旗鼓相当了。

△家狗还要教起来踏米。　家狗踏米除作马戏一类欣赏，无实际意义。此语有些恨铁不成钢意味的极端讲法，你是人总得接受教育（教训）。

△开口便是七十式样屄。　满口脏话的人，张口就是连篇下流话。

△瞷着别个骑马屁股痒。　看见人家干啥就跃跃欲试。

△青山鸟弗晓得大麦黄。　囿于环境造成的见识短浅。

△上屋移下屋要扣担谷。　看似简单之事，做起来还是要一定花费才行。

△食自厄（的）饭，放别个厄屙。　吃自家饭却为别人创效益，岂不犯贱。

△食别个厄（的）饭，由别个掼。　受人恩典，理应听人指使。

△手乃头弯矩（进），拳头打出。　手肘朝里弯，拳头朝外打，该进该出自有规矩。

△松树股串（屁股）坐松树厄（的）凳。　生就松树样普通的屁股，你就只能坐在用松树做的凳子上。自喻（或他喻）身份卑微，不适宜坐上位，不可以坐红木之类的高档凳子。

△偷柴离山，偷内家离床。　使坏之人还会钻法律（取证）的空子，守法者可得学会保护自身权益噢。

△王百万还要借棺材杠。　虽是百万富翁却未曾置办抬棺材的杠，他死之日还得向人借用。告诫人富了也别翘尾巴。

△为只老鼠烧个稻秆蓬。　凡事都得权衡利弊而后采取行动，不然会得不偿失的。

△𫧃当家弗晓得柴米贵（jù）。　未曾经历过的事不知前因后果，轻易决定极易失误，也是自然的。

△弗嫖弗赌，是只大黄牯。　老实人反而会受到嘲笑。

△弗懂装懂，山东吃麦冬。　何谓山东吃麦冬，笔者也不懂，那就不要装懂为好。

△眼睛（音岩精白读）鼻（音近白）头拾（白读）得一倗亨。　眼睛、鼻子碰撞成一堆的样子。

△爷娘呒没一把杀儿(音 m)刀。 父母总是疼爱子女,不可能有祸害子女的心。

△一个铜钿掰作两个用。 形容想尽办法节省开支。

△一个馒头上一榻蒸笼。 形容事情虽然单一,但准备、过程、步骤等缺一不可。

△一只手拘弗得两吉(只)蟹(音汉)。 一心不能两用,要同时做几件事很难办到。

△一头弗着,头头拾(音射白)岩塔。 一处碰壁,处处碰壁;不顺利时,会形成恶性循环。

△自食饱弗晓得别(音 bīn)肚饥。 饱汉不知饿汉饥。

【10 字】

△骇头呒转头,聪明有转头。 傻子不晓得总结经验教训,下次还会犯错;聪明人吃一堑长一智,能避免犯同类错误。

△骇头打老嬷,聪明恇老嬷。 打老婆者犯傻,老婆是搭档啊;聪明人什么都让老婆,反而能得到谅解和支持。

△裁缝弗偷布,老嬷呒布裤。 裁缝师傅在裁剪制作过程中,总是会截留一些零碎或小片布料的。

△截缝弗偷布,三日偷株裤。 俏皮话。不会偷布的裁缝,三天里能偷一条裤料呐。

△吃力弗讨好,黄胖搡年糕。 手工做年糕得花费不少气力,黄胖人本来力气不大,为了做年糕把身体弄坏就不合算了。(还是别做为好。)

△出外弗吵亲,归厝(音矩处)省牢心。 外出时别打扰亲戚朋友,回家来就不用记挂在心。

△出外弗吵闹,归厝(音矩处)没烦恼。 外出时不去惹是生非,回家后不用愁恼。

△床头一担谷,弗愁呒侬哭。 孤寡老人只要略有遗产,还是能得人赡养的。

△聪明多劳碌,骇头多享福。 前半句不错,后半句俏皮。聪明的总得多做些事。傻子什么也干不了,自然没人会叫他干。

△大事弗过三,过三百体宽。 再大的事,只要能拖过三天,就有缓和的希

望了。

△大鱼食小鱼，小鱼食花公。 经济社会的普遍法则。

△乌劄一个洞，果扑一坺缝。 鸟啄眼睛尚有个洞，女人的那个挡住也留着条缝，你的眼睛连这也不如吗？

△东头飭西头，攀亲劢大舅。 胡拉乱扯。

△东阳哄，三日弗哄断侬种。 极言讲空话、说大话风气之盛。

△多年弗种田，碰（音彭）着大荒年。 久不从事自然手生，偶一为之偏碰上外部条件不顺，干得一团糟。

△飭弗完厄（的）稗，讲弗完厄话。 稗草怎么拔也还是有，同样道理，话也总是讲不完的。

△儿（音 m）大弗由爷，囡大弗由娘。 儿女长大了自有主见，确实如此。

△隑起来借账，跪（音 jū）落来讨账。 借贷者一派理由不藏不掖，讨债人却得求爷爷告奶奶，低声下气，真好像债务人、债权人互换了位置一般。

△隑起来一屋，坐落来一桌。 形容来客颇多。

△各侬各爱，大姑娘爱驼背。 人与人之间爱好、标准多有差别，大姑娘爱上驼背也好嘛，免得长相不好的打光棍。

△各侬各路数，銯戟刨蒲芦。 各人打算、计划各自晓，用割稻的镰刀给葫芦去皮也未尝不可。

△过头饭好食，过头话难讲。 说出去的话，泼出去的水，讲了过头话就无法收回；过头饭原本也不该吃，然而比起伤害人的过头话来，还宁愿吃人的过头饭了。

△过头饭多食，过头话少讲。 集体吃饭你多占也无妨，过头饭多吃不会亏，可是过头的话语会伤感情，要少说哦。

△好囡要好娘，好稻要好秧。 生女儿、教女儿的关键在娘亲；要稻子长得好，先要秧苗健壮无病。

△好汉凑一堂，烂脚凑一床。 人以群分，千真万确。

△活耐儿（着）食点，倒去（音扣）棺材薄点。 劝自己也该学会享受啊。

△见侬讲侬话，见鬼（jū）讲鬼话。 见到人讲人的话，应该；见了鬼还能说鬼话，可谓高明也。讥那些见风使舵者。

△角（白读）脚（白）弗到齐，锄头弗落泥。 该到的人没有全到，干吗我要先干活？与人不去比贡献，却去比偷力，可悲。

△开眼食肉，弗如闭眼眠熟。 想睡觉时，宁可不要吃肉也先去睡觉。强调

睡眠的重要。

△口中念阿弥，手里拕东西。 讥人心口不一，言行相悖：修行之人不该干坏事。

△口舌呒没骨，讲话转转曲（亖音近 kuō）。 喻某些人讲话没有原则，完全见风使舵，同一张嘴巴可以讲出完全相反的话。

△烂脚医个洞，盲眼医断缝。 本来糟糕的事情处理不妥，变得更加不可收拾。

△痨病带咳嗽，活来弗长久。 此话更多用来调侃感冒咳嗽者或自我解嘲。

△痨病带咳嗽，活得九十九。 同上，当作俏皮话讲。

△老树抽嫩枝，越活越新鲜。 讥某些有一定年纪，在男女情事上却不检点的人。

△老毑三股筋，訬来都是亲。 以男方的血缘关系可以排出许多亲戚来。

△老虎拕侬先问山神土地。 强龙做事还得请示地头蛇。

△六月弗晒背，十二月要悔。 夏忙季节应该勤劳作，免得到寒天后悔也来不及了。

△六月穿棉袄，我自本钿好。 热天穿了寒天才穿的衣服。既自我解嘲，也幽了一默。

△乱訬西游记，麻糍馊臭气。 西游记情节过于离奇，被谑为胡编诚不为过。麻糍馊臭气，则不过编句押韵的话罢了。

△乱訬西游记，毛头拕（音太）田鸡。 同前条。后半句仅为幽默搞笑。

△猫生猫值钿，狗生狗值钿。 小猫由猫娘宠爱（值钿），小狗有母狗宠爱，小孩更由母亲挚爱，此理相同。

△满堂媳（音新）妇弗及半路夫妻。 要说对老人的爱护和照顾，就算你所有的儿子都娶齐了媳妇（按说应该有人服侍年老的公婆了），也还比不上半途夫妻（即丧偶再婚）来得温馨体贴。

△木匠是个爷，立到便备柴。 木匠只要动工干活，劈、削、刨下来的都是灶下柴火，好似女主人的父亲般勤快体贴。

△木匠弗偷钉，三日偷一斤。 木工师傅不偷铁钉是不可能的，三天下来可以偷到一斤还差不多。

△内家猪娘命，弗生便变病。 妇女育龄期凭空不孕，那就是有病了。

△侬越戏越懒，田越戏越荒。 人如果学会游游荡荡，就再也不想干活；田如果不种植，就会荒芜。

△侬越戏越懒，口越食越淡。　人不能无所事事、游手好闲；口味不能过于挑挑拣拣。

△侬客是株龙，多来弗会穷。　亲戚朋友要多来往，绝不会因为招待客人多了而变穷。

△千日洗脚，弗如一日洗被。　懒人自有懒道理，当然也算是俏皮话吧。

△且口（歪嘴）和尚，打弗得好道场。　比喻干任何事情，都得选好干事的人。

△穷侬弗生病，抵过交大运。　家贫（无所谓），只要不生病就相当于交大运了；如果贫病交加，只能是雪上加霜了。

△拳头打出外，手骨弯归（音矩）里。　同前“手骨弯矩里，拳头打出外”。

△日里讲夜里，眠侬讲爬起。　讲话没头没脑，东拉西扯。

△三岁打娘，笑；三十打娘，吊。　幼儿打娘，只是无意识动作，小孩学会一个新动作，为娘自然高兴；三十岁儿子打娘，不管有啥理由总是忤逆行为，理应受谴责。但愿做娘的上吊悲剧不要发生，求助于法吧。

△三十日，浑水都要涨三分。　临近过年，什么东西都涨价。

△上顶放个屁，下底来弗及。　上头随便一句话，下面人当圣旨般重视，忙着执行。

△上钮对下钮，探亲劢大舅。　东拉西扯，不合常理。

△生儿（音 m）要好娘，种田要好秧。　秧好稻会长得好，娘好儿子当然好。

△生囡食苹果，生儿（音 m）食乐果。　女儿出嫁以后，不时会送些苹果等水果、点心之类回娘家孝敬父母；若是儿子，有时因婆媳关系紧张，或是父子关系处理不当，甚至害得父母要喝乐果寻死。奉劝重男轻女者别想不通。

△十七八，夹毛松树连根拔。　十七八岁正当年轻力壮，连松树也能连根拔起。

△食饭要腥气，打侬要军器。　打人没有称手的武器不行，吃饭离开荤腥就不够味。

△食酒食肉，弗如[及]闭眼眠熟。　人要睡觉时，请你喝酒吃肉也比不上睡他一觉更舒服啊。

△水急弗藏鱼，人急弗藏财。　赚钱不可性急。

△算别个一千，自划着八百。　算计别人者，自己也绝不会有好处。

△探得人材，探弗得肚里才。　看得清其貌，却看不清其才，何况人还不可貌相。

△讨过三年饭，做官也弗换。 乞丐确乎自由，这倒是懒汉哲学。

△剃头老厄(的)手，撑筏佬厄脚。 理发师傅的手经常用热水为人洗头，是冰凉的；撑筏人的脚经常浸泡在冷水中，却是热乎乎的。

△天亮眠弗长，老来活弗长。 这是常理，然有例外。

△天空扑落来有长侬拄牢。 再大灾祸，自然有能者顶着，愁啥。

△外向敲锣鼓，厝里食盐卤。 在外面高兴得敲锣打鼓，回到家里难过得饮盐卤自杀。(表面高兴心里愁。)

△细伢(音敢)瞎小时，媳妇瞎来时。 足见第一印象之重要。

△相争吃好口，相打吃好手。 吵架时易出口伤人，打架中则可能误伤身体，竭力避免吧。

△小侬日日鲜，老侬日日厌。 小孩越长越大，越长越漂亮；老人一天比一天不像样子。

△牙痛弗是病，痛罢(便)痛送命。 牙齿疼似乎算不上什么病，太普通了，可痛起来却怎么也抵挡不住。

△岩头弄厄(的)柴，骨头弄厄(的)肉。 长在岩石缝的柴火，因不容易砍而特别老，经烧；长在骨头缝里的肉，也特别好吃。

△眼睛阁把凑，焐肉整钵头。 喻指某些男人除了吃喝什么都不重要，甚至包括老婆有外遇。

△爷天娘地，老马玉皇大帝。 天地虽然独一无二，毕竟不会开口说话，不像玉皇令行天下。某些人觉得老婆地位高于父母。

△一精搭一肥(音皮白读)，买肉搭脚蹄。 旧时难得吃肉，买的多为肥肉可以补充脂肪，因而猪脚被认为缺油少肉而被嫌弃，卖肉人把它当差肉搭售。

△一年两头春，杀鸡吃鸡肫。 如果这年正月有立春，到十二月又是年前春，那么过年时杀鸡会没有鸡肫。此话绝无科学依据，仅是戏弄人的话。

△一个铜钿瞎得笠帽亨大。 喻指吝啬之人，一个铜钱也舍不得花。

△硬罢[便]硬到底，麦出弗杂米。 形容某些人认死理，好像收割麦子后，就再也不能吃餐白米饭一样。

△有会(么)冬至夜，吃没冻一夜。 条件好，冬至这天应该吃点肉之类丰盛点；没条件，冬至就让它冬至，如此寒冷天准备挨冻罢。

△有会(么)有头大，吃没倒水篮(音啦)。 家中有钱，办事有条有理；家庭条件差，一切只能破罐破摔。

△丈姆忖囡婿，鸡子木杓置。 此为十足的俏皮话，说丈母娘待女婿特客气，用舀水的木勺装鸡蛋。其实别以为鸡蛋装满一木勺，而是把水煮蛋两只放进木勺内的凉水里，这样剥蛋壳更容易，如此而已。

△只有买厄(的)“铳”，吒没卖厄“铳”。 所谓“铳”(去声)者指花一定的钱却买不回值此价钱的货，即物无所值。这种倒霉事只会落在买者头上，而卖者对原价、进价以及材料和品牌的真伪等了解得一清二楚，因此再贱的价格也不至于做赔本的买卖，他们又何来“铳”呢？

△只可共(qiōng)天下，弗可共屋瓦。 所谓“大路通天，各走一边”，共一个偌大的天下自然无妨，可千万别在同一屋檐下生活，不然天长日久，摩擦不断。

△只可生骇头，弗可生活络。 要是生了个头脑过于活络的儿子，还不如生个骇头儿子，至少不会败掉现成的家当嘛。

△只可生败子，弗可生骇头。 生出败子至少是个聪明人，何况“浪子回头”还“金不换”呐；如果生的是骇头，连现成家当也守不住，那就只有“恨铁不成钢”的份儿，再痛再恼，全然没用。

△只可做过悔，弗可弗做悔。 有些事干得不好会后悔也难免，但不能因噎废食而不干，到那时连后悔的机会也没有啊。

△种田要好秧，生儿要好娘。 种稻子有好的秧苗是先决条件，同理，生儿子没有好的娘亲可不行。

△种田地靠天，做生意靠骗。 在生产力和科学技术不发达时代，农民的收成主要靠天气，什么旱涝虫瘟全为人力不可抗拒。在市场经济时代，商业经营不讲信誉道德的大有人在，许多时候赚钱竟然有赖于欺骗。

△猪多吒好料，侬多吒好菜(千祥)。 吃饲料的猪多了，好的料一下子抢没了，只剩下差的料了；吃饭的人多了，好的菜总不够吃，只能连差的也吃。

△自弗讲自好，雷公要打倒。 如果自己不说自己好，那就是连起码的自信心都没有，连老天也不会原谅你。另一层意思，人都喜欢自夸，不会自夸的几乎没有。

△做官厄(的)爷，弗及讨饭厄(的)娘。 对于子女的成长，母亲的重要性更甚于父亲。一是因为父亲忙于工作而疏忽了儿女，二是也许有地位的父亲会另寻新欢……母亲嘛总把儿女视为心头肉，就是靠要饭也要把儿女养大。

【11字】

△东头舫西头，棉脚骨缀(音近 dē)肩头。 东拉西扯得有些出格罢。

△东西越食越淡，侬越戏越懒。 同前“侬越戏越懒，口越食越淡”。

△好愁弗愁，愁个六月吃日头。 农历六月多的是烈日晴天，不必担心见不到太阳噢。

△后生后生，弗晓得明朝五更。 生命是最坚强的，同时也是最脆弱的，就算是身强力壮的年轻人，也会不知道明天的情况。警惕那些偶然因素吧。

△借米得落镬，取[讨]米弗得落镬。 按自家需要借到米可及时煮成饭解饿，如向人家要回来却不容易，你等着做饭可不成。足见你没主动权。

△九十九，九十九，廿三加廿九(千祥)。 两个九十九，即二百差二；廿三与廿九相加五十多二；共计为“二百五”。

△六月做弗有，十二月戏弗穷。 六月再忙，光靠这阵子也成不了富翁；十二月再玩，也不会因此成为穷光蛋。问题在于季节不同，农事会有忙闲，得做相应安排。

△买馒头，饲家狗，反转龇一口。 好心反得恶报。

△石匠吃个偷，到门口头来修。 石匠师傅接触的都是石块，偷回去也没用，唯一的好处是，下山的石料要应用，还得请石匠上门来按精确的尺寸修正一番才能用，石匠也因此多了些工资收入。

△头汁苦，二(音廷)汁补，三汁过过肚。 饮茶经验概括。

△闲事弗管，爬起五更捧大碗。 不愿管身外事者的做人哲学。

△正月灯，二(音 m)月鸢(音 yò)，三月种田忙(白读)。 农历一、二月较闲，三月始农事渐忙。

【12字】

△倒男家，扣一桠；倒内家，去一家。 一户人家死去男主人损失极大，而如果死的是女主人，那损失就更大。前者相当于一棵大树失去一根重要枝丫(家的一部分)，而后者则好比是死掉大树的主干(整个家庭)。足

见内当家对一户人家的重要。

△放袋(泡)尿,越脱气,放袋屙,趣好过。 挑担行走,宁可慢行也不要歇担,否则会赶不上同伴。

△好侬弗在世,恶侬活乃(着)做古记。 古记,如古代文物样留作纪念之物。喻好心人早逝,恶人却得不到恶报而滋润地活着。

△好来者(音借儿)胡相公;弗好者,黄赤蜂。 形容某些变化无常的人。

△黄牛白尾巴,讨个媳妇像带家(音近 guō)。 讥讽某些为人欠厚道的妇女,娶了个比自己更厉害的媳妇。

△会剟(啄)三株虫,弗会剟也三株虫(千祥)。 虫是鸟的主食。鸟甲善捉虫,吃到了三条虫;鸟乙不会捉虫,同样能摊上三条虫。干和不干都有你一份,干多干少同样结果——典型的"吃大锅饭"政策,又何来积极性!

△老公厄(的)饭砻糠,儿(音 m)囡厄饭刀枪。 老公的饭粗如砻糠,难以下咽;儿女的饭似刀枪,更是无法吃的。

△六月囡,呒堂卖;六月儿(音 m),呒堂买。 俗传农历六月出生的女儿命运不济,连嫁也没处嫁;反之,六月出生的儿子却很好,就是出钱也买不来这种儿子。

△木匠厄(的)眼睛,弗及种田厄股串(千祥)。 木匠师傅的眼神极有职业敏感,可农民插秧只要坐正马步,屁股把握方向,即可把秧行插得笔直,甚至胜过木匠眼睛。

△男家败,竖屋卖;内家败,饲鸡卖。 造房子要花费几多钱财气力,造好房子转卖是最不合算的败家行为;把鸡养大,需花多少饲料,所以养鸡卖无异于女子的败家行为。如今可不同,房地产老板多赚!

△千杯到坟头,弗及一杯到咙喉。 支持厚养薄葬。

△前半夜,想想自;后半夜,想别个。 做人不应只考虑自己的利益得失。

△前面高山笔陡(音笃白读),后面杉树毛竹(白)。 以诙谐的语言描摹处于山区住处的情状。

△青木柴棍(音高)是件宝,早打(音乃)会早好。 棍棒教育的理论依据。

△三个亲生子,弗及一个晚(音慢白)老公。 即使自己有三个亲生儿子,老来之日对待自己还不如一个二婚老公好。

△三个乌鸠整个鳖(谐音瘪),弗鳖(瘪)也要鳖(瘪)。 三对一,输赢自明。

△上山鸟(diào)叫得好,下山鸟接得好。 婆媳间产生龃龉时,媳妇可以说

出这句话,意思我是向你学的。另一解析:某媳妇说话在行,婆婆或者外人称赞做媳妇的,媳妇也可回答这句话,意思是婆婆头带得好,我只是学她而已。

△生得了尔厄(的)身,保弗得尔厄世。　爷娘不可能保过子女的一辈子。

△食酒食肉过年,食大麦饼种田。　旧时既反常又极正常的生活状况。

△太公瞎甲子,弗及太婆瞎磉子。　有文化的太公按六十甲子判断晴雨,还比不上没文化的太婆看石头磉子吐潮就知天会下雨来得准。

△铜钵帽,卫身拐,长布衫,金丝镜。　旧时绅士打扮。

△文弗像文曲星,武弗像救火兵。　说他文,比不上有文化的人;说他武,又比不上消防战士。说白了是个不上不下,干什么也干不好的无用之人。

△五更头,恇露水;夜伙头,恇阴鬼(jū)。　不愿起早落夜者的哲学。

△在家苦,弗算苦;出外苦,真正苦。　比起出门在外所受的苦,在家吃的那点苦根本算不了什么。

△丈姆忖囡婿,奶头割落垫碗底。　丈母娘招待女婿,能用的办法全都用上,甚至不惜割下自己乳头垫在点心下面让女婿吃。

△只有千日做贼,呒没千日防贼。　做贼人以偷为业,会时时注意主人动向,不断踩点,相反主人家却没有时时防贼的警惕性,往往就给贼留下可钻的空子。

【13字】

△别个厄(的)东西过肚,自厄东西过口。　别人的东西只能心里想想,自己的东西才能嘴巴吃。

△夫妻相争常事,布帐一放便和事。　夫妻间吵架是常有的事,只要同个床铺睡一觉就和好了。

△两公婆相争常事,别个去劝多事。　据说夫妻俩争吵本来像闹着玩,见有人劝架只好演变成真打真闹,劝架人岂不尴尬。

△瞎着娘,记着娘;瞎弗着娘,忘(音磨)记娘。　尊老绝不在一时一事,而要时时事事、牢记在心才对。

△三个五更弗洗面,抵过老虎亨健。　没时间洗脸的自我解嘲,或对他人不讲究卫生的俏皮取笑。

△食饭黄沙倒坎[亨]，做生活猢狲牵钻[亨]。 形容饭量极大，而干起活来却像猴子玩耍一样。

△一代亲，二代表，三代门外叫(ōu)嫂嫂。 第一代是真正亲，到第二代就成为表亲，而到第三代似成陌路人，只能站在门外叫声“尔个嫂”了。

△自食食落屙缸，别个食食传四方。 有酒肉饭菜吃进自家肚子，最后不过拉屎入粪缸；如果请人吃了，你主人的声名就能远播——还是多请别人吃吧。

【14 字】

△矮侬难好坐高凳，穷侬难好配高亲。 矮侬、穷侬都该有自知之明才对。

△帮凑老虎有肉食，帮凑家狗吃屙食。 老虎捕获小兽后会留下吃不完的肉，让较弱的食肉动物吃上残渣；家狗则会一口气吃干净小孩拉的屎，还要舔上一遍。意为宁助强者，也不能帮狗这样的贪心者。

△大侬讲错讲讲过，小侬讲错打(音乃)屁股。 为滥施淫威的大人物画像。

△儿(音 m)好还该媳妇好，囡好还该囡婿好。 一般而言，儿女对父母都是会孝敬的，关键在于另一半——媳妇和女婿同样好，那样的家庭才会完全尊老爱老。

△弗种棉花穿好衣，弗种田地食白米。 有力揭露剥削阶级的奢侈生活，高度概括有产阶级的生活状况。

△管佢道士和尚，只瞴铜钿银厄(的)面上。 揶揄某类女人，只要有钱啥事都干。

△叽叽呱呱是个直，弗响弗露儿是个贼。 外观的性格特征，反映了内蕴的思想实质。

△盲眼若是活神仙，何必还该坐阶沿。 算命者并非神仙，若是，为何不给自己算个好的命？

△摸虱婆娘吃戏工，快快婆娘得个空(千祥)。 动作慢的永远不得空闲，动作快的才会有空。

△年长月长，择个十二(音 m)月廿五洗衣裳。 旧俗，因为这天过小年，不能洗衣服。

△廿年媳妇廿年婆，再过廿年做太婆。 旧时的媳妇最难当，上有老，下有

小,中间还有老公管着你;当婆婆最风光,儿子孙子都得听她的,一不顺心还能拿媳妇撒撒气;做太婆年岁大,身体弱,子孙又多,又会是另一种风景。可媳妇再难当,这二十年的媳妇还得当呀,为了未来,挨时间吧。

△婆打媳妇家家有,公打媳妇小家狗。 前者普遍,后者少见;前者可以谅解,后者不可理喻。

△千日胡琴百日箫,一夜吉子啦啦叫。 学拉胡琴最难,学吹笛子次之,最容易是学吹唢呐。"千日"、"百日"、"一夜"并非实数,只是形容时间长短。

△穷侬难好配高亲,矮侬难好坐高凳。 见前"矮侬难好坐高凳,穷侬难好配高亲"。

△穷生瓜癞富生虱,大富大贵生高虱。 穷人没有条件讲卫生,容易得疥癣之类传染病;富人油水多,人长得胖,虱子寄生最合适。

△三十六个好种田,公婆两个好过年。 干活人多好,吃喝人少好。

△饲大猪,有好名头;供(音 jiōng)大囡,呒好名头(千祥)。 家中如能养出大猪(比如供祭神佛的"祭猪"),好名声会在村内甚至邻近三村传颂;要是你家养着(十八岁以上的)嫁不出去的"老姑娘",疯传的就是歹名声了。

△山大弗及镬孔大,田阔弗及口嘴阔。 又高又大的山上长满了柴禾,但是千家万户的锅灶都要用柴烧火,也总满足不了需要,往往把山搞得光秃秃的;开阔无边的田地种满了粮食,但是成千上万张嘴巴都要吃食,再多的粮食也都吃光。

△十粒荞麦九粒乌,口口声声道(念)前夫。 丧夫者再婚,总是想着前夫种种好处;离婚者再嫁,原以为能嫁个更好的老公,却谁料反不及前夫好,奈何?

△食别个滑嘞滑嘞,食自厄(的)弗嘞弗嘞。 形容某些人老喜欢吃人家的,一旦需要请人家吃,总显得不愿意、舍不得。

△午饭食过午饭昏,夜饭食过雪灵清。 某些人某些时候精神状态的揭示。

△小侬屁股三斗火,稻秆蓬脚弗可坐。 形容小孩子火气足,不怕冷,如果坐到稻草堆旁只怕也要被引发火灾。

△小侬放尿射(音 chào,义喷、射)过坑,老侬放尿淋脚踝(音乃)。 形容年少者小便有力,而年老者实在无力之状。

△有得食，择精择皮；呒没食，连骨连皮。 大多数人的习惯，也无可非议吧。

△有势弗可行过头，有力弗可用过头。 凡事必得留有余地。

△只有一个前头亲，呒没一个前头银。 只有先找好对象，然后再去筹划结婚的钱，而没有先存好婚钱再去配亲的。当代情况又当别论。

△只可密密走菜园，弗可密密走亲眷。 自家菜园是自己花力气亲手种的蔬菜，尽可随时取食，甚至一天去几次都行；如果老是上亲戚家吃喝、取拿或借贷，那就不好，日久会讨人嫌。

△只可食朋友厄(的)鸡，弗可偷朋友厄(的)妻。 前者纵然也扰人之甚，但毕竟只是物质方面的；后者却关系到为人的道德操守，而对女方及其家庭造成的也是难以疗治的精神创伤，切不可妄为之。

【15字】

△别个厄(的)东西眼睛过，自厄东西肚里过。 别人的东西只能用眼睛看看，自己的东西才能吃进肚子里。

△别个田里厄(的)蛤蟆抲得自厄田里来叫。 多一事不如少一事，真乃多此一举。

△天公脱落来也该天早五更爬起来撮。 劝人勤早起，勿懒床。

△一家囡，百家求，一家求去(音扣)九十九家丢。 在姑娘未许婚之前，大家都可以去求婚；一旦许定某家，其他各家就该拜拜。

【16字】

△拜年拜到六月十四，还是上半年厄(的)节气。 俏皮话。农历新年向亲友拜年，一般不会迟过正月。如果有人拜年太迟，可用此语自我解嘲，当然也可用以讥人。

△独自侬教得好老嬷，孤老头教得好儿(音 m)囡。 极言老婆、儿女之难教也。

△弗斤弗计(阳平)，侬家弗起；斤(阳平)斤(去声)计计，驮(抬)头弗起。 如果不会计划，家庭富不起来；要是过分计较，又会人前抬不起头。

△哥弟哥弟，各侬自是；姐妹姐妹，各侬自累(滚)。 非常时期、关键时刻，就

是兄弟之间、姐妹之间也不能互相照应了，可悲。

△光棍佬教得好儿（音 m）囡，独自侬教得好老嬷。 “教得好”等于“无人”可教，等于很难教好。

△好侬到强盗山上找，恶侬到念经堂里寻。 强盗群里也会有好人，念经人中也会有为恶者。

△侬会（嘛）买弗得侬讨好，鸡会（嘛）饲弗得鸡胃（音 guī）饱。 人不会知足，好了要更好；鸡不会满足，吃饱了还要啄食。得到寸，还要进尺。

△小男家厄（的）尿好谢佛，小内家厄（的）尿好洗镬。 对小孩家的屎啊尿的，不必嫌三嫌四、唯恐避之不及。

△爷娘待儿（音 m）囡路亨长，儿囡待爷娘箸亨长。 父母对待子女感情是终生持久的，子女对父母再好也好不过前者。路与箸只是比喻，非为实数对比。

△一家弗晓得一家事，和尚弗晓得大智寺。 大智寺始建于南朝梁武帝大同十年（544），距今已 1471 年历史。原寺在八面山北麓，现由横店集团 1994 年易址重建于横店潮水山南麓，更名大智禅寺。大智寺历史久、规模大，和尚如果不晓得大智寺是怪事。但是世事复杂多变，家家会有一本难念的经，这一家的人，不一定知晓另一家的事，则和尚不知道大智寺也就不足为怪了。

△有借有还，再借弗难；有借弗还，再借便难。 经济往来，此为真理。足见个人信用之重要。

△有碗冷粥，想碗冷粥；呒碗冷粥，弗想冷粥。 有可资依赖的条件，当然会利用；没有这种条件，则就不能消极等待了。

△只有中状元厄（的）学生，呒没中状元厄先生。 一层意思，青出于蓝而胜于蓝，学生的水平完全能够超先生；另一层意思是，过去的先生多为落第文人，先生要再中状元概率几乎为零，但是他所教的学生却可能高中。

△只可帮活络背雨伞，弗可帮騃头坐船头。 背雨伞，下手生活；坐船头，上等岗位。帮头脑活络者背雨伞，可能还有前途；也绝不可给呆头呆脑者去驾船开道。

△种田早，弗及录（留）秧老；生儿（音 m）早，弗及录（留）囥老。 前半句说明插秧要有足够的秧龄，长势才会好；后半句，虽有当父亲的合适年龄段，但此处只是大龄青年的自我解嘲或别人调侃。

【18字】

△家弗和，得(音 tiā，被)邻欺；邻弗和，得(同前)贼欺；人弗和，得(同前)狗欺。 人人之间、邻里之间的和睦相处至关重要。

△头一顿(音 dè)，关门食；二(音廷)一顿，开门食；第三顿，劢侬食。 旧时吃芦穄馃情状，说明此物虽然好吃，重复多吃必厌。

△一千钿弗及八百现，八百现弗及七百到手钿。 经商过程中，挂账最好避免，宁可降价，还是现金成交为好。

【20字】

△分岭做得戏起，云头厄(的)湾潭水用烟筒缶(铜烟锅)都要舀燥(干祥)。 分岭是云头村附近的一个小村，人力财力与云头村不能相提并论。于是云头人用此语以激将法反激，或许能成。

3. 谚语格言

谚语是流传于人民群众口头上的通俗而含义深刻的定型化的语句，格言则是含有劝诫和教育意义的较为精练的话语，它们都能揭示一个客观规律或反映一个事理。东阳方言中流传着大量谚语格言，其内容涉及方方面面，其形式十分生动形象，并能给以教益和启示。

【5字】

△白布落染缸 洁白的布丢进染布缸，就怎么也洗不清白了。

△放屙隔田塍 拉屎也得隔开一定距离，可以少嗅到臭气。喻指与肮脏之人应保持距离，以免受影响。

△隔行如隔山　不同行当会有诸多差异，既不同行，你要了解别行的行规、特点，就像隔着一座山，相去甚远，因而不好理解。

△共(音 jiòng)脚系布裤　比喻某人与某人语言、行为完全一致，成了同类人(含贬义)。

△贵人多忘事　地位高了，要过问之事就多，疏忽之处自然就多；地位高了，自觉了不起，对某些人和事不想过问，忘事也就多(贬义居多)。

△过水瞶前侬　已有人在你之前过水，成功处做经验吸收，失败处以教训吸取，你成功的几率就可提高，所花精力也可减少。

△好花要叶丛　红花还得绿叶扶。

△黄鼠佬借鸡　黄鼠狼遇上鸡是求之不得，它“借”只是虚情假意，绝无“还”回之可能。

△货到地头死　经商者已把货物运到销售地，就得随行入市，按照当地可接受价格卖出；你想不卖，往回运，反不合算。

△江西侬钉碗　补碗时锯碗声音谐“自顾自”之音。喻指某些只顾自己之人。

△九九弗离娘　万变不离其宗。

△久病成太医　生病久了，经验教训也多，其对病的处置甚至医疗都内行，差不多能同专业医生比了。

△口快食弹子　因心直口快会招致灾祸惹身。

△口气哈板壁　口气轻而无力，板壁厚实坚固，以口气去撼板壁毫无作用。

△癞头撮株辫　癞头人没头发，如果让他捡到一条辫子一定会很高兴，可惜这头发长不到自己头上去呀。

△老虎食蝴蝶　号称兽中之王的老虎，其食量也该是够大的，却只让它吃只蝴蝶，怎么也不够的。

△老虎龅天公　天公高高在上，老虎再凶也咬不到天公噢。

△老鼠钻牛角　老鼠要是钻进牛角真是没法了，既钻不通，也咬不破，要从原路退回也转不过弯来，只有死路一条啦。

△冷店供(音 jiōng)三口　所开的店面看似冷清而生意不怎么样，却也能维持三口之家的开销。

△留蜂弗做糖　蜜蜂想飞走，你硬把它留住，蜜蜂还是不愿为你辛勤采花酿成蜂蜜的。

△路远吭轻担　担子虽然不重，如果要走的路太远，轻担子也会觉得重的。

△乱梦戴凤冠　胡乱地做梦，竟然戴上凤冠，做起了一品夫人，可是一醒过

来，却都是空的。

△萝卜落鸡窠　鸡窠本不宽畅，萝卜又长又大，要是掉进鸡窠，这萝卜是想动想挪都不行，更别说翻身了。

△呒媒弗成婚　男女之间要结成婚姻，总得有人从中介绍撮合，传递联络。当然这是指过去时代思想封建、交通闭塞、信息不灵，如今则不然。

△盲眼争溪滩　溪滩不过是一片乱石黄沙，或是杂草乱树，盲眼人看不见，拼命在争，殊不知争来也无用。

△木匠呒凳脚　木匠手艺高明，什么木器做不成？只是由于没空闲，或是因为总觉得自家的活不用急，到头来却连家中凳子也缺胳膊少腿的。

△侬恇对面鬼(音 jū)　讲空话、说假话，一经本人对质就会原形毕露；真人面前不说假话，事实如此。

△便宜呒好货　一般来说是如此，当然具体又会有多种情况，如想改行卖去存货，又如竞争激烈等等，还得具体分析。

△千年打一更　一个晚上分为五更，打更人要打五次。一千年才打一次更，非常偶然，也非常难得。

△桥倒知功德　桥倒下了，才想起有桥是多么方便啊。不禁要问：为什么不早些想到这个道理，从而去爱护它，保它不倒呀。

△穷侬呒歪财　人穷不可能有凭空的进项，穷人只能更穷，形成恶性循环。

△上轿庎(装)鞋拔　急到一块，忙上加忙。

△石板顶栽花　没有泥土活不了。

△水淋鸭背脊　过一会就干。

△水里划一刀　白用力气；原来模样。

△塘水弗出溪　满也满在自己家里。

△塘燥鱼咒灸　鱼靠水才能活，塘水干涸了，鱼儿自然不好过，也无法活。

△田硬牛辛苦　田如板结变硬，耕田的牛自然更加辛苦。

△铜钿帽密钻　比喻越是有钱的人越能赚到钱，经济基础实的赚钱更轻松。

△乌蜂食老蜡　蜜蜂分工明确，无花可采的冬天，蜂王也无蜜可吸，只能啃老的蜂蜡活命。

△无风弗起浪　树有根，水有源，平静之水没有浪，要起波浪必得大风刮。

△小娘十八化　姑娘家长到十七八岁时变化很大，会越来越好看。

△小侬大侬客　对年幼客人不可轻看，要待大人客一样，不然回去会向家人诉说。

△鞋紧袜弗紧 形容当事双方有一方很着急,另一方却慢吞吞无事一样。

△哑口食苦瓜 哑巴吃到了苦却讲不出来。

△野猫听鬼(音 jū)迷 比喻当事人却听旁人在挑弄。

△有本翻得利 资本雄厚才能做赚钱买卖,才能挣得更多利润。

△芋禾包铁钉 芋艿的叶子并无韧性,铁钉一扎就破,怎么能包住铁钉呐。

△运来弗恒骇 机遇很要紧,有些事只要时机成熟,即使本身条件不怎么样,事情照样成功。

【6 字】

△长痛弗如短痛 长着毒瘤太折磨人,还是下定决心忍一时之痛割除为好。

△多重门,多阵风 门打开,风进来,门多风就多。

△弗恒晚(音慢白),只恒错(音撞白) 婚姻问题急不得,晚些解决也不怕,就怕急中出错反而麻烦。

△弗恒瘪,只恒歇 长途跋涉速度放慢不要紧,千万别坐下来休息;一坐下,就再也不想继续走了。

△弗是亲,弗挂心 是亲人,会发自内心地给以关注,这是其他如朋友、同事、上下级等关系无法比拟的。

△弗是行,弗用谈 不懂这一行的人,说也不必说起;外行人,根本无法涉及。

△火烧屋,害邻舍 一家着火,跟着受害的就是上下层或前后左右的邻居,木结构房子更甚。

△紧火粥,懈火肉 煮粥需猛火才稠,烧肉宜文火才烂。

△开高价,弗蚀本 价钱开高了,即使被买者砍了价,也不至于蚀了老本。当前的所谓“打折”,绝大部分卖家是标高原价后打折的欺诈行为。

△吪水撑弗得船 水是行船的第一条件。

△明中去,暗中来 这样做从明里看好像是吃了亏,但从长远看却可能带来更大商机,赢取更大利益。

△侬会料,天会调 人尽管可以预测、预报,但自然界的变化还是有随时改变的可能。

△侬是铁,饭是钢 说明了人与饭的关系,饭对人的意义:有了饭,人才会变

得钢一般强壮。

△其柴头，压火种　凭现成条件干事即可，不想创造条件大干；你开给我什么条件，我就干什么样的事情。

△前小人，后君子　事前要严格，甚至“小气”点被当成小人也无妨；事后放宽，客气些，显出君子大度，皆大欢喜。

△前照一，后照七　早先提着灯笼走夜路，提灯者偏前为好，因为灯笼前面只能照亮一个，其后能看清者比前面多得多。

△强拳弗打笑面　再有力的拳头也不好意思往带笑的脸面上砸啊。

△亲兄弟，明算账　虽然是同胞兄弟，但属于经济往来事务，还是应说清道明才不会影响关系。

△勤有功，戏无益　勤劳总有所获，嬉戏决无好处。

△晴带伞，饱带饭　有备无患；防患于未然。

△穷难瞒，丑难遮　家穷要隐瞒，只瞒得了一时；人丑却怎么也遮挡不住。

△求人弗如求己　与其低三下四、求爷爷告奶奶，还不如自力更生，自己动手去创造局面。

△若要饱，五更饱　早餐吃饱全天不饿，重体力劳动者更如是。奉劝个别上班族，改变一下休息日不吃早餐的不良习惯。

△若要好，问三老　要使事情减少挫折，就要多请教老长辈，年纪老、资历老的人。

△若要好，大敬小　要想求得一家和睦，做长辈的别摆老资格，还是主动多征求小辈的意见为好。

△若要生，趁后生　生育是人生免不了的，与其年长才生，不如符合条件就生为好；一旦进入高龄产妇阶段，要顺利当妈就难啦。

△若要修，秤头修　有些人口口声声要修行，可是给人家货物时，连分量也不足，这种人何不先在这方面“修”呐。

△三句弗离本行　念念叨叨无非与自己干的行当有关系。

△砂糖口，剃刀手　嘴甜得像砂糖，手段毒得像用剃刀割肉，真是口蜜腹剑哟。

△生得亲，买弗亲　亲生父母、子女，甚至内外祖孙之间，凭着血缘关系自然会亲，这是领养、买卖或其他经济手段无法比拟或替代的。

△食得饭，经得掼　体力消耗得靠吃饭来补充能量，饭吃得多才经得起消耗和折腾。

△贪便宜，食狗肉　旧时狗肉很少有人吃，价格也贱，不法经营者会以狗肉冒充猪肉售卖，如果买者拣便宜买，就易误买了冒充猪肉的狗肉。

△眼快弗及手快　这就是魔术师总能骗过观众眼睛的道理所在。

△一分钿，一分货　只要是合理的定价，总会物有所值。

△一人富，十人妒　如果你富起来，许多人都会眼红，妒忌可说是人的普遍心理。

△侬侬心，断侬种　人多自私，如果一切都按人的意志发展，到头来人也得死绝方罢。（幸亏许多时候、许多事情并不依个人意志为转移哦。）

△远亲弗及近邻　若遇紧急情况，隔壁邻居叫得应，随时可以给予援助和帮忙；远处的亲人却办不到，在交通和通信落后的旧时代更是如此。

△只可瘪，弗可歇　同前“弗怕瘪，只怕歇”。

△只要记，弗用气　君子报仇，十年未晚。

【7 字】

△矮脚鸡娘勤生子　比喻个子矮小的女人反而多产。

△八月十三乱穿衣　农历八月十三前后，会有冷空气南下，此时穿夏衣、穿秋装的都有。

△暴食萝卜三口生　喻初次从事某项工作得有个适应过程。

△背脊捋落呒肚脐　肚脐眼在腹而不在背，背部捋下没有脐眼是当然的。喻指无后之人。

△馋（音 lèi）食家狗黎鸡瘦（音 shò）　贪吃（挑挑拣拣）的孩子反而长不胖。

△床头相争床尾和　夫妻之间为些家长里短的琐事闹点矛盾不奇怪，晚上同睡一床也就消气和好了。

△打蛇要打三寸头　比喻和人斗要击中对方的要害。

△胆大得个将军做　干事情总是畏首畏尾不成，有时候还真得大着胆、放开手去干，说不定倒为自己创造了机会呢。

△灯芯打侬气难淘　虽然用灯草打人并不痛，但在大庭广众之下被打，这份气却受不了。

△等着上轿洗股串　接新娘的花轿已经在等，还得临时擦澡洗屁股，未免太没头绪了吧。

△东坑呒水西坑淘　瞎了北方有南方呀，天无绝人之路，反正总有办法。

△多个朋友多坎路　得饶人处且饶人，朋友多一个好，对头少一个好嘛。

△隔重肚皮隔重山　不是一母所生，按说只隔一层薄薄的肚皮，怎么性格脾气、能力水平就相差那么大，好像相隔一座高山一样啊。

△黄泥财主石头穷　看似同样大小的一堆石块和泥土，石块三下五除二就可使用或清理完毕，而泥土则挖了还有，刨了仍未干净：黄泥富有，石头穷。

△夹毛松树从小拐　一棵扭曲不直的小松树，要使之变得挺拔粗壮的有用之材，就得从小拐。拐(yuē)，用火烤同时加外力，使竹木按需成形。

△开店容易守店难　无论从时间、精力、财力各方面看，都是这样。如未经深思熟虑，心血来潮就可以开出店来，从此以后一年三百六十五天，每天从早到晚都得守；进货、销售都得管；同行竞争、运作资金、现金回笼都得应付策划，难！

△六十笤帚要成精　六十年的笤帚也会变成精怪，何况是年长之人。此语形容年岁大，各方面经验丰富的人精。

△砻糠搓绳起头难　还没听说砻糠能搓成绳子的，但只要有人能搓开了头，相信接着也能搓下去的。强调凡事开头难也。

△捋[红]面容易收面难　与人翻脸是容易的，可你有否考虑过如何收场呢？还是多考虑、留有余地为好。

△麦杆咙喉槽箩肚　喉咙细、肚子大，极不相配。喻饭量大者吃饭却很慢。

△摸虱婆娘呒戏工　动作笨的人不会有空闲时间。

△南午岭头诉(骂)老爷　东阳城出南门有道岭叫南午岭，其位置距县府大堂总在近十里之遥。你来到南午岭头，回过头去骂县官老爷，谁还能听到。喻不敢当面批评而只能背后骂娘者无效。

△难婆出得好媳妇　如果一切均按婆婆的意志和要求行事，未免太为难媳妇了，这仅仅是讽喻吧。

△牛皮写字侬牢靠　一般文书都是用纸书写的，要赖者可以撕扯、吞咽或烧毁，而如改用牛皮书写似应不会有上述后果，其实还是能让不守信者找到借口，归根结底还得人靠得住才行。

△千重茶叶口中泡　巧媳妇难为无米之炊，可巧嘴主人却能泡出“无叶之茶”，而且能反复运用、泡上千遍。讽刺某些巧舌如簧，却无实际表现者。

△千日胡琴百日箫　要学会拉胡琴需花上千日(三年左右)，想学习吹笛子只

要一百天。

△三分人才七分扮　人的长相有差异，但是穿戴打扮差异更大；一个人是否可人固然靠长相，但打扮似乎更重要。

△少年夫妻老来伴　作为夫妻，生儿育女、男女情事等，主要体现于年轻的时候；年长之后的夫妻，还是以相互体贴、照应、帮助，以及精神上的依托为主；后者的重要性丝毫不亚于前者。

△蛇矩(进)竹筒无退步　蛇如果钻进细竹管了，会调不过头而闷死。形容已经到了没有回旋余地的绝境。

△十分英雄难用尽　凡事得留余地。

△十年财主轮流做　富人不会永远富，穷人可能会变富。

△水浸石头长浮苔　石块长时间地浸泡在水中，它上面也能长出青苔来。形容只要坚持日久，也会有所成就。

△乌阉格来鳖价钿　旧时乌龟吃的人少价贱，甲鱼价高。由于某种原因，买回的乌龟价格竟然与鳖价相同，真不合算。

△小心只能平平过　当今社会，复杂因素颇多，走路、行车、旅游，乃至上银行办理业务都得小心；小心尚且只能一般平安，何况大意哟。

△辛苦铜钿快活用　辛辛苦苦赚到的钱，应该用到高兴的事情上去。

△一日相争三日穷　家和才能万事兴，如果有一天吵架了，可能会影响到几天，何况有时因此错失机缘而影响持久。

【8字】

△百样弗学，得个安乐。　典型的懒汉哲学，虽有道理，实不可取。

△不见高山，弗显平地。　事物只有比较才能识别。

△长侬多痛，矮侬多踊。　个儿高的可能会撞上高处某些物体，个儿矮的就没这种担忧；反过来说，个儿矮的往高处取物很不方便，有时得踮起脚跟，而高个就不用踮。人高人矮，各有所长、各有所短而已。

△好货弗贱，贱货弗好。　市场的正常规律是物有所值，好东西不会便宜，便宜的质量就差，表现为“一分钱，一分货”。当然会有许多例外，如冒牌货泛滥，商家急于经济回笼而抛售等。

△皇帝弗急，急死太监。　应该着急的人不急，不必着急的人却急；着急有效者不急，急了无用者空急。

△会算如神，裤带缚藤。　既然会算像神仙，系裤不用名牌皮带，起码的丝带、织带总该用吧，而用青藤当裤带未免过于狼狈。讥人算计过头反而没有好结果。

△会劤有被，会诉有理。　几人合睡，会扯的能盖上被，老实人可能挨冻；遇到相互发生争执，能说会道者会占住理，口讷者可能就理亏。

△嫁鸡随鸡，嫁狗随狗。　目标一旦选定，绝不轻易放弃；跟定目标不放松。

△贱货弗好，好货弗贱。　同前“好货弗贱，贱货弗好”。

△旧性弗改，牵牛落海。　比喻如不改变性格、行为，前途决不美妙。

△千钿万贯（音坤），手艺防身。　即使有万贯家财，也比不上有一项技术。

△勤勤加加，多点喝喝（音近 huō、huò）。　勤劳增加收入，可以多点吃喝。

△勤记性弗及懒笔头。　仅凭脑子记忆总可能遗忘或误差，书面记录即可避免。也就是说，再好再勤的头脑，也不如再偷懒的笔写。

△穷侬想藏，盲眼想亮。　穷人希望挖到宝藏，瞎子幻想看见光亮，虽是人之常情，但两者一样很难办到。

△上床夫妻，落床君子。　夫妻同睡一床时表现为夫妻，起了床就要一本正经，而不能再卿卿我我、婆婆妈妈了；要分清场合，有礼有节。

△食别个饭，由别个掼。　拿人家手短，吃人家嘴短，更何况是别人养了你，你总得听他指挥吧。

△食了麦饼，丢了米饼。　麦田虽有麦子可收却影响了后熟水稻的季节、地力等而减少稻谷产量；反之，戏田虽无麦子收成，却使水稻产量超过麦田的数成。

△食米弗粜，耕牛弗卖。　农耕时代坚定不移的原则——多余粮食要储存防饥，耕牛农具为生产工具，一概不能出售。

△食食肚里，倒倒路里。　描摹一切为了吃喝者的状态。

△树大开桠，儿（音 m）大分家。　树大了会分杈，儿子大了要另立门户，既是自然规律，就需切实遵循。

△小洞弗补，大洞吃苦。　有小漏洞，弥补成本较小；一俟洞越来越大，不但会加大修补成本，也可能发展成无可救药；还是早防、早补为好。

△心直口快，一世招怪。　心直口快，性格使然。这种人虽然光明磊落，也不大会为一己私利说话，但往往不顾场合、不分对象，甚至大喊大叫，因而会遭当事人忌恨到最后。

△眼大无神，佛大弗灵。　比喻只求表面好看，不求实际作用，大也无用，大

还不如小。

△一代竖屋,三代构接。 以往一家一户建房困难颇多,往往建好了主体,其余分隔、内装修等能拖的都拖,甚至到第二三代还没完全建成。

△衣弗错寸,鞋弗错分。 衣要合身,长短不能相差一寸;鞋要合脚,大小不能相差一分,凡事都得掌握分寸噢。

△有力长发,吃力长甲。 身体好的,头发长得快;有毛病的,指甲长得快。

△债多弗愁,虱多弗痒。 债务多了,不知该先偿何处,也就不去担忧;虱长多了,也不知究竟哪里痒,反而觉得无所谓了。

【9 字】

△千记木鱼弗及一记磬。 木鱼连着敲个不停,到一定时刻才敲一记磬;木鱼听多了麻木而不在乎了,倒是多时才敲一记的磬响,知道念经告一段落了。

△勤纺木棉弗及懒饲猪。 纺木棉省本钱、省力气,可以起早摸黑,勤快不停地纺,但是创造的价值十分有限;养猪虽然要花钱买仔猪,用饲料育肥,即使懒散随便地养,但是其经济效益却要比勤纺木棉强许多倍啊。

△十分朋友弗及一分亲。 生死之交是朋友,吃酒吃肉也是朋友,在关键时刻还是亲戚靠得住。

【10 字】

△穿草鞋趟猎,穿鞋袜食肉。 穿着草鞋辛苦打猎的人,吃不到一口兽肉(打来的猎物要换钱养家);倒是穿着鞋袜不用打猎的人,却能安稳地现成吃肉。

△饭后百步走,活到九十九。 饭后慢走对身体是有好处的。

△弗怔弗识(音近 zēi)货,只怔货比货。 不怕你不认可这种商品,只怕你拿更好的压倒它;不怕你不认可这种产品,只要你拿同类产品来比,就会知道它的长处了。

△好货弗便宜,便宜吃好货。 质量好的商品价格不低,价格低的商品质量就不会好。

△好儿(音 m)弗靠爷,好囡弗供(音 jiōng)娘。　有能力的男儿不会依赖父亲,而要胜过父辈;有本事的女儿也不仅限于供养娘亲,更有别的作为。

△好汉弗用多,一个抵十个(音孤阳平)。　高质量的人才不用多,一个就能顶十个用。

△假事真弗来,真事假弗来。　假的就是假的,真的才是真的,应是铁律。

△金窠银窠,弗及自家(音 huò)狗窠。　人家的东西再好也还是人家的,自己的东西再不好也总是自己的;用人家再好的东西,还不如用自己较差的来得舒坦和自在。

△老亲煞后壁,新亲挂堂前。　把上代结下的老辈亲戚放在次要地位对待,将新结下的亲戚置于显著位置热情招待。同是亲戚分了亲疏三六九等,未免势利。

△邻舍碗对碗,亲眷担对担。　有来无往非礼也。

△留得青山在,弗愁吪柴烧。　因病手术、大难不死、遭遇劫财等等诸多不幸,退一步想就是了。

△蚂蝗听水声,做侬听名声。　为人一世,名声至关重要。如果名声可以不要,真是与动物区别不大,也就枉为人也。

△木匠恒漆匠,漆匠恒灯光。　木工活做得光不光、平不平,一经油漆工序就显现无遗;油漆干得好不好、匀不匀,只要用灯光照射就一清二楚,真是一物降一物噢。

△男家担弗恒,内家生弗恒。　男人对于挑担,就如女人对于生育那样天经地义而又平常至极,不惧怕也是应有之义。

△男家赚银手,内家囥银斗。　一个家庭赚钱主要靠男人,而储存钱财则主要靠女人。只有男女配合默契,才有可能发家致富,双方条件不可或缺。

△千年楼角枫,万年水底松。　在干燥的楼上,用上枫树木材并不会发霉腐朽(枫树特忌潮)和变形;长年泡在水底的松木(如堰坝基部做基垫的),再长时间也不会朽烂。

△千钿想万钿,皇帝想神仙。　人心永不满足。

△穷弗离大麦,富弗离祖宅。　人穷离不开大麦(虽不好吃也能充饥),人富离不开故居。总之,人在任何时刻也不要忘本忘祖。

△扫地扫壁角,洗面洗眼角。　扫地时不光扫中间地带,更得检查角角落落;

洗脸时不光要洗净面颊、额头等处，特别要注意是否把眼角洗净了。

△食少弗得盐，穿少弗得棉。 盐是最基本的调味品，自然少不了；棉是最保暖的衣物，当然也不能少。

△铜钿八只脚，会飞趨弗着。 喻花钱轻松而赚钱艰难。

△铜钿难露白，露白便揢刮（上声）。 身上带钱出门可别随便外露，一显露就可能让坏人钻了空子而失财，甚至丢掉生命。

△无功弗受禄，受禄弗眠熟。 凭空不能受人恩施，即使得了恩惠也会睡不着觉的。

△辛苦弗赚钿，赚钿弗辛苦。 有些活计辛辛苦苦只能挣点苦力钱；另一类工作如白领、炒股或某些自谋职业，只要动动脑筋，不用花费体力，收入却动辄成千上万。

△一个碗弗响，两个碗叮当。 一个碗无碰无撞，自然发不出声音；两个碗，就可能互相碰撞而发出叮当之声。人多口杂，除非独人世界都可能发生摩擦，因而都得学会善处人际关系。

△一娘生九子，连娘十条心。 即使同胞九兄弟，心思、性格也个个不同；加上母亲，十个人就有十样心，更何况外人。

△有祸躲弗过，躲过弗是祸。 许多意外灾祸都是不以人的意志为转移的，只是让你侥幸避开了才值庆幸。

△有钿难买米，有布难做被。 种田人，粮食应该自给自足，如果连主粮也得买，钱再多也不够用。有了布可不能用来做被子，做了一条被子，可做大小几套衣服了，有布用于做被，再多的布也不够用。

△有屋住千间，呒屋住半间。 所谓千间屋呒间空，诚不为假，房子再多如不收拾也不会有空；又所谓屋窄（音杰）窄不死侬，如果房价过高，住房紧张，即使住半间也能生活下来。

△在家靠父母，出外靠朋友。 在家自然有父母关爱，离家出门只得靠朋友互相帮助、相互照应了。

△在家千日好，出门半时难。 长期在家并不觉得多么舒坦，出门时间虽短，这样那样难题都碰上了，才觉在家多好而出外多难。

△赚钿弗辛苦，辛苦弗赚钿。 同前“辛苦弗赚钿，赚钿弗辛苦”。

△做侬为个名，做牛留株绳。 为人一世，到头来无非留个名声，就如耕牛辛苦活着，最后只留下根牛绳一样。好好做人，留下个好名声吧。

【12字】

△航脏食，航脏大；净洁食，黄柏罗。　净与脏仅是相对而言，如果饮食忌讳过多，反使营养失衡，也不利健康。当然目前食品卫生与安全已成老大难，又当别论。

△独只鸡，难做种；独个儿（音m），难好宠。　一只鸡没有挑选余地不能做种鸡，独个儿子不能过分宠爱而害了他。

△君子取气三年，小人取气眼前。　大度之人不会计较一时一事之成败得失，不会因暂时受气而耿耿于怀，遇冤能够泰然处之，相信会有清白的一天。只有小肚鸡肠者，才会急于辩白，忙于报复消气。

△商量食饭省米，商量眠熟省被。　我们所处绝非孤家寡人的独自世界，遇事总得瞻前顾后、求同存异。只有妥善处理人际关系，才能争取较好的结果。

△食官饭，打（音乃）官鼓；鼓打破，有侬补。　人的权利与义务并存，工作与责任同在，收益与付出相当，决不可食公家饭，不好好干公家事，干好干坏不管不顾呵。

△竖屋三个堆，谷堆、银堆加树堆。　建造土木结构房子，需要储足粮食、现钱，还要许多木头。

△铜壶弗响便滚，小娘弗响便肯。　形象地描摹了姑娘家对婚姻羞羞答答之态。

【14字】

△会做弗愁呒生活，会戏弗愁呒工夫　勤劳人干完这样，想到那样，总有干不完的活；懒惰者这也没时间，那也不要紧，只想安排玩。

△金华火腿出东阳，东阳火腿出上蒋。　出自东阳的上蒋火腿，乃是金华火腿中之精品（极品）。

△菱角塘沿难洗手，梅树脚下难抬头。　菱角塘里养菱角，你去洗手，人家以为偷采菱角；梅树上有梅子，你抬头看，人家以为想摘梅子。一句话，为了避嫌不洗手、不抬头。

△前世弗修今世苦，今世弗修变黄牯。 贫穷把人们害苦了，逼怕了，又不懂革命的道理，只能归结为修行与否；如再不修行，下辈子只能转生为牛了。

注："俚语俗话"、"谚语格言"大部分词条曾载于《东阳日报》2011年8月3日、2011年8月10日和2011年8月17日三期"东阳方言大家侃"专栏，均以《东阳方言·事理》为题。

4. 姓氏指称

在本地方言中，有些姓氏属同音或近音字，在口语中为了区分这类姓，专门有姓氏指称。

△三画王·大肚黄(草头黄) △耳东陈·禾呈程·关耳(阝)郑

△走肖赵(趙)·刀口邵 △人可何·口天吴·古月胡

△木子李·双口吕·厂万厉(万字厉)△反弓张·立早章·美女姜·草头蒋

△木土杜 △木易杨 △双人徐 △撇未朱

△人则俞 △方也施 △西贝贾 △虎头虞

△言午许 △双木林

另有一些姓，则与该姓聚居地村名相连，使人一听就能明白。

△大路史(千祥镇大路村姓史) △林甘马(千祥镇林甘村姓马)

△岭干顾(马宅镇岭干村姓顾) △林头何(东江镇林头村姓何)

△前山何(湖溪镇前山何村姓何) △歌山郭(歌山镇歌山村姓郭)

△陂头郭(马宅镇陂头即北楼村姓郭)△长衢郭(湖溪镇郭宅村系郭姓聚居大村，号称"十里长衢")

△黄田畈(黄田畈镇黄田畈村姓黄) △王坎头(南市街道王坎村姓王)

5. 村名联缀

为了区分同名村庄，或为了突显某些小村，把两个或以上的村名连在一起称呼；有的为了明确姓氏，将村名与姓氏挂钩。久而久之，约定俗成，即形成如同“村名成语”一般的习惯用语。在此仅举东阳南乡流行的这类习惯语，以飨诸君。

把两村连称的如：

△雅坑·屠梁　△王潭·陂头(北楼)　△雅坑·横岩
△东山·岩塔下　△王潭·陈庄儿　△陈九坞·大伦坞
△端头·里宅儿　△山店·陈宅儿　△金堂·马宅
△楼塘·小溪　△周山·光田　△林甘·麻田
△隔塘·许昌　△石门·张宅　△长塘·高宅
△甘棠·水阁　△东陈·后马　△前巷·吕宅
△维田·方家　△荆浦·学校头　△山朝·文南
△东朱·塘下　△里府·后山　△任湖田·黄沙庄
△上城·隔坑　△郑庄·下庄　△沈坎头·夏阳山
△湖头陆·中湖头　△阳坑·炉坞　△莲塘·米塘
△城头·夏源　△官桥·柏塔　△任棠·路西
△炉塘·大坑　△西山·湖田　△西堆·范宅儿
△清潭·金庄　△周店·塘北(音卜)　△图江·下园
△甲洲·后田　△塘头·金宅　△南塘·夏黄
△林头·三角院　△上陈·下潘　△茜畴·枫树头
△新城·梓誉　△南马·船埠头　△花园·马府
△安文·市口　△屋楼·深泽　△岗头·墨林
△窈川(窈章)·赐勅(音西赤)　△白岩·冷水
△史姆·巴下　△金峨·礼府　△中田·黄弹口
△方前·飞山　△铜钱(音钿)·板椢　△张岩·头下
△洪塘·许宅　△仓前·下巨　△吴良·白坦

△罗店·笑山　　△高城·大潮　　△槐堂·寿塔头

△三都·和堂

区分同名村，可以联上另一个不相同的村名：

△防军·陂头儿—王潭·陂头(北楼)　　△湖溪·郭宅—梁渡·郭宅儿

△前阳·新屋儿—梁渡·新屋儿　　△屠梁·东山—长庚·东山儿

△王英·殿下—可留·殿下儿　　△上塘·前山—白水口·前山

△许昌·桥头—木衢(音骨)桥头　　△前处·马安山—胡前庄·马安山

△西田·栗树园—安文·栗树园

△清塘·田心—程坊·田心—白水口·田心

有的村庄抓住地理特点，着意突出：

△肖雪坑(村前有山坑)

△屠梁夹(整个村庄处于前山后山较狭的山峡中)

△大伦坞(村庄处于山坞)

△陂头郭(村前溪中有道堰坝，又称陂)

对外县(市)的某些重要村庄，则连县(市)名一起称呼：

△诸暨牌头　　△诸暨店口　　△义乌佛堂　　△义乌廿三里

△临海白水洋　　△缙云壶镇　　△永康方岩　　△永康四路口

△嵊县(今嵊州)长乐　　△嵊县(今嵊州)两头门

至于把聚居的姓氏连入村名的情况太多，在姓氏指称中举过一些。

6. 歇后语集

歇后语(之一)

歇后语是由两个部分组成的一句话，前一部分像谜面，称为“前语”，后一部分像谜底，叫做“后语”。通常只说前一部分，而本意则在后一部分；其实只要说出“前语”，就能让人猜到“后语”。根据歇后语前后两部分的构成情况，歇后语可分为两类：

一是喻义的。“前语”是一个比喻，“后语”是对“前语”的解释。例如：水中捞月——一场空。

二是谐音的。如：孔夫子搬家——尽是书(输)。

纵观东阳方言，歇后语为数不少。现编者整理出数百条(按首字拼音第一个字母为序排列)，以飨读者诸君。

B b

△白布落染缸——洗不清

△板壁隙里瞎依——看不准；变小了

△半天炉灰——胡吹

△别个皮肉好煎冻——不关我痛痒

△别个田里厄(的)蛙蟆抲得自厄(的)田里叫——多事

C c

△常序铜锣——大家敲

△趁侬婆娘——假正经

△穿草鞋趱(bì)猎，穿鞋袜食肉——命中注定

△床头相争床尾和——内部解决

D d

△打铁弗离火星——分不开

△大笠帽，扑田鸡——吓煞人

△大虫食细虫——凭实力

△大麦屁打(音乃)仗——有气无力

△大门堂扫垃圾——总有所获

△大麦蹭割割小麦——颠倒

△大鱼食小鱼，小鱼食花公(虾)——历来如此

△大侬讲错讲讲过，小侬讲错打(音乃)屁股——岂有此理

△胆大得个将军做——乐得(何乐不为)；应当

△倒须裙(鱼)篓——只进不出

△倒灶泥风炉——每况愈下

△灯芯打侬——气难淘

△灯盏乌前亮一记——回光返照

△等着上轿洗股串(屁股)——添乱；忙加忙

△颠倒头瞎皇历——装模作样；一字不识

△地栿下矩(进)出——见不得人

△吊么吊好，打么打好——任凭你

△吊么打好，打么吊好——算不定

△跌得倒，爬得起——能屈能伸

△东阳败子管行头，义乌败子饲吵(斗)牛——共(音 jiòng)天公各乡风

△东坑吮水西坑淘——非此即彼；总有一着

△肚痛埋怨黄刺瓜——冤枉

△多个弗密，少个弗疏(音近 sūo)——可有可无
△东阳(东洋)侬做生意——蚀本(日本)
△读书——读输(谐书)

E e

△屙缸虫瞎密钻——臭味相投；跟风 △屙缸板想升楼梯级——不成
△耳朵后肮脏弗摸——不自量

F f

△放屙隔田塍——远避 △放屁吹着火——碰巧
△赠放屙，前呼狗——早着 △弗痒厄(的)瓜癞(疥癣)——无关紧要
△斧头敲凿凿食树——一级压一级

G g

△盖缸媳妇——算你多嘴
△隑(站)起来借账，矩(跪)落来讨账——本末倒置
△格(这)头弗着侬(那)头着——总有一着
△共(jiòng)脚系布裤——一路货 △刮(拐)也来，骗也来——能耐
△掼到水里吒没浮沉——半斤对八两
△贵(jù)买零碎(用具)贱买食——钱花刀口上
△过水瞎前侬——不会错
△(文章妙如)高山滚响鼓——扑通扑通(不通不通)

H h

△行灯壳麦磨爿成头(拼担)——不般配；畸轻畸重
△好汉凑一堂，烂脚凑一床——物以类聚
△和尚寺里借篦箕——找错门；白开口
△和尚囥篦箕——无用；何必 △横山背竹(竹席)——眠熟
△后股毛赠硬——早着；嫩了点 △糊泥田里翻捣臼——越陷越深
△慌浆吒豆腐——慢工出细活；急不得

△皇帝弗急急死太监——急有何用；空劳碌
△黄鼠佬(狼)借鸡——有借无还；只借不还
△黄鼠佬(狼)变老虎——大了去
△黄鼠佬(狼)当做老虎用——以小充大
△黄泥摁(埋)得胸口头(平咙喉)——行将入土
△会耕厄(的)牛多耕田——应该；自然；能者多劳
△活无常庆寿——敷衍了事
△镬灶泥那(在)脚板背[脚板肚——千祥]——四海为家；尚未成家

J j

△鸡子里择骨头——找碴；白费心
△檵械火筒——弗通
△家狗瞐花被单——越看越糊涂
△夹毛松树从小拐——宜早不宜迟
△见风便是雨——还早
△见眼动眉毛——点到即可
△见侬讲侬话，见鬼(jū)讲鬼话——看风使舵
△脚后跟向前——掉头走人
△脚后根搭脉——找错地方
△紧火粥，懈火肉——各服各法；各有各的道
△矩(进)安文(音门)落杭州——冤枉路
△九门响动——名声在外
△九十九，九十九，廿三加廿九——二百五(千祥)
△江西侬钉碗——恣咕恣(自顾自)[谐江西客补碗时锯补丁孔发出的声音]

K k

△糠箩(lā)跳米箩——苦尽甘来；步步高
△靠囡——挂索马(褡裢)
△口气哈板壁——纹丝不动
△口燥挖(抓)盐食——越食越燥；越来越糟
△宽时办，紧时用——防患于未然

L l

△癞头撮株辫——空快活；正中下怀
△癞头只剩后勺叶——大势已去
△癞头等弗得凸一暴——赖上你
△懒孵鸡娘争鸡窠——凑热闹；毫无意义

△烂稻秆塞牛栏弄——悄无声息；做好事无人知

△老虎食蝴蝶——不够咸淡；塞牙缝 △老虎跎天公——够不着

△老虎变猪娘——一落千丈 △老虎口嘴舫毛——冒险

△老虎跎到[来]脚后跟——吃紧 △老鸹笑乎(乌)炭——不自量

△老鼠钻牛角——进退不得 △犁头耕岩塔——白搭

△两头柴梳——两面戳[挑] △两脚扛个肚——一身轻松

△冷店供(jiōng)三口——稀松；想不到

△冷饭拄死狗——强人所难

△邻舍碗对碗，亲眷担对担——礼尚往来

△菱角塘沿难洗手，梅(杏)树脚下难抬头——洁身自好；瓜田李下；避嫌

△留蜂弗做糖——勉强不得 △六十(年)笤帚——成精

△六十岁学绕脚——迟了 △砻糠搓绳——起头难

△鹭鸶脚骨刮肉——罪过；过分；收获不大

△露水夫妻——不长久 △乱梦戴凤冠——想得美；一场空

△捋面[红面]容易收面难——当忍则忍

△萝卜落鸡窠——动弹不得；翻不了身

△螺蛳壳里打(音乃)道场——放不开手脚

M m

△吪树爬竹——无奈之举 △吪千斤弗行厄(的)骆驼——犯贱

△蚂汉(mé h 蚯蚓)也要逮坎(条)路——逼的

△买馒头，饲家狗——反咬一口

△买把新尿(shūi)壶弗过夜——等不及

△麦秆咙喉(音够)槽箩肚——不配套

△卖田就笔——趁便；不够慎重

△盲眼摸溪滩——乱撞；毫无目标 △盲眼争溪滩——何用

△瞎着酒——咙喉(音够)翻筋斗 △瞎侬家，打火叉——看人行事

△瞎着别个骑马屁股痒——跃跃欲试；大可不必

△霉豆腐放汤——霉到家了 △门角后等天亮——难耐

△门槛下矩(进)出——下贱 △蜢虫(蚊子)叮捣臼——白搭

△摸虱婆娘——吪戏工 △陌生鸡，弗杂笼——合不了群

△木匠吒凳脚——只为别人忙

△木匠怔漆匠，漆匠怔灯光——一物降一物

△木槌(音蒙柱)摆脚踝(kē)头跐[拗]——认死理

N n

△男箍搂(扒拉)，女扫帚——分工协作

△男家担弗怔，内家生弗怔——各司其职

△男家赚银手，内家园银斗——珠联璧合

△南午岭头诉(骂)老爷——装腔作势；放空炮

△难婆出得好媳妇——学的

△内家厄(的)心——黄檀树厄(的)针(刀劈)

△廿年媳妇廿年婆，再过廿年做太婆——等着；横直有份

△捏屃放尿(shūi)——成何体统　△捏个乌鼻头——自认晦气

△牛大压弗虱死——大有何用

△牛头捺弗得马饮(音 e)水——强做不得；搞混了

P p

△屁也夹弗过门槛——直肚肠　△破草鞋凑成双——总算有成

Q q

△其柴头，压火种——不贴本　△千年打一更——难得一回

△千年冷屙缸——臭不可耐(奇臭无比)

△千重茶叶口中泡——刁巧；嘴甜　△千记木鱼弗及一记磬——话不在多

△千钿想万钿，皇帝想神仙——贪心不足

△浅茶满酒，咸鱼淡鳖——各得其所；恰到好处

△墙头倒落墙脚下——算我的　△桥倒知功德——晚了

△且(歪)口和尚打弗得好道场——打铁还得自身硬

△青菜篮置(装)水弗漏——假正经；装得像

△青山鸟(diāo)弗晓得大麦黄——坐井观天；见识窄

△晴带伞，饱带饭——有备无患

△穷生瓜癞（疥癣）富生虱，大富大贵生高虱（臭虫）——各有千秋；各有所得
△穷侬想藏，盲眼想亮——痴心妄想
△穷在街头无人问，富在高山有远亲——认钱不认人
△去（音扣）力气，买淘气——亏

R r

△软地打（音乃）笆椿——尽拣容易的

S s

△塞牛屁股——不明不白；白开销
△三个瓶两个盖——总是缺一
△三大拳打（音乃）弗屁出——急死人；慢性子
△三十夜厄（的）饭甑——紧张；没闲着
△三十夜饲年猪——太迟；来不及
△砂糖屙甜些——不知好歹
△砂糖口，剃刀手——口蜜腹剑
△上轿厌（装）鞋拔——抓瞎
△上屋移下屋——去（音扣）担谷
△上家打媳妇下家听——打者无心，听者有意
△蛇矩（进）竹筒——无退步
△十股毛病九股九——病入膏肓
△十窍便有九窍通——一窍不通
△十二个时辰圆满罢（了）——忍一忍
△石板顶栽花——不活；扎不下根
△石板顶掼乌阉（龟）——硬碰硬
△食自厄（的）饭，放别个厄（的）屙——吃里扒外
△食官饭，打（音乃）官鼓；鼓敲破，有侬补——管他
△水里划一刀——原样
△水淋鸭背脊——不留痕迹
△水鬼（jū）都要骗上岸——高明；空话连篇
△水浸石头长浮苔——功到自然成
△水牛背脊觞针（音近 ze）毛——小意思
△水牛落塘劢（mài 扯）尾巴——大势已去；为时已晚
△死弗倒担——不甘心
△死弗晓得脚直——至死不悟；麻木不仁
△四方捣臼——翻进容易翻出难
△三个乌阉（龟）整个鳖——弗鳖（瘪）也鳖（瘪）

T t

△塘水弗出溪——利在自家;肥水不流外人田
△讨饭懒带拐[碗]——太不应该;活该受罪
△讨饭争阶沿——何必
△讨饭想食脂油饭——要求高
△天萝杂瓜——开朵花
△天上脱粒星——罕见(难得)
△天空塌落来有长侬拄牢——慌什么
△田硬牛辛苦——自然
△铁公鸡——只进不出
△铜钿瞎密钻——有凑有
△偷柴离山,偷内家离床——自欺欺人
△托鬼(jū)瞎病——寻错对象
△驼背讲直话——毫无保留
△驼背落棺材——动弹不得

W w

△袜脱靴里——宽得很
△外甥皇帝,娘舅狗屁——大不及小;颠倒
△为只老鼠烧个稻秆蓬——因小失大
△温汤鳖——有气无力
△问(me)客杀鸡——假殷勤
△乌蜂食老蜡(liǎ)——坐食山空
△乌阉(龟)格来鳖价钿——算计过头(旧时龟贱鳖贵)
△污泥水,满(me)口干——冤死人

X x

△小花面(脸)上台——不久长
△小狗忒[跌]落便缸——吃不了;求之不得
△鞋紧袜弗紧——我紧你松
△性急食弗得热粥——宜慢不宜急;慢慢来

Y y

△哑口食苦瓜——有苦难言
△盐都要出虫——谁信
△阎罗王厄(的)工夫——有的是
△眼大无神,佛大弗灵——大有何用
△仰天八灶(叉)放尿(shūi)——凭他
△一井水食到头——一女不嫁二夫
△一日相争三日穷——不穷也(要)穷;不穷才怪

△一侬呒没两侬计——人多好办事　△一分铜钿成买卖——无论贵贱
△一分钿一分货——物有所值　△一个萝卜一个孔——刚好(不多不少)
△一株肚肠通屁股——毫无保留　△一张床弗眠两样侬——人以群分
△一个吹箫,一个捺孔——窝工;不协调
△一个铜钿掰作两个用——精打细算;抠门
△一只手拘弗得两吉(只)蟹——顾此失彼
△一头弗着,头头碰(音射)岩塔——到处碰壁
△一个碗弗响,两个碗叮当——人多口杂
△一粒油麻一个孱(谐意之音)——礼轻意重
△一粒疹痱当背痈——小题大做;大惊小怪
△一个馒头上一榻蒸笼——划不来　△衣裳角轧死侬——威风
△硬拘雄鸡生鸡子——荒唐　△有宿弗宿,敲门借宿——主动变被动
△芋禾叶包铁钉——包不住　△月亮夜晒谷——白费力
△运来弗恇骇——想不好都难　△严(谐泥之音)州背板——行将就木

Z z

△(这)只耳朵矩(进),(那)只耳朵出——白讲;不听你的
△直一刀,横一刀——横直[反正]一样
△直直锄(音若)头直直针(刀劈)——直来直去
△株小[少]秋密——先天不足;不上程度
△猪也叫,老丸(睾丸)也阁(音结)——老实点好;反抗无用
△字写得虱子亨——密密麻麻;模糊一片
△自掇石头自压脚——自作自受
△自食饱弗晓得别(bìn)肚饥——只顾自
△嘴上呒毛——办事弗牢　△做贼偷麦磨爿——不划算

[说明] 歇后语的“后语”在讲话时不一定说出,而这部分却是说话者表达的重点。同一“前语”用在不同的表达对象或不同的语言环境,有时会表达相近甚或相左的意思,因此有些“后语”列有两个以上,用分号隔开。个别“后语”加括号者,则与第一个“后语”意思差不多,供应用者选择。

歇后语(之二)

有一类句子,前后两句字数相等,前句的比喻义引出后句的表达重点意思,就如前句是问题,后句为答案;或者前句是"因为",后句是"所以"——其结构方式相当于歇后语。这类歇后语,前语和后语往往押韵或同韵。

A a

△矮侬难好坐高凳——穷侬难好配高亲

B b

△八月龙风碎——有米呒柴煨

△白露弗出头——割倒饲黄牛

△百样弗学——得个安乐

C c

△常序娘——呒道场

△出外弗吵亲——矩处(回家)省牢心

△出外弗吵闹——矩处(回家)呒烦恼

△床头一担谷——弗愁呒侬哭

△春雪弗漫路——漫路难开步

D d

△大事弗过三(天)——过三百体宽

△东西越食越淡——侬会(嘛)越戏越懒

△飭弗完厄(的)稗——讲弗完厄(的)话

△多年弗种田——摊着大荒年

F f

△风风凉凉——晴到重阳

H h

△好汉弗用多——一个(gū)抵十个(gū)

△好铁弗打钉——好儿(音 m)弗当兵

△会算如神——裤带缚藤

△会飭有被——会诉有理

G g

△共(音 jiōng)天公——各乡风

△谷出一叶(穗)——食缺一月(30 天)

△过头饭好食——过头话难讲

K k

△开高价——弗蚀本

△口舌吃没骨——讲话转转曲(音近 kuē)

△宽慢侬——宽慢福

L l

△痨病带咳嗽——活来弗长久

△痨病带咳嗽——活到九十九

△老树抽嫩枝——越活越新鲜

△立冬晴——一冬晴

△六月穿棉袄——我自本钿好

△六月弗晒背——十二月要悔

△萝卜青菜——各侬各爱

M m

△蚂蝗听水声——做侬听口声

△门堂大——垃圾多

N n

△内家猪娘命——弗生便变病

△侬戏有福——田戏有谷

Q q

△穷难瞒——丑难遮

△穷弗离大麦——富弗离祖宅

△穷侬弗生病——抵过交大运

△亲兄弟——明算账

△勤勤加加(音近 guō、guò)——多点喝喝(音近 huō、huò)

R r

△日里游游——夜里花油

S s

△三八廿八——各自算法

△三十六个好种田——公婆两个好过年

△上钮舫[对]下钮——攀亲劢大舅

△树大开桠——儿(音 m)大分家

T t

△塘燥鱼咒炙——田燥谷扣澜(减产)

△贪便宜——食狗肉

△天亮眠弗长——老来活弗长

△铜钿八只脚——会飞趟弗着

△铜钿难露白——露白便拮刮(上声)

△铜壶弗响便滚——小娘弗响便肯

W w

△午雷弗过未(时)——过未落弗及(音歧)

X x

△小侬屁股三斗火——稻秆蓬脚弗可坐

△心直口快——一世招怪

△小洞弗补——大洞吃苦

Y y

△一娘生九子——连娘十条心

△一个樱桐半个红——一村侬家半村穷

△一把斧头一把锯(音够)——漫块(哪里)赚钿漫块(哪里)去(音扣)

△雨伞骨——里戳出

△雨打(音乃)中——两头空

△雨打(音乃)秋——件件收

△雨打(音乃)早五更——雨伞弗用撑

△园里择花——越择越花

Z z

△种豆弗用料(肥)——只消锄(音若)头掉(调)

△种田[稻]要好秧——生儿(音m)要好娘

歇后语(之三)

另有一类歇后语,为了讲得顺口,将"前语"与"后语"位置颠倒过来,重点在"前语",其表现方式还是属歇后语,姑且将此类称作倒装歇后语罢。

△吃力弗讨好——黄胖搡年糕

△东头扯(音对)西头——攀亲劢大舅

△弗懂装懂——山东吃麦冬

△各侬各爱——大姑娘爱驼背

△各侬各路数——铩戟刨蒲芦

△好囡弗供娘——炉灰弗筑墙

△好囡要好娘——好稻要好秧

△讲过忘记——食过肚饥

△轿夫命穷——好日都同

△囡要远送——田要近种

△生定厄(的)性——钉定厄(的)秤

△食饭要腥气——打(音乃)侬要军器

△无功弗受禄——受禄弗眠熟

△一家弗晓得一家事——和尚弗晓得大智寺

△一家囡,百家求——一家求去九十九家丢

△硬吧[便]硬到底——麦出弗杂(掺)米

△有囡弗可卖过溪——要戏弗得戏

△有囡弗卖四十四——半年稻生(茬)半年刺

△有囡弗卖四十六——半夜夫妻弗搭肉

△有话明讲——有屁明放

△债多弗愁——虱多弗痒

△做侬留个名——做牛留株绳

歇后语(之四)

还有一类句子,不妨称作"多重歇后语"。即某些长句,内含几个层次,每个层次就是一个歇后语,全句由几个歇后语构成。

△肮脏食——肮脏大；净洁食——黄柏佬（音罗）。

△办得冬衣起——杨柳已抽青；办得夏衣起——流水已结冰。

△帮衬（音凑）老虎——有肉食；帮衬家狗——呒屙食。

△编戏厄（的）侬——才子；演戏厄（的）侬——疯子；瞎戏厄（的）侬——呆（骏）子。

△春雾——雨；夏雾——晴；秋雾——凉风；冬雾——雪。

△冬至月中——无雨无风；冬至月头——卖被买牛；冬至月底——卖牛买被。

△独只鸡——难做种；独个儿（音 m）——难好宠。

△弗斤弗计——侬家弗起；斤斤计计——驮（抬）头弗起。

△哥弟哥弟——各侬自是；姐妹姐妹——各侬自累（滚之意）。

△割菜籽——动点心；割糯谷——除点心。

△谷籽出田——夫妻分离；十冬腊月——照旧管业。

△好来者（音借儿）——胡相公；弗好者——黄刺（音切）蜂。

△鲎高日头低——明朝披蓑衣；鲎低日头高——明朝晒断腰。

△叽叽呱呱——直；弗响弗露（音录儿）——贼（音 shěi）。

△家弗和——得（音 tià 被，下同）邻欺；邻弗和——得贼欺；侬弗和——得狗欺。

△老公厄（的）饭——砻糠；儿（音 m）囡厄（的）饭——刀枪。

△老厄（的）——做倒（死）；后生厄（的）——戏倒；小厄（的）——食倒。

△老雷公——耳朵聋；新雷公——弗打（音乃）侬。

△卖柴佬——烧柴末；卖盐客——洗盐袋。

△瞎着娘——记着娘；瞎弗着娘——忘（音 mó）记娘。

△男家败——竖屋卖；内家败——饲鸡卖。

△男子口阔——食四方；女子口阔——食田场。

△廿岁生儿（音 m）——同爷老；三十生儿——真好好；四十生儿——平平过；五十生儿——老恩何？

△爬树爬得高——跌落变做豆腐糟；爬树爬得矮[快]——跌落变做豆腐花。

△婆打媳妇——家家有；公打媳妇——小家狗。

△七月半——见花娘；八月半——做衣裳。

△日晕——三更雨；月晕——午时风。

△三岁打娘——笑；三十打娘——吊。

△商量食饭——省米；商量眠熟——省被。

△上八（年初八）有星——月半呒灯；上八呒星——月半有灯。

△生儿(音 m)——名气;生囡——福气。

△十个癞头——九个妖;十个麻脸(音戾)——九个骚。

△食酒食肉——过年;食大麦饼——种田。

△食——少弗得盐;穿——少弗得棉。

△食饭快——饿(馋)食快;立(走)路快——乱滚踹;做生活快——真正快。

△剃头佬厄(的)手——冷;撑筏佬厄(的)脚——热。

△铜壶弗响——滚;小娘弗响——肯。

△头一顿——关门食;二(音庭)一顿——开门食;第三顿——咩(拉)侬食。(家中做好吃时)

△头汁——苦;二(音庭)汁——补;三汁——过过肚。(饮茶经)

△细伢(音敢)——瞎小时;媳妇——瞎来时。

△想儿孙(m shē 孙子)——口嘴干(边);想外孙——向脚踝(音乃)。

△孝顺田稻——割瘟谷;孝顺爷娘——雷公扑;孝顺老马——自得福。

△姓张——张狗毛;姓陈——陈垃圾。(极言其多)

△爷娘待儿(音 m)囡——路亨长;儿(音 m)囡待爷娘——箸亨长。

△一个儿(音 m)——孤侬隔壁;两个儿——搡门倒壁;三个儿——铜墙铁壁。

△有得食——择精择皮(肥);吭没食——连骨连皮。

△有碗冷粥——想碗冷粥;吭碗冷粥——弗想冷粥。

△有借有还——再借弗难;有借弗还——再借便难。

△做——三十六个好;食——公婆两个好。(千祥)

△做头梅——侬享福;做三梅——侬结搏。

注:原载《东阳日报》2011 年 1 月 19 日、2011 年 2 月 17 日、2011 年 2 月 13 日、2011 年 2 月 24 日“东阳方言大家侃”专栏。

下　卷

探　究

(一)特殊句式

1."只可……弗可……"式

东阳方言,不仅源远流长,文化积淀深厚,而且语言生动形象,表达方式多种多样,其特点十分明显。远在他乡异国的东阳人,往往能被故乡之音深深撼动,从而引发思乡之情:"老乡见老乡,两眼泪汪汪。"即此之谓也。

家乡方言中有这样一个特殊句式:前半句"只可"表示值得肯定的言行,紧接着后半句用"弗可",把与前半句表达的正面言行相对或相反的内容加以否定。这样一种"肯定——否定"式的并列关系复句,能旗帜鲜明地亮出自己的观点,使听者迅速明了说者的态度或意见,达到很好的表达效果。下面列举一些家乡人称为老古话的此类复句。

只可瘪,弗可歇。过去东阳人外出多步行,到永康、义乌不用说,就是到天台、临海担盐,到黄岩担橘,甚至远到余姚担棉毛都是挑担步行。在长期的劳动实践中总结出这么个规律:行走速度再慢,即所谓"瘪"也不要紧,可千万别坐下来"歇",因为连日挑担太累,一旦歇下来就不想再走,甚至会睡着了。

只可赌力,弗可赌食。赌力气大小者,力小自然拼不上,也不至于伤身体;赌食则不然,当下为了赌赢,撑破肚皮也要吞下咽下,到头来伤了脾胃,落下病根。

只可逼力,弗可逼食。催逼人使力气干活可以,催逼人多喝酒多吃肉或快吃快喝都不好。道理同上。

只可欺老,弗可欺少。年纪大了所谓"老者无能",欺他一欺可能后果不太严重;小孩子今天受你欺侮无法抵抗,可等他日后长大却可报复你,欺他不得噢！当然从为人道德言，应该尊老爱幼，老少皆不能欺也。

只可生败子，弗可生骙（ái）头。生出败子至少是聪明人，何况“浪子回头”还“金不换”呐；如果生的是骙头，连现成家当也守不住，那就只有“恨铁不成钢”的份儿了。

只可生骙（ái）头，弗可生活络。要是生了个头脑过分灵活的儿子，还不如生个骙头儿子，至少不会败掉现成家当嘛。

只可做过悔，弗可弗做悔。有些事干得不好会后悔，这也难免，但不能害怕干不好就因噎废食而不干，到时候错失机会再后悔就来不及了。

只可男大七，弗可女大一。此为以往配婚习俗，是否成理可就难说。如今婚姻自由，当然不会受此框框约束。

只可共（音 qiōng）天下，弗可共屋瓦。所谓“大路通天，各走一边”，共一个偌大的天下自然无妨，可千万别在同一屋檐下生活，否则日久必有摩擦。

只可留客食饭，弗可留客宿夜。作为女主人，若遇老公不在家，留下男性朋友吃饭可以，切不可留对方住宿，不然会流言蜚语、麻烦多多。

只可食朋友的鸡，弗可偷朋友的妻。前者虽也扰人之甚，毕竟只是物质层面的；后者却是关乎人的道德操守，切不可妄为。

只可密密走菜园，弗可密密走亲眷。自家菜园内是花力气亲手栽种的蔬菜，当然可以随时取用，甚至一日之内上几次也无妨。如果老是上亲戚家吃喝借贷，那就不好了，甚至会让人生厌。须记住得利不宜再往之理。

只可帮活络背雨伞，弗可替（音 tià）骙头坐船头。宁愿为头脑灵活者当跟班，也不能给呆头呆脑者抛头露面。东阳有句“帮凑（衬）老虎有肉吃，帮凑家狗呒屙食”的谚语，也即此意。

东阳方言，作为东阳人文精神的体现，反映的也仅仅是当时、当地的社会风尚和道德规范，当代人应本着“批判继承”之精神，主要从语言的技巧和艺术方面汲取营养，同时获得审美愉悦。

原载《东阳日报》2011 年 5 月 4 日
“东阳方言大家侃”专栏

2.“只要……弗要（弗用、弗恇）……”式

与“只可……弗可……”并列复句相似的另一种特殊句式是“只

要……弗要……”式。

只要记，弗用气。意思是有些不顺之事值得自己记取教训，而用不到生气。

只要条透（舒服），**弗要名头。**指一类人只求生活实惠，不求名气好听。也可指某些拼命追求享受，不求事业有成的人，就带点贬义了。

只要心中爱，弗恇（怕）**烂干菜。**找对象、谈对象，一旦喜欢上某人，什么相貌、人品都不讲究。

只要有手表，弗恇（怕）**麻脸**（音戾）**结爪**（音找）。某些姑娘家看重聘礼，只要男方能买手表做聘礼，就是麻子脸也不要紧。

只要有皮鞋，弗恇（怕）**门壁破。**下聘时还送来皮鞋，那么男方家中住房破旧点也无妨。

只要有毛线，弗恇（怕）**屋顶茅草丝**（音西）。聘礼中还有毛线，男方屋顶用茅草盖也没关系。

以上“弗恇”的几条描摹的是20世纪六七十年代农村订婚风俗，当然有点俏皮话的味道。

原载《东阳日报》2011年5月4日
“东阳方言大家侃”专栏

3.“只有……呒没……”式

另有一种特殊句式，前半句“只有”表示事物的唯一性，后半句以“呒没”否定与之相关联的另一事物的可能性，使得全句意思明确、观点鲜明，而重点则是突出了前半句。例如：

只有买的“铳”（音），**呒没卖的“铳”**（音）。方言的所谓“铳”，是指花了一定的钱却买不回值此价格的货，即物无所值。这样的倒霉事只会落在买者（顾客）头上，而不会落在卖者（经营者）头上。因为对于原价、进价以及材料和品牌的真伪，只有卖者最清楚，买者往往会被蒙在鼓里。其实“铳”系鸟枪，如果某次买回次品或假冒商品，识破后会说“今天背回来一把‘铳’……”

只有十三娘，呒没十六爹。十三岁少女早孕并当了母亲是可能的，而十六岁的小青年当上父亲是绝不可能的。如今少年男女普遍提早成熟，又当别论。

只有千日做贼，呒没千日防贼。对盗贼实在防不胜防，往往会乘户主放松的间隙得手。若要防止被偷，只能常备不懈、永不放松。

只有（一个）**前头亲，呒没**（一个）**前头银。**括号中两个“一个”，是衬词，起补充音节引起停顿作用，而无实际意义。众所周知，无论在旧时代还是近现代，凡娶媳妇（妻子），都得花费一大笔钱财。一般的家庭条件，不可能先挣够一笔娶亲的钱，然后再去找合适的人选；往往是先找到娶亲对象，然后想办法弄这笔不菲的开销。此语既可作为自我解嘲之语，也能用来奉劝因担忧没钱而不肯找对象的个别人家。

只有中状元厄（的）**学生，呒没中状元厄**（的）**先生。**一层意思是青出于蓝而胜于蓝，学生的水平完全可能超越先生；另一层意思是，过去的先生均由落第文人充当，因而先生再中状元的概率几乎为零，但是他所教的学生却有可能高中。

原载《东阳日报》2011年5月4日
“东阳方言大家侃”专栏

4.“有……呒(呒没)……”式

此句式初看与上一式差不多，但细考起来还是有一定差别，主要在于：上式的语义重点是在前半句的“只有”，而本式的“有……”和“呒……”是平行的两条线，表达的也是一肯定、一否定，并列的两层意思。请看下列数例。

有力长发，呒力长甲。意为身强体壮的人头发长得快，体质弱的人指甲长得快。

有口讲别（音 bīn）**，呒口讲自。**社会上有这么一种人，批评别人，议论起人家的不足之处，显得有理有据、头头是道，而对于他自个或自家人，就好像没有了嘴巴，哑口无言了。

有屋住千间，呒屋住半间。有房子，就是几十上百间也用得着，而那些无房户呢，即使只有小半间也能生活下去。

有银讨个老婆大，呒银讨个怀（白读近 guá）**里货。**旧时的有钱人家，为了早日传宗接代，有的为了找个接替干活的劳力，往往给十一二岁的儿子就娶回个十八九岁的大姑娘。此种现象绝不是少数，而成了一种时代的风气。

那些多数的穷苦人家呢，即使儿子到了娶妻成家的年龄，也还是娶不起。怎么办呐，只得领回个小姑娘吧，由自己家将其养大，到时充作儿媳，即童养媳。

有(么)有头大(条理、计划)，**呒没倒水赖**(白读)。一户人家有了钱财，自然会安排得有条有理，先干啥，后干啥都心中有数；而那些收入低下的呢，想干什么都因条件不具备而干不成，干脆破罐子破摔，"今朝有酒今朝醉"，混过一天是一天罢。

有(么)冬至夜，呒没冻一夜。有钱人家会好好过冬至，置办香烛纸马祭拜祖宗，烧上丰盛菜肴喝酒吃肉。穷人家呢，在这全年中白日最短、寒夜最长的日子，就老实挨冻吧。

有得食，择精择肥(音皮白读)；**呒没食，连骨连皮。**人会有种共同的毛病：吃的东西较富足，就会挑肥拣瘦，这个不要、那种不吃；条件很差，没有选择余地，就会连骨带皮地吞咽。

此外还如：**有情有义文必正，呒情呒义陈世美。有碗冷粥，想碗冷粥；呒碗冷粥，弗想冷粥。**

读者朋友，您觉得那些创造经典语言的东阳先哲们，他们的水平够高吧，东阳方言的韵味和吸引力够足的吧！

原载《东阳日报》2011 年 5 月 4 日
"东阳方言大家侃"专栏

5."弗恇……只恇……"式

"恇"者，怕也，据《康熙字典》注，去王切，音匡。怯也，恐也。无论从读音还是意义，该"恇"字就是本地方言中的"害怕"之意。

弗恇瘪，只恇歇。义同"只可瘪，弗可歇"条。

弗恇晚(音慢白读)，**只恇错**(音撞白)。娶媳妇就像"四方捣臼"，翻进容易翻出难。因此，找对象、谈婚姻，慢点来不要紧，千万别找错了人。即使是大龄青年(姑娘)，更不该因迟而急于求成，那种"闪婚"而又"闪分"更应力避才好。

弗恇野种，只恇绝种。长期封建社会和私有制，形成一种"生儿防老、传宗接代"的正统。因此，旧时代竟形成一种"不怕野种，只怕绝种"的陋习，如果自己老公不能当父亲，就是"借种"、以不正当男女关系"引种"也可以，只要不绝了自家的“后代”就行。唉！

弗恇弗识（音近 zei）**货，只恇货比货。**商品质量好坏，价格是否实在（还是虚高），一个最有效的办法是比，即货比三家。只要善于比较，那些假货、次货都会无处藏身、无所遁形。这应该是不言自明的真理了。

6.“好……弗……”式

家乡方言中还有个句式比较特殊，即在“好（hào）”后用上一个动词，表示施事者要完成的动作，紧接着用否定词“弗”加以否定，其后说出没必要、不理想等要给予否定的事物或现象，从而表达出这个动作纯属多余或无效。其否定意义就体现在“弗”字上。试举几例。

好愁弗愁，愁个六月呒热（日）**头。**农历六月是盛夏即所谓季夏，开热（日）头的晴天绝对多，何必担心见不到太阳呢？

好生弗生，又（音衣）**生了个囡。**第一胎生的女儿，重男轻女者往往要再生，谁知生的还是女儿！

好择弗择，择来个油头光棍。选男友或选女婿反复地选、苛刻地挑，本为选个如意郎君，最后择来择去竟选了个不务正业之人，自然气不打一处来。

好种弗种，种了许多大蒜。因为上年大蒜贵，想今年多种多赚，谁知当年大蒜大跌价还卖不了。

好想弗想，想出这么个馊主意。冥思苦想，最后想出的却是个极不理想的办法。

好省力弗省力，偏要格尚（这上面）**省力。**原本可以少花力气，偏要干这干那，落得个既没省力还不讨好的结局。

好计较（音尖张）**弗计较，计较得自己进了牢房。**本来可以不计较的某些小事，事主却非得计较，导致出格，小事竟成大事，悔之晚矣。

好做侬家弗做侬家，要在格上顶做侬家。节约要看地方，不该节约的地方抠门，会得不偿失。

以上句式，在普通话中是不存在的，该算是“东阳土货”罢。

原载《东阳日报》2011 年 5 月 25 日
“东阳方言大家侃”专栏

7.“弗(弗可)……弗(弗可)……”式

本句式前后两个分句均用“弗”来否定,两分句的内容要么顺承,要么相对或相反。

弗是亲,弗挂心。对和自己无关的人,一般不会去关心。

弗是行(音 háng 白读)**,弗用谈。**许多事情,特别是高科技类,如果不是内行的人,根本不必去碰。

以上属于承接复句。

高弗配,低弗就。形容找个条件相当的对象,难。揭示某些大龄男女的心态。

衣弗错寸,鞋弗错分。衣服是否合身,其大小长短以寸为单位处理;鞋子是否合脚舒适,其大小宽窄是以分为单位来认定的。

贱货弗好,好货弗贱。价格便宜的质量不会好,高质量的商品价格就不会便宜。

多个弗密,少个弗疏(音近 shuō)**。**可有可无,无足轻重。

债多弗愁,虱多弗痒。举债太多,简直不知道该先还谁家,该怎样才能还清所有债务,干脆就别去为此发愁了。头上身上长满了虱子,到处发痒,简直不知道究竟哪里最痒,渐渐麻木得不再感到痒一般。

食米弗粜,耕牛弗卖。农耕社会生产力低下养成的传统习惯。

生弗带来,死弗带去(音扣)。人赤条条地来到世上……到最后又化成灰离开,无论地位高低、资产多寡、家庭贫富、面子好歹,统统一样!看轻钱财吧,它是真真切切、老老实实的身外之物。

儿(音 m)**大弗由爷,囡大弗由娘。**子女长大自有独立性、自主权。

好儿(音 m)**弗靠爷,好囡弗供**(音 jiōng)**娘。**有能力的儿子不要靠父母;有能耐的女儿应该把眼光定得更高,而不必考虑如何供养娘亲,东阳的传统观念更是:家庭房产由儿子继承,父母年老也由儿子赡养——当然,如今新社会新风尚,以上传统理应抛弃。

好铁弗打(音乃)**钉,好儿**(m)**弗当兵。**这是过去时代的标准。

赚钿弗辛苦,辛苦弗赚钿。能赚到钱的行当,一般不会太辛苦(能赚到钱,自己不觉得辛苦);辛苦的行当,反而不会很赚钱(自己赚不到钱,也就更觉辛苦)。前者如高科技行业、高技术职业,又如开公司、办企业;后者如打工者、体力劳动者和低技术含量的职业。此条也写作:**辛苦弗赚钿,赚钿弗辛苦。**

报生弗空手,报死弗空口。女婿向岳母报生会提着酒壶去,生儿子的,在壶嘴上系红头绳;生女儿的,则在壶把上系红头绳,岳家人不问便知男女。回来时岳家会带回鸡子、索粉、尿片等,往返均不空手。如果是向亲戚去报死讯,必定让你吃过点心才回,认为可驱除邪气。

穷弗离大麦,富弗离祖宅。穷人连温饱也满足不了,在青黄不接之季,连草根树皮也得吃,等不得大麦收割,马上炒麦胖、烧大麦饭充饥,此段时间就是所谓"麦出弗杂米"时段,他们离得开大麦吗?这才叫"穷"!读书当官了,做生意赚钱了,家庭再富裕,也不能离开祖处、另奔他乡吧。这一是要有报恩思想,别忘了家乡老房子;二是人为感情动物,自然会依恋故土,因为这是人的"根"呵!

有势弗可行过头,有力弗可用过头。纵然自身条件再好,凡事都得留有余地。

做过弗买,买过弗做。讲的是置办家具的道理:请工匠来家制作家具,既得供饭食,还得付工资,所用材料全部自购,花费比购买家具虽然高出许多,但是样式规格由自己定,质量当然很好,以后再也不想买;去市场购买家具,花费比请人制作节省许多,还真不愿请人做了。

以上两分句间多为相对或相反,属并列复句。

8."……弗及……"式

将两事物(或人)放在一起进行比较,得出了哪好哪歹、谁高谁低的结论,从而运用"什么(谁)比不上什么(谁)"的句子表明之。本句式"弗及"其后部分,要胜过之前部分。试看如下例句即可明白。

会做弗及会算。会干活、会做事能创造财富,"劳动创造世界"讲的就是这个理。可是一个人光会用力气而不善于动脑子却不行,有时不光不能创造财富,反而还要坏事,严重者甚至触犯刑律,造成无可挽回的恶果。从常理说，把动手与动脑结合起来，遇事多问个为什么，干事的效果就会大不一样。

眼快弗及手快。你知道魔术是怎么回事吗？说白了所有的“戏法”都是假的。可是青年魔术家刘谦为什么又能那样走红网络？为什么会有那么些男女老少对“假”的魔术如痴如醉？就是因为玩魔术、变戏法者有一双十分灵活的手——魔术家的手法要比观众的眼睛和脑子快，在观者不经意间，用他灵巧的双手把戏法完成了，这就叫“眼快弗及手快”。

远亲弗及近邻。一个人有事需要帮忙该找谁？自然会想到自己的家人和亲戚。但因为家人不在身边，甚至有的远在国外，亲戚也都不在近处，而近在咫尺的邻居闻声前来，事情很快顺利解决了。多尊重、常联系你的左邻右舍吧，有时候他们的作用甚至超过你的亲人，对于那些空巢老人更是如此。

辈大弗及年大。青年人回到乡下老家会有一个共同难题，就是遇到村里的七大姑八大姨，还有阿公阿叔，不知道该如何称呼。这里可以套用一个规矩：看见年长者，叫阿公；稍年轻的，叫叔或哥；对白发长须的老人，不妨叫声爷爷或太公，八成不会叫错。你这样称呼之后，即使喜欢认真计较的人，大不了给你纠正说：叫某人，你是叫得“大”了，而绝不会批评你没有礼貌。在这里是遵守“年龄第一”的规矩，而撇开了家族中长幼辈分的老规。

年大弗及辈大。与前条情况相反的是，某些正规场合，如颁发家谱、正式拜会、宗亲聚会等，往往不论年纪而按辈分定论。笔者回到老家，有时会对少己十余岁的人叫声“叔”，这是沿袭了幼时父母的教导，习惯成自然地叫那些比自己小的叔叔。这里当然遵循了“辈分为大”的陈规。

勤记性弗及懒笔头。记忆力再好的人，时间久远的也易忘记，而且随着该记的内容增加，或记忆的重点转移，都可能影响到记忆效果。用笔记事的人，只要记录在案，总能查阅到，许多历史典籍留传至今就是明证。也许当时记得并不详细具体，只是随便写下一点，但是有了这点线索，加上回顾追忆就能重现当时情景。由此看来，再懒的笔头，其记录功能也要超过很强的记忆力。

做官厄(的)爷弗及讨饭厄娘。父亲当官了地位自然就高，母亲是要饭的够低微，然而对儿女的关心照料呢？前者少之又少，后者却亲密无间甚至形影不离，形成了鲜明的对比。也许当官的父亲工作忙、应酬多是一个原因，但父母角色的天然差别应该是重要的客观原因之一。当然不能一概而论，父亲关心子女的比比皆是，让父母双方都来关心孩子吧。

十分朋友弗及一分亲。人需要亲人，也需要朋友，但在某些危急关头，朋友可以“回避”，而亲人却回避不了，也不会回避——关键时刻，亲情是绝不可少的。

勤纺木棉弗及懒饲猪。在20世纪，手工纺棉纱是农村老太婆创收的手段之一，把纺好的棉纱拿到集市上卖钱，或是代人加工赚钱。同样，家里养猪可以将活猪卖给食品公司补贴家用。纺木棉，从早到晚不得空闲，夜里纺到哈欠连连才肯上床。如此忙个不停，能换回的工钱却十分有限。那些养猪的阿婆，收集来泔水，捡些菜帮菜根，拔青草挖野菜，全用于喂猪。闲下时间，歇口气、乘个凉，找人聊天打发时光。等到她家毛猪出售，可换回几十上百元钱。细算下来，勤快纺棉的收入，还比不上懒散喂猪的。

金窝银窝弗及自忽(家)狗窠。别人家条件再好，住着也不自在，还不如自己家形同狗窠的床舒坦。

食酒食肉弗及闭眼眠熟。喝酒吃肉，少不得送礼和席间应酬，总得花费相应的财力、体力和精力。相比之下，在自家吃饭可以早些上床休息，倒也自在。

千记木鱼弗及一记磬。佛殿做佛事，木鱼笃笃之声伴着诵经声敲个不断，而只当念经到某一段落，才会敲上一记清脆悦耳的磬。相比之下，虽然木鱼敲个不断并未引人注意，倒是间或来上一记的磬声却能起到指挥行止的作用。一记磬响，其影响超过几百上千记木鱼声。以上说明：话不在多，而在有分量、起作用。

千杯到坟头弗及一杯到咙喉。父母活着时，向他敬杯酒，是实实在在喝下喉咙进入肚内的，而到祖先坟前斟酒拜敬，仅仅是一种仪式、一点心意，实际作用极微。看来提倡厚养薄葬是十分必要的。

木匠厄(的)眼睛弗及种田厄股串(屁股)。木工师傅的眼光是够准的，有时能辨认极细的差别。有经验的老农，插秧时有的拉绳，有的在较小田块插秧连绳子也不用，只是摆下马步，双脚叉开，随着插秧往后移动，却能把稻行插得疏密均匀、行直横平——他那马步(屁股)一摆，简直比木工的眼睛还准。

山大弗及镬孔大，田阔弗及口嘴阔。大山长满了柴禾，砍下来塞进灶膛烧火，一年到头能烧光所有的柴，小小的灶口比大大的山还要大。田地够开阔了，收获的粮食吃进嘴巴，到头来并无多余，看来嘴巴比田更开阔。

一千钿弗及八百现，八百现弗及七百到手钿。商品交易总以现金支付最为实在且令人放心，空头支票开得再高也不知能否兑现，宁愿打个折扣给现的吧。

9.“……弗如……”式

本句式与上式大同小异，“弗如”与“弗及”能画等号，仅仅是口语习惯用哪个的差异吧。

求人弗如求己。自己能做的，或者通过努力能做到的，尽量不要去求别人做了，因为求人得花各种代价不说，你得低三下四地对待，划得来吗？不到万不得已，还是自己解决为好。

长痛弗如短痛。有病不宜拖延，这是常识。虽然求治得花钱，挨刀得熬痛，但疾病久拖会变严重甚至恶变，到那时就医也许更痛而且效果必然更差。

年大弗如春大。民间习俗把立春看得十分重要，甚至比“年”还重要。

择日弗如撞日。过去办喜事如娶亲、乔迁都讲究挑个好日子，但也有人干脆不选日子，结果办下来倒也顺利，好比是撞上了好日子。

长一尺弗如宽一寸。建房的深度重要，但宽度更重要，深度增加一尺，还比不上宽度增加一寸更实用。

种田早弗如录（留）秧老。说到水稻的生长期，会因品种不同而有长短。同一稻种的生长期，等于秧苗在秧田逗留的天数（即秧龄），加上移栽插秧后在大田生长的天数。由此可知，如果农忙季节来不及插秧，让秧苗在秧田多长几天也没事，整个生长期还是固有天数，不会影响成熟时间。那么，就让秧苗在秧田多待几天吧，管理起来比大田还方便呐。

生儿早弗如录（留）㞞老。㞞即精。相较于前条留秧老，本条应属俏皮话一句。

千日洗脚弗如一日洗被。每天要洗脚太烦了，宁愿不洗脚把被子弄脏了用一天洗被子更合算。这不是懒人哲学是什么？

10.“若要……”式

本句式为假设复句，前分句“若要”表示一种假设情况，后分句则是这种情况之下的结果或所取的做法。

若要生，趁后生。如果想当妈妈，还得趁年轻时候。

若要好，问（音 mè）**三老。**如果想把事情办好，就得多向年老的、位高的、辈分长的请教。

若要好，大敬小。要使家庭和睦，长辈不妨放下架子，有些事情，特别是关于新事物、高科技之类，都可以拜小辈为师，虚心地学习。

若要饱，五更饱。早餐吃饱，全天不饿。年轻人，特别是上班族，千万别不吃早餐噢。

若要修，秤头修。与人交易，价实量足是诚信的基本要求。奉劝某些侈谈修行者，还是从这些最基础的方面做起吧。

11."难(难好)……难(难好)……"式

前后两分句都是该否定的行为，为并列关系复句。

穷难瞒，丑难遮。家贫是隐瞒不了的，人丑是遮盖不住的。

矮侬难好坐高凳，穷侬难好配高亲。个子不高别坐高凳，弄不好会摔下来；家庭贫穷不要与富人攀亲戚，多有不相称、遭难堪之处。

有钿难买米，有布难做被。米每天都要吃，如果用钱买粮食，全年该花费多少！有布不能做被，做了一条被单，能做好几件衣服了呀。

菱角塘沿难洗手，梅树脚下难仰头。一切为了避嫌。

12."好……难……"式

前分句"好"意为"能，可以"，后分句"难"与之相反，即"不能，不可以"，全句为并列复句。

天好调，侬难料。老天的事说变就变，因此人难以预料。客观事物与"天"相同。

救难好救，救苦难救。灾难是突发性的，对受难者应该施救；你帮他渡过难关，可以让他灾后重建，功德无量。苦则不同，由于主客观各种原因，这部分人长期过着苦日子，一是你不可能较易帮他改变现状，二是你的相助相帮可能造就部分人的依赖思想，等等。

欺老好欺，欺小(少)难欺。意义近似“只可欺老，弗可欺少”条。

过头饭好食，过头话难讲。讲出去的话，泼出去的水，说话得留余地噢。

13.“会……会……”式

侬会料，天会调。

14.“得……弗……”式

生得亲，买弗亲。

15.“弗……呒……”式

裁缝弗偷布，老嬷呒布裤。

好货弗便宜，便宜呒好货。

16.“呒……有……”式

骙头呒转头，聪明有转头。

17.“有……呒……”式

帮衬老虎有肉食，帮衬家狗呒屙食。

18. “呒……呒……”式

相争呒好口，相打呒好手。

猪多呒好料，侬多呒好菜。

19. “多……多……”式

长侬多痛，矮侬多踊。

聪明多劳碌，骙头多享福。

20. “还该……还该……”式

儿（音 m）好还该媳妇好，囡好还该囡婿好。

以上都是并列复句，也都颇有特色，不能尽列详述。

(二)构词方式

东阳方言中有大量的叠音合成词,它们多为形容词,在句中起到更生动、形象的作用,叠音后缀不同,其程度及感情色彩均不同。

1. 形容词(动词)词根+叠音后缀——ABB 式

红——**红兮兮**:轻微的红。 **红旺旺**:红得很,一片红。
红得得:红得好鲜。 **红沛沛**(音近 pèng):红得可爱。

绿——**绿兮兮**:绿得轻淡。 **绿阴阴**:绿得深暗。
绿厄厄:绿得可爱。 **绿雪雪**:绿得发亮。

黄——**黄兮兮**:微微黄。 **黄渍渍**:黄得深厚。
黄呱呱:黄得可爱。 **黄乃乃**:黄得难看。

白——**白兮兮**:白得浅。 **白涂涂**:白成一片。
白胖胖(音近 póng):白得可爱。 **白光光**:白得发光。

黑——**黑兮兮**:微黑。 **黑洞洞**:黑得深沉。
黑涂涂:漆黑一片。

乌——**乌兮兮**:黑得较浅。 **乌朱朱**:黑得可爱。
乌油油:乌黑发亮。

冷——**冷兮兮**:有点冷。 **冷阴阴**:阴而冷。
冷冻冻:冷得很。

热——**热兮兮**:微微热。 **热烘烘**:很有些热。
热烹烹:热得很。

苦——**苦兮兮**:微苦。 **苦津津**:味道够苦的。
苦淋淋:苦得要命。

甜——**甜兮兮**:稍甜。 **甜蜜蜜**:甜如蜜糖。

甜腻腻:甜得腻口。

空——**空兮兮**:略感空闲。 **空落落**:空空如也。

寿——**寿兮兮**:稍觉自卑。 **寿答答**:自卑得抬头不起。

齐——**齐崭崭**(音近节节儿):相当整齐。

齐刷刷:一下子变得整齐。

实——**实别别**:实得沉重。 **实丘丘**:实得坚固。

亮——**亮晃晃**:亮光闪烁。 **亮雪雪**:雪亮雪亮的。

火——**火淋淋**:一肚子火。

凶——**凶巴巴**:气势汹汹。

木——**木滋滋**:感觉有些麻木。

直——**直光光**:眼光发直。

粉——**粉栖栖**:满口生粉感,难以下咽。 **粉忒忒**:粉得够味。

埨——**埨彭彭**:满是灰尘。

哼——**哼记记**:太吵闹了。

贱——**贱爬爬**:一副犯贱的样子。

阴——**阴兮兮**:稍有点阴。 **阴冬冬**:阴得厚实。

阴沉沉:阴得深沉。

油——**油渌渌**:油得好看。 **油滑滑**:油得光溜。

糊——**糊泥泥**:糊得黏手。 **糊答答**:糊得均匀。

嫩——**嫩出出**(白读):粉嫩粉嫩。 **嫩嘟嘟**:嫩得可爱。

汗——**汗滋滋**:微微渗汗。 **汗淋淋**:大汗淋漓。

急——**急兮兮**:有些急。 **急淋淋**:相当急。

急匆匆:急的形象跃然纸上。

痛——**痛兮兮**:有点痛。 **痛悠悠**:隐隐痛。

痒——**痒兮兮**:微微痒。 **痒挖挖**:痒得难以忍受。

笑——**笑兮兮**:微微笑。 **笑眯眯**:笑得可爱。

笑盈盈(音 xing):满脸带笑。

哭——**哭涟涟**(音 li):哭得一脸愁苦。 **哭哀哀**:哭得悲痛。

抖——**抖淋淋**:瑟瑟发抖状。

原载《东阳日报》2011 年 5 月 25 日

“东阳方言大家侃”专栏

2. 叠音前缀十动词(形容词)词根——AAB 式

白白利:白白地。

跌跌冲:跌跌撞撞的样子。

渐渐(音 qìn)**上**:步步紧逼样。

宽宽慢:不慌不忙地。

哈哈笑:高声大笑。

悠悠痛:隐隐作痛。

赤赤厉:厉声地。

咯咯抖:瑟瑟发抖。

渐渐(音近 xì)**赶**:慢慢地来。

呱呱叫:叫得响的牌子;相当不错。

弹弹动儿:富有弹性样。

滑滑溜:非常光滑。

原载《东阳日报》2011 年 5 月 25 日
"东阳方言大家侃"专栏

3. 词根十固定后缀

(1)词根+后缀"舫"(音近"堆"上声,带有"胡扯"意)

乱**舫**　赤痴**舫**　阴间**舫**　活烂**舫**　乱念八**舫**　话乱念**舫**　无空白**舫**　罕见八**舫**　乱七八**舫**　歪劢狗**舫**(千祥)——以上为合成词。

乱**舫**西游记,麻糍馒臭气。

乱**舫**西游记,毛头拖田鸡。——以上为句子。

(2)词根+后缀"八舫"(有"乱扯一气"意)

乱七**八舫**(乱七八半——千祥)　乱念**八舫**　罕见**八舫**

(3)词根+后缀"八灶"(有"的样子"意)

疑心**八灶**　仰天**八灶**　厌丑(缓慢)**八灶**　火淋**八灶**

(4)词根+后缀"戏记"(与程度副词"很"相近)

骇头**戏记**　妖六**戏记**　寿头**戏记**　半级**戏记**　懵懂**戏记**

(5)词根+后缀"敧糙"(近似于程度副词"得很")

拾依**敧糙**:刺耳得很。

肮脏**敧糙**:肮脏得很。

强依**敧糙**:心神非常不安宁。

搓依**敧糙**:挡住手脚,妨碍行动。

(6)词根+后缀"干"(有"近"、"差不多"意)

身**干**　近**干**　脚**干**　口嘴**干**　——以上指方位靠近。

年**干** 月半**干** 端午**干** 重阳**干** 天亮**干** 夜快**干** 食午饭**干** ——以上指时间接近。

中等**干**(音敢) 子午**干**(音敢) ——以上指程度接近。

(7)词干(无主句)+**后缀“扣”**(或音 hóu)(相当于“的样子”)

跌撞**扣** 蜜甜**扣** 段浸 hóu(吸饱了水分) 慌记死 hóu

难记死 hóu 乱难听**扣** 塌台记死 hóu 做侬家记死 hóu

特例:氽记**扣**(将生菜肴置于沸水中浸泡一会),此处之“扣”不同于以上诸例,应理解为“时间与过程”的“过去时”或“程度”。

(8)词根+**后缀“亨”**(相当于“像……的样子”)

△关爷**亨**(脸红) 张飞**亨**(脸黑) 钟馗**亨**(凶神恶煞般) 李固**亨**(反骨、卖主) 时迁**亨**(上蹿下跳、翻墙上房) 秋娘**亨**(吸引人、迷惑人) 皂隶**亨**(凶恶、无情)——以上“词根”为人物。

△游魂**亨**(注意力不集中、飘忽不定样) 召魂**亨**(反复招呼不停) 呕街儿**亨**(如方岩脚乞讨者) 火爆蚤**亨**(行动不稳、急躁无比) 寒侬鸡**亨**(衣少挨冻状) 泥鳅**亨**(圆滑) 赤(吸)血**亨**(像抽干了血) 汤罐**亨**(毫无应对之法) 针戳**亨**(针刺一般) 刀割来**亨**(刀砍一般) 螳(音近骨)螂**亨**(精瘦) 壁吸壳**亨**(肚皮贴背般) 饲家狗**亨**(养了得不到回报) 呕出来**亨**(过分宠爱) 鸟(diǎo)背窠**亨**(极言建房之艰) 火炮头**亨**(个子矮) 麦芒针**亨**(气度细小) [鼻头梁]一管**亨**(鼻梁挺而直) [娘且]梨头蝮**亨**(拉下了脸) [胡须]葱根**亨**(多而密) [眼睛]铜铃**亨**(圆凸) [手指头冻得]红萝卜**亨**(红通通) [手指头笨得]哈(和)脚指头**亨**(不灵活) [口嘴、讲话]哈(和)米糊**亨**(不留空当、没有棱角) [喉咙]哈(和)敲破锣**亨**(音色极差) [短得]蚂罕骨儿**亨**(很短一段) [撞或压得]凹瘪馃**亨**(像压扁的米馃样) [食起馄饨]吞**亨**(狼吞虎咽状) 眼睛鼻头拾得一揿**亨**——以上词根多为事物。

(9)词根+**后缀“猛”**(相当于“得很”)

好**猛** 凇**猛** 香**猛** 厌丑**猛** 像样**猛** 本事**猛**

(10)词根+**后缀“佬”**(……的人:轻视的称呼)

扪蛇**佬** 剃头**佬** 独自**佬** 光棍**佬** 讨饭**佬** 哑**佬**(千祥话:哑巴)

(11)词根+**后缀“乌龟儿**(音阄)**”**(老是弯腰弓背地劳作,就像乌龟一样)

田**乌龟**(种田人) 篾**乌龟**(篾匠)

原载《东阳日报》2011 年 6 月 2 日
“东阳方言大家侃”专栏

4. 固定前缀十词根

(1)前缀“浪”(相当于“很”)**＋词根**

浪厌气(太慢) **浪**嗡臭(很臭) **浪**滑溜(很滑) **浪**难听(很难听) **浪**难瞠(很难看) **浪**难食(很难吃) **浪**呒兴(太没伴儿了) **浪**做侬家(过分节俭)

(2)前缀“阿”(表示亲热,同时补足音节,使称呼成为双音节词)**＋词根**

阿爸 **阿**姆 **阿**哥 **阿**姐 **阿**叔 **阿**婶 **阿**伯 **阿**婼

(3)前缀“老”(表示热乎,同时补足音节,使称呼成为双音节词)**＋词根**

老公 **老**嬷 **老**婆舅 **老**婆舅姆

5. 叠音词

AB→AABB

由双音节词变成四音节叠音词,能起强调作用,从而加深程度。

(1)形容词类

摸索——**摸摸索索**　　透栅(苗条)——**透透栅栅**

宽慢——**宽宽慢慢**　　毛糙——**毛毛糙糙**

仔细——**仔仔细细**　　懵懂——**懵懵懂懂**

清忒——**清清忒忒**　　体面——**体体面面**

细详——**细细详详**　　清楚——**清清楚楚**

勤加(勤劳节俭)——**勤勤加加**　　哇作(令人作呕)——**哇哇作作**

(2)动词类

讲谈——**讲讲谈谈**　　积蓄——**积积蓄蓄**

(3)方位名词类

前后——**前前后后**　　上下(音落)——**上上下下**

AB→ABAB

一般由两个动词重复强调。如：

照顾照顾　遮盖遮盖　奉承奉承　记挂记挂

6. 呼应词

采用相对或相反的语素(互文)构成合成词,能产生强烈的对比或相互衬托之作用,使合成之后的词语感情色彩更加鲜明,表达效果尤其突出。细分如下三类：

ABCD 型——A 与 C 相对或相反,B 与 D 相对或相反;A 与 C、B 与 D 为互文关系

意东话西　劻东劻西　搡门捣壁　扯空捏话　敲筋懈骨　夫能妻贵
诉七道八　爬山过岭　说亲道娘　千补万纳　千变万化　翻天倒地
称斤论两　蓬头赤脚　细皮嫩肉　挑嘴弄舌　三对四面　同心并胆
四句八对　四时八节　四邻八舍　三句两话　三姑六婆　七朝八日
七团八囡　六亲九眷　长三短四　前三后四　青菜淡饭　浅茶满酒
咸鱼淡鳖　千钿万贯　鞋头袜脚　冬青夏鲤(鱼)
前娘晚(音马)儿(音 m)

ACAD 型——C 与 D 相对或相反,C 与 D 为互文关系

寻东寻西　嫌三嫌四　比三比四　比前比后　想前想后　三跪三拜
黑五黑六　大门大路　霉头霉脑　踏天踏地　召龙召虎　花食花用
舞手舞脚　挈手挈脚　不中不可　挣死挣活　做死做活　自讲自念
自解自宽　自生自灭　对哭对笑　乱讲乱话　百依百顺

ACBC 型——A 与 B 相对或相反,A 与 B 互文

搂搜挖搜　天伦地伦　红汗白汗

A 里 AB 型——A 与 B 为同个形容词

懵里懵懂　毛里毛糙　糊里糊涂　啰里啰嗦　粗里粗糙

原载《东阳日报》2011 年 6 月 2 日
"东阳方言大家侃"专栏

7. 扩词

以某个基本语素为中心进行扩词,也是东阳方言丰富语言的方式之一。经过扩大的语词,包含着中心语素的基本含义,而在实际应用中,所扩语词之间,应该有程度、情状、应用范围、应用对象及具体语境方面的差异,因而丰富了东阳方言的语汇。

(1)用以扩词的基本语素多为动词或形容词

空——无空　无空白地　无空白舫　无空造孽　无没扯(音近 cì)空　无地不(白)空

乱——乱扯(音堆)　乱扯戏记　乱七八扯　乱七八半(白读)　乱讲乱话　乱扯西游记

骇——骇大　骇不大　骇大神倌　骇大(头)戏记　骇头痴聪

哄——哄怪　大头哄　哄天怪　哄天八怪　大头清(趁)哄　白闯哄会场　东阳哄三日弗哄断侬种

妖——妖六　妖六戏记　三弗妖翘

踏——踏天　三踏　八踏　踏天踏地(踏:胡编乱造)

便——方便　圆便　就便　凑便　带便　一带式便

回——回话　回对　回里回话　回三回地　回七回八　回头招牌

黑——墨黑　墨黑洞乌　墨漆里黑　墨秃里黑

乌——墨乌　墨秃乌　墨黑洞乌　墨秃里乌　墨朱里乌

乱念——话乱念　乱念话　话乱仙念　话乱念扯(音堆)　乱念八扯(音堆)
乱念八腔(千祥)　乱讲乱念　活扯(音尺白)乱念

半级——半三两级　半三不级　半级戏记　半级伦敦　半级呒药医

宽慢——宽慢干　宽慢四六　宽宽慢慢　宽慢侬宽慢福

懵懂——懵懂戏记　懵懵懂懂　懵里懵懂

毛糙——毛毛糙糙　毛里毛糙

拉债——拉债戏记　拉里拉债(拉债:做事粗糙,不细致)

嘞舫——嘞里嘞舫　嘞舫八舫(嘞舫:麻烦,拖泥带水)

弗知——三弗知头　莫名弗知

骆驼——骆驼坯　犯贱骆驼　呒千斤弗行(白读)厄骆驼

(2)以名词为中心语素扩词的,除上列"骆驼"外,有衣服类的如:

襦——棉襦　夹襦　棉夹襦　羊皮襦

褂——夹板褂　捆(紧)身褂　毛线褂　羊皮褂　背心褂

布衫——长布衫　布衫头　土布衫　竹布衫　布衫头裤

另如麻木心侬、游别时光、呒生变有、冷粥奴才、零碎百件等,加线部分为中心语素,体现该合成词的中心意思。

原载《东阳日报》2011年6月2日
"东阳方言大家侃"专栏

8. 东阳方言中虚词的巧用

汉语言里的名词、动词、形容词、数词、量词和代词,是具有实在意义的词,称作实词。相对于实词的另一半词,其意义会显得"虚"些,次要一些,叫作虚词。虽然如此,但是虚词在组词、造句、行文中,仍是不可或缺的一类词。东阳方言中,同样有不少特有的虚词,应用频率也不低。兹分类说明之。

副词

表示程度的副词“**猛**”，相当于普通话中的“很”。例如：好食猛、好猛、像样猛、凶猛、恶猛、做侬家猛。请注意，这个表程度的“猛”是置于动词、形容词或某短语的后面，因而可以看成“得很”，从句子成分分析就该是补语了。这与普通话的“很”好吃、“很”好看、“很”美丽、“很”凶、“很”恶、“很”节俭有些不一样。

程度副词“**浪**”，得用在动词或形容词之前，属于现代汉语的标准用法。浪难听、浪厌气（很缓慢）、浪做侬家，等等都是。“浪”用来修饰描摹差的事物居多。

“**忒**”做程度副词，无论音、义都近乎现代汉语的“太”，表示“极”的程度，如忒个贵、忒烫侬、忒乔薄（单薄）、忒弗负责。

表示肯定、否定的副词较多。如表否定的“**弗（不）**”、“**弗可（不能）**”、“**呒（无）**”、“**呒没（没有）**”、“**难（不）**”、“**难好（不能）**”；表肯定的“**好（能）**”、“**可（可以）**”、“**只（只可）**”，在东阳方言里许多被作为复句的关联词语应用，这在拙作《东阳方言·特殊句式》中专门列出十余种句式，“只可……弗可……”，“只有……呒没……”，“弗恒……只恒……”，“弗（弗可）……弗（弗可）……”，“难（难好）……难（难好）……”，“呒……有……”，“有……呒……”等即是。这里着重要介绍一个否定副词“**朆**”。据《新华字典》大字本标注：“**朆** fēn.〈方〉不曾，没。”该字在方言里组成不少语词：**朆**见过（少见），头毛**朆**燥，倒罢**朆**葬，后股毛**朆**硬，**朆**放屙前呼狗，大麦**朆**割割小麦，惊蛰**朆**到先响雷，**朆**当家弗晓得柴米贵。

表示范围的副词有：**都、总、只（只有）、统个、和个。**例如：都来，都好，总抓，只尔弗晓得，统个到田畈去，和个烂罢。

表语气的副词：**偏**（要讲话），**偏生**（弗听尔讲）。

表重复、连续、并行的副词：**再、添、做堆（做块）**，如：再讲一遍，食碗添，做块过来。

介词

介词系介绍之词。表对象的介词“**贴**（替）”：我贴尔烧饭，贴我背凳。表比较的介词**弗及、弗如**，拙文《东阳方言·特殊句式》中的例句十分丰富。

连词

方言里的“**哈**”相当于普通话中的和:我哈佢甚好,哈你讲弗灵清,张三哈李四一起玩。

助词

结构助词“**厄**(的)”:我厄书在书包里。

时态助词“**罢**(了)”:十二个时辰圆满罢;侬都倒去罢,还要讲佢弗好?

叹词

表示应答的:**噢嘞**! 表示惊叹的:**噢呵**!

余不赘举。

9. 基数词在东阳方言中的运用

数词中的一到十,到百、千、万等整数,统称为基数词,以对应第一、第二那些序数词。东阳方言中,带基数词的语词为数不少,且如一、三、十、千等的使用频率还颇高。兹将一些以基数词打头的方言语词摘录列举如后。

以一打头的方言语词——

一向:从来。

一记:(敲或打)一下。

一记儿:一会儿。

一时[节]:没多久。

一家儿:全家。

一忽:(睡了)一觉。

一凑:无中生有。

一凑千:比喻能把一说成千的诳言或人。

一生世:一辈子;老是。

一声响：一锤定音。

一别蹚：用手推（捅）人，使之一下倒地。

一匝四圈：周围一圈。

一心思想：一门心思。

一忒加（白读）**之**：总共。

以一打头的俗语——

一股脉弗通/一股脉搭牢：思虑不够周全；顾此失彼；头脑不清。

一分钿，一分货：物有所值。

一井水食到头：喻一女不嫁二夫。

一日三餐求安职：民以食为天，其他都不重要；安贫乐道、小富即安。

一侬呒没两侬计：人多主意才多。

一日相争三日穷：家和万事兴。

一家因争两家气：出嫁女儿还得同时为娘家着想。

一分铜钿成买卖：只要出过钱，价格再贱也是属于我的了。

一世聪明一时骇：聪明人一时糊涂罢。

一日赤膊，三日勾缩：暖一天，冷三天。

一句太少，两句太多：很难评说。

一代竖屋，三代构接：旧时造房子是大工程，自己手上能搭建屋架就已不错，分割、装修、配套诸项工程只能留给下一二代去完成了。

一个碗弗响，两个碗叮当：人多口杂。

一精搭一肥（音皮），**买肉搭脚蹄**：过去蹄膀猪爪因骨头多而少有人买，往往要拿来搭售。

一个铜钿瞓得笠帽亨大：过分看重钱财。

一个铜钿掰做两个亨用：精打细算。

一代亲，二代表，三代门外喊（音 ōu）**嫂嫂**：隔了代亲情即疏远。

一把斧头一把锯（音够），**漫块**（哪里）**赚钿漫块去**（音扣）：东阳多木匠师傅，外出打工赚钱实为正常，可是在“狠批资本主义”的年代，像这句话就能写入批判发言稿内了。

一家囡，百家求，一家求去（音扣）**九十九家丢**：家有未订婚的姑娘，上门求婚者多也不能拒不招待；只要答应了一家，其余各家自然不会再上门来。

一千钿，弗及八百现；八百现，弗及七百到手钿：要账难，难于上青天；向你赊欠一千，还不如向他收现金七百呐。

以一打头的谚语——

一人富，十人妒：反映普遍的陋习。

一娘生九子，连娘十条心：人心不同，性格各异，即使同胞手足也然，同胞不同心。

一夜夫妻百夜恩，百夜夫妻海样深：最亲莫过于夫妻。

一家弗晓得一家事，和尚弗晓得大智寺：横店的大智寺，始建于南朝梁大同十年(544)，至今已有1471年的历史。如此有名的古寺，和尚不知其名就有些怪。但是正如家家有本难念的经一般，和尚不晓得大智寺并不值得大惊小怪。

一个囡(音m，义儿子)**，孤依隔壁；两个囡，搡门倒壁；三个囡，铜墙铁壁：**宣扬多子多福、人多势众。

以一打头的歇后语——

一粒油麻一个孴(音yì，谐意)——礼轻情意重

一株肚肠通屁股——毫无保留

一个吹箫，一个捺孔——不协调

一张床弗眠两样侬——一路货色

一头弗着，头头拾(音射白)**岩塔**——到处碰壁

一只手㧟弗得两吉(只)**蟹**(音汉)——顾此失彼

以一打头的歌谣——

(童谣)**一二一，瘌头教操练**(音lì)。

一粒麻戻(麻子)**一丘田，两粒麻戻好过年。**

一个和尚担水食，两个和尚扛水食，三个和尚呒水食。

(民谣)**一个樱桐半个红，一村侬家半村穷：**解放前村里穷人居多。

(地名谣)**一都许，两头门，三头颈**(横店三景头)**，四田畈**(千祥四路口)**，五桐青，六石口，七里寺，八担头**(湖溪八达)**，九坞天山，十里头。**

一到十的谜语——

一脚蹬一蹬，两脚喊(音ōu)**天门，三脚坐中堂，四脚请侬客，五脚上台盘，六**

脚两层楼，七脚天上走，八脚爬壁头，九脚骑凳头，十脚横向走。（谜底：秧凳、雄鸡、三脚马、八仙桌、龟鳖、纱绕、七戳星座、八脚蟢、草鞋爬钩、蟹）

此外，尚有一些特殊用法，如：**一九两九弗出手**（识天谚语），**一点恭喜**（搭拳用语），等等。

以二（两）打头的语词——

二，在东阳方言中都读作“两”（白读）。“二（èr）”在方言口语中几乎就不存在。

两造：当事双方。

两齿：一种锄头。

两头钩：两头捎成上翘的竹扁担。

两头直（千祥）：两头削出缺口，可以挂住重物的竹扁担。

两公婆：夫妻俩。

两（二）百五：特指不聪明、欠通达，近乎傻呆者。

两弗接头：双方的思想或行为不衔接。

两手弗割交：大意同前条，相关双方未作移交，或计划、行动互不了解，甚至产生隔阂。

以二（两）打头的方言俗语——

两公婆相争常事，别个去劝多事：夫妻间争吵没什么大不了的。

两头柴楤——两面戳（挑）

（童谣）**两股辫，偷豆荚，偷得老公食得壮便便。**

两面沿里破草鞋，中央大老爷；两面沿里花手巾，中央狗屙芯。

（谜语）**两叔伯姆出游戏，一摧摧着五小姐，一把来抓起，一跌掼在地。**（打一动作：擤鼻涕）

以三打头的方言语词——

三更：半夜。

三齿：将锄板分成三股的锄头。

三熟田：能种春夏秋三季作物的良田。

三合土:黄金泥、小石子加石灰拌和捣烂的建筑材料,用来砌猪牛栏、筑水坝、修渠道等。

三元尺:过去裁缝师傅或织布时用的老式尺子,比市尺要短。

三间正:以三间正屋为一幢的房屋。

三脚马:一种木工用来架定木料的工具;比喻有点武术基本功者。

三脚凳:木工用以固定树料的工具,利用三点成面的科学道理。也称作马。

三脚掌:以三根细木(或竹)棒捆在一起,撑开站立,用以架竹竿晾晒衣物的简单用具。

三日香:喻指干事无恒心者。

三弗知头:出人意料,忽然间。

三弗腰翘:喜欢卖弄自己。

三姑六婆:对精于挑弄是非、说情做媒、无所不能的女人的概称。

三对四面:几方当事人面对面。

三句两话:说话干脆。

三跪(音近距)**三拜**:敬上的礼数。

三十六桶:石蒜科野菜,据说要冲汰三十六遍才能无毒而得名,饥荒年代用以充饥。

以三打头的俗语——

三霜抵六月:下三日浓霜对农作物的伤害,抵得上六月的烈日。

三千三,薄薄摊:老式建房盖老式瓦片,一间房 3300 张瓦能勉强应付。

三个五更抵一工:鼓励早起勤干。

三分人才七分扮:穿衣打扮至关重要。

三世修来朝南地:朝南的住房是最佳的,怪不得要用三世的修行才能换来呐。

三大拳打弗屁出:性格内向,不善言辞。

三个内家,抵阵老鸹(鸦):女人嘴杂。

三八廿八,各自算法:三八该是廿四,但也可能得出廿八的结果呀,这可是我独有的计算方法呵。俏皮话一句,说明自信。

三岁打(音乃)**娘,笑;三十打娘,吊**(上吊):养儿不可宠儿,宠儿就是害儿。

三年两头闰,三年两弗闰:农历闰年规律。

三日弗见八面山,便要想爷娘:故土难忘,八面山可是横店的地标哟。

三个五更弗洗面,抵过老虎亨健:忙得连洗脸也顾不上时的自我解嘲的俏皮话。

三十夜,坐长夜:除夕夜守岁习俗。

三十日，浑水都要涨三分：逢年过节物价只涨不落，自有道理。

三日清明四日年，端午一个大午前（上午）：区分节日重要程度。

三月清明弗见青，二月清明蓬蓬青：清明节气处于农历三月的这年，天气回暖迟，植物返青晚；如果清明在农历二月那一年，春天来得相应早些。

三夜油麻四夜粟，五夜荞麦出弗足：作物出苗所需的时间有长短。

三十弗豪，四十弗富，五十防死路：兴业发家趁年轻。

三十六个好种田，公婆两个好过年：干活人要多，吃喝人宜少。

三月桃花一时红，风吹雨打一场空：喻好景不长。

三十无子平平过，四十无子冷清清，五十无子吮侬敬（音 gèng），**六十无子断六亲**：生儿为了防老。

三兄四弟一条心，门前泥土变黄金；三兄四弟各条心，家内黄金化灰尘：同胞兄弟团结一心，才能发家致富。此条引自东阳流行年代较久、流行范围颇广的劝善歌《花名宝卷》。

三十夜厄（的）**饭甑**——没空闲　　　　**三十夜饲年猪**——来不及

三个乌龟（音阄去声）**整个鳖**——弗鳖（谐瘪）也鳖（瘪）

以三打头的字谜——

三点水，撇一撇，三只老鸹歇一歇，叽叽嘎，叽叽嘎，下底一个船老大。（打一字：溪）

还有猜拳专用语“**三元及第**”等。

以四打头的方言语词——

四轿：四人抬的花轿。　　　　**四齿**：锄板一分为四的锄头。

四尺凳：配合八仙桌的双人长凳，凳板长约鲁班尺四尺。

四角斗篮：家用篾编篮子，有四只角，篮底呈正方形。

四邻八舍：左邻右舍。

四时八节：泛指一年四季各种节日、节气。

四句八对：成对成双的韵文。

四方四正（阳平降调）：（每边每面）方方正正样。

四方捣臼：石臼一般为圆形，四方者喻婚姻系人生大事，须慎之又慎，犹如四方形的捣臼，既沉重又有棱角，一旦翻进家门，要重新翻出去实为不易，所谓翻进容易翻出难者也。此条也可写作歇后语：**四方捣臼**——翻进容易翻出难。

以四打头的草(打一实物)谜——

四角玲珑，挂上梁峰，美人吹箫(呼吸)**，活佛扇风。**(打一日常用品：蚊帐)

四角空空，挂在梁峰，里面吹箫打鼓，外面活佛扇风。(同上)

四柱四横档，和尚坐中央，尼姑来插香，觞牢弗肯放。(打一行为：小儿坐车。)(按：小儿按入坐车后，母亲得把活动面板送紧，并插入铁丝或篾棒固定；此时小孩会扯住妈妈不让离开。)

四角弗落地，无云不能飞，弗食凡间油盐米，只食两样好东西。(打一天象：天狗食日，天狗食月，即日食和月食。)

四四方方一座城，里藏兵马外藏人，肚里计策多得紧，弗带刀枪要杀人。(打一游艺：弈棋)

以六打头的语词——

六月雪：一种野生的草本茶，枝头六月前后开花，民间采全草夏秋季泡茶饮用，能清凉消暑。

六尺杆：木工用具，做成鲁班尺六尺的长度，画出尺寸刻度，髹漆，既可作扁担挑工具，又能丈量木料。

六豆牙(谐绿豆芽)：对婴儿满六个月就长乳牙的专门称呼，一般要到九个月才长。

六亲九眷：泛指男女方、上下代所有亲戚。

六亲弗认(白读，音近 xìn)：斥人不顾情面、不卖亲戚面子的做法。

以六打头的识天谚语——

六月旡夜和(雨)：农历六月很少晚上下雨。

六月和雨隔田塍：农历六月的雨相隔一条田埂就可能晴雨两重天。

六月六，猫儿(音 m)**家狗好洗浴**：六月天热，连猫狗也要泡进水里纳凉，人当然可以下水洗澡了。

六月初一难得晴，七月初一难得落：揭示一般的晴雨规律。

六月潮云活见鬼（音矩），**七月潮云满泡**（音近麦博）**水**：农历六月忽晴忽雨（退云）却下不了多少雨，七月的潮云却满含雨水。

以六打头的俗语——

六月伤风真伤风：伤风感冒好发于寒冷的冬天或天气多变的春季，农历六月较少发生；如遇六月伤风感冒可得格外注意，需及时治疗才好。

六十笤帚要成精：笤帚使用久了也会变成精怪，何况是上六十岁的人见多识广、经验丰富，自然懂得各种道理，善于应付各种复杂局面。

六个月大，六个月小：喻顺利时也会碰上困难，窝囊者也有翻身之日。

六月穿棉袄，我自本钿好：嘲笑某些穿衣不合时令者的俏皮话。

六月做弗有，十二月戏弗穷：六月干得再多也当不了财主，十二月再闲也不会因此变穷——安慰自己忙季不必拼命，闲季可以安闲度过。

六十岁学绕脚——为时已晚

以六打头的谜语——

六角十二头，人人都是有，神仙趨弗着，四十二只脚，尔若弗相信，廿四只眼睛。（打十二种活物：十二生肖）

还有猜拳用语“**六六全丰**”等。

以七打头的语词——

七戳（簇）：星座名，黎明时出现在东方，以七颗星构成。

“七”里：人亡后每七天为一个“七”，在世亲人要祭拜；过完七个“七”共四十九天，才算丧家完结；习惯上头“七”以六天计。以上四十八天称为“七”里。

七斗缸：可装七桶水的陶缸。

七朝八日：拖延时日。 **七团**（音 m）**八囡**：形容子女成群。

七孔流血：两眼、双耳、两鼻孔，连同嘴合称七窍；以上各处出血，生命将不保也。

七抓旁（音彭）**抓**：说三道四、口角不停。

七月七秋凉：农历七月进入秋季，天气渐渐凉爽。

七十二样痨：旧时医学科学落后，诊断技术差劲，许多重危病症、疑难杂症无法治疗，于是一概称为“痨病”，总数达“七十二”之多，合称七十二样痨。

七弗出，八弗转：家乡系传统意义的建筑之乡、工艺美术之乡，各种手艺人聚集，出门赚钱者众多，形成一种不成文的习俗：遇古历“七”的日子不能出门，逢“八”的日子不可启程回家。

七坐八爬九出牙（白读）：婴儿成长规律。

七世修个街市头：生为人能住在城镇，活在街市地面是极大的幸运，需得经历七世的虔诚修行才成呵。与前“三世修来朝南屋”对应。

七煞七煞，疙里疙瘩（音搭白读）：算命人的口语，认为值年星宿不好，全年不会顺利。

以七打头的方言俗语——

七月半，糖饧（音洋白）**顿**（音近 dè）；**八月半，芋当顿**：约定俗成的饮食习惯。农历七月半，新米上桌，吃顿糖饧主餐也应该；八月半，芋艿成熟充作主食。

七月半，见花娘；八月半，做衣裳（千祥）：农历七月半，棉花可以采摘了；摘下棉花、轧籽、弹棉、纺纱、织布，到了八月半就可制作新衣了——全是自然经济的操作流程。

七斗缸，置猪头；八斗缸，置脂油：上门“扫尘了”、“滚元宝”兼乞讨者的讨彩话，与“饲猪大如牛，饲牛高如楼”类同。

七晴弗过夜，八晴 zhuā、zhuā、zhuā，**九晴连头带**：晴雨变化与农历日子的连带关系，是否科学该打问号。

七月半，蜢虫上打（音乃）**算**（多）；**八月半，蜢虫去**（音扣）**一半；九月九，蜢虫叮捣臼；十月十，蜢虫叮造佛**：蚊子生长、活动规律：七月最多，八月减少，九月以后基本不咬人了。

童谣——**七戳**（簇）**七粒星，念得七遍好**（可）**聪明**：要求小孩子一口气连念七遍，就是聪明人了。

谜语——**七弯八曲**（音壳白读），**麻脸**（音戾）**凹**（音休）**鼻，姐妹一二三，同屋弗同间。**（落花生）

此外尚有猜拳语“**七窍图**”。

以八打头的方言语词——

八仙桌　　　　**八斗缸**

八月柴：就是民间约定俗成以农历八月为开山斫柴季节，此时柴禾长成尚未落叶,田间农活较空。

八字脚:走路两脚外撇者。与“斗尖脚”相对。

八月十三乱穿衣:进入秋季,天气多变,人们穿夏衣、秋衣者都有。

八月龙风碎,有米呒柴煨:台风多发季节,柴火容易供不上来。

八十岁也少弗落爷娘:对子女最亲、最好、最关心的就是父母。此句既反映父母挚爱子女,也表示子女永远敬重、牵挂父母,年岁越大越甚。

八仙寿:猜拳用语。

以九打头的方言语词——

九头兰:一个花枝长了九朵(不绝对)兰的一种兰花,与“麦兰花”(一枝仅一朵)对应。

九九弗离娘:九九归一,归根到底。

九九八十一,只赚弗会蚀:民间习俗,老人81岁过世需行“讨饭”葬仪,亡者家人扮成乞丐上门讨“百家饭”时,口中念着此词。

九九八十一,犁耙耕耖一齐出:识天农事谚语,冬至前一天起,每9天为一个“九”,总共九个“九”。

九门响动——名声在外

九十九,九十九,廿三加廿九——二百五(千祥)

九魁秀:猜拳用语。

以十打头的方言语词——

十里红:旧时财主人家嫁女,嫁妆排成十里路长,极言排场之大、数量之多。

十月朝(交)**:**湖溪、防军等地农历十月的交流会。

十样亨:旧时丧家打道场、做佛事要张挂地狱场景画卷称十样,宣扬的都是地狱受刑受苦情状。此语意为有气无力、一副鬼魂模样。

十个(音股)**呒法:**实在没有办法。

十个弗相信:坚决不信这一套。

十八墙:一种砖墙的规格,墙厚18厘米(相当于砖块宽度的1.5倍),两块平放、一块竖砌。

十三间头:老式房屋的一种结构样式,全幢13间,分三面围成一个门堂。

以十打头的俗语——

十月芙蓉赛牡丹:极言芙蓉之美,堪与牡丹媲美。

十年财主轮流做:安慰贫穷者,警示富有者。

十分英雄难用尽(白读):凡事须留余地。

十个手指(音质)**头有长短**:凡人凡事不可强求。

十里路,叫(音近 ōu)**;门口头,丢**:乖巧之人的通病,离家老远处客气地叫客,快到家门口处却闷声弗响也。

十分朋友弗及一分亲:友毕竟是友,亲确实是亲,终究不同;某些关键时刻与关键事情,亲戚比朋友更靠得住。

十日浇三浇,月日(30 天)**动薄刀**:种菜得勤施肥才长得快,一个月就能割来吃。

十包九弗净,贴茶贴点心:东阳习俗,各行当包净活,雇主家也会补贴茶水和点心。此也为礼仪之邦的佐证。

十月初十晴,炭火满街迎(千祥):十月初十若是晴天,则当年冬天是"暖冬",出卖木炭生意就不好,得沿街上门叫卖。

十七八,夹毛松树连根拔:十七八岁小伙力大无比,可把活的松树连根拔起。

十个内家九个"半"(音近 be)**,剩落一个骇头货**:轻视妇女的怪论。"半",又称半犗(音级)。

十个癞头九个"妖"(爱出风头)**,十个麻脸**(音戾)**九个骚**:带有人格侮辱的俏皮话罢。

十窍便有九窍通——一窍不通

十股毛病九股九——病入膏肓

十二个时辰圆满罢——忍一忍

谜语——**十个和尚劢袋口,五个和尚钻归去**(音矩扣)。(打一生活动作:穿袜子)

以百打头的方言语词——

百专:多面手。

百岁:人亡故的讳饰讲法。

百骗(伯豁)**烧**:空话连篇者;诈骗犯。

百滚无毒:高温消毒。

百日百挨(音 á):忍耐再忍耐。

百依百顺:凡有要求都给以满足。

百无禁忌:可以放开手脚干去。

百姓百姓百样心:人多心不齐。

百样弗学,得个安乐:能者自然多劳,不会者反而安耽。

以千打头的方言语词——

千年基:建房地基要历千百年而不塌陷,必须打好基础。

千世忙:无空闲时间的大忙人;自我解嘲用语。

千人井:旧时丢弃夭亡儿尸的深井,也称千人间(千祥)。

千儿(音 m)**百套**(趟、次、回):极言多次。

千变万化:特指家内闹矛盾,往外捅娄子。

千补万纳:"新三年,旧三年,缝缝补补又三年",即需反复补纳穿用。

千大一个礼:不论先前说话做事如何过头,只要能诚恳道歉改过,就是最大的礼数。

千间屋,既间空:如果不善收纳整理,纵有千间房子也不会有一间空着。

千担货,既担干:把腌好的咸菜晒成霉干菜,将刨成片或丝的萝卜晒作干,或是切片的葫芦晾成干等,由于前者水分含量高,其成品率都会很低。

千生世赠见过:喻罕见事物;讥自认稀罕、其实不然的人或事。

千工生活脚里做:基础活儿对于建屋造楼十分重要,绝不可马虎从事甚或偷工减料。

千日(白读)**胡琴百日箫**:前者难奏,后者易学。

千谢万谢三十夜:除夕谢佛口语。

千锢万贯(音坤),**手艺防身**:作为建筑之乡流行久长的忠告,以手艺(技术)养家最为可靠。

千人同桌,万人共(音近 jiòng)**杯**:指的是对先祖祭祀形式,召请的祖宗亡灵及其阴间朋友再多,也仅用一桌、六座、三酒、三饭、三菜而已,实乃虚妄,仅为心意而已。

千年楼角枫,万年水底松:以上两种系不会虫蛀霉变的典型。

千锢想万锢,皇帝想神仙:永不满足,贪得无厌。

千日洗脚,弗如一日洗被:常洗脚怕麻烦者的自我解嘲。

千盏到坟头,弗如一杯到咙喉(音够):厚养薄葬(薄奠)好。

歇后语:**千年冷屙缸**——臭不可耐 **千年打**(音乃)**一更**——难得一回

千重茶叶口中泡——嘴巧 **千记木鱼弗及一记磬**——多不胜少

谜语:**千金小姐,幽侬房里,抓尔头髻,问**(音 me)**尔年纪。**(打一物:木杆秤)

千人一张口,小人张半口,乙人一张口,两人半张口。(打四字:和尚吃肉)

以万打头的方言语词——

万无一失(音些白):十拿九稳,胜券在握。

原载《东阳日报》2011年2月23日、2011年3月2日、2011年10月26日“东阳方言大家侃”专栏

(三)土话溯源

东阳方言中的独特语素——毑

说到东阳方言,就不能不提方言中的称呼用语。东阳话对“爸爸”一般有两种叫法:阿爸、阿爹;对“妈妈”则叫姆妈、阿嫫(音谋)等。另如阿哥、阿姐、姐丈(姐夫);阿娘、阿舅、大舅(妻舅)、舅姆;丈人(音宁)、丈姆;老公、老马(音麻,去声下降)。

这里想特别研讨的是,千祥方言对妈妈的称呼是“阿毑”,或单用一个“毑”字。

查《新华字典》(1990 年重排本)第 219 页:毑 jiě　见 2 页“娭”字条“娭毑”。第 2 页:娭毑 āi jiě　〈方〉1. 称祖母。2. 尊称年老的妇人。

查《现代汉语词典》(2013 年第 6 版)。第 3 页:【娭毑】(āi jiě)　〈方〉图①祖母。②尊称年老的妇女。

以上字、词典的注释大同小异。

又查《康熙字典》、《博雅》,为母也。

“毑”,若从造字规律的“六书”角度着眼,视其为会意字则未尝不可:“母也”,非常直观,不就是“妈妈”的意思么?!

语素是语言里最小的意义单位,是最小的语音、语义结合体。现代汉语里的语素,多数是古代汉语的(单音节)词演变而来。由此可知,千祥方言把“妈妈”叫作“阿毑”或“毑”,实在是有据可查,也是十分合理的;此种称呼应该是古体字作为语素在方言口语中不太多见的遗存和应用的特例之一。

文载《东阳日报》2009 年 9 月 16 日
“东阳方言大家侃”专栏

也谈《红楼梦》与东阳方言

虽然我阅读的文学著作不是很多，特别是世界文学名著读得更是不够，但对我国古典四大名著却总爱不释手，对《红楼梦》更是情有独钟，反复阅读。近日翻检读书笔记知道，从1974年下学期起，我利用教学之余，开始第三遍精读《红楼梦》，并作了详尽摘记，直至1976年10月13日读毕——断断续续前后竟花去两年多的业余时间，不可谓不认真也。

日前在《东阳日报》人文周刊上拜读了杜晓波先生《〈红楼梦〉与东阳方言》一文后，颇有同感，于是找出当年阅读《红楼梦》的摘记，整理出一些与东阳方言相通的语词和句子。我不谙考证之道，在此我也不想探讨曹雪芹为什么会在其作品中运用这些与东阳方言相通的语言，而只笼统地认为：东阳方言的“方”，应该有些“广”和“大”；东阳方言在其使用、演变和发展的历史长河中，并不会孤立禁锢于一“方”之隅，而是不断地在与外界的交流融汇中保留至今的吧——唯其如此，我们的东阳方言才更有生命力，才不至于在推广普通话的时代潮流中消失绝灭，而这也应该正是我们当今“东阳方言大家侃”的现实意义吧。

兹将笔者在《红楼梦》120回本阅读摘记中整理出类同于东阳方言的语词句子列举于后，供同好参考。

名词——功名、无常、黄泉、天伦、阴隲、手段、各自、排场、分寸、礼节、外头、里头、体面、素性、报应、正经、初次、三更、五更、声名、事业、食量、胆量、造化、罪孽、口白、腰门、凤冠、霞帔、明白人、大前日、大爷爷、衣禄食禄；

动词——了(人命官司……没有不了的)、凭、引(诱)、照管、结果(～～生命)、牵挂、暗忖、怠慢、生疏、开心、趁早、平服、难得、担待、冲喜、取笑、冲撞、劝解、伏侍、乐得、讲讲谈谈、自杀自灭；

形容词——硌、方便、各别、仔细、老成、正经、明白、肮脏、厉害、能干、孤凄、小器、希罕、新鲜(话)、了不得(不得了)、空落落、体体面面、孤孤凄凄；

副词——偏(偏是、偏又)、便、随便、白白、从头、趁早、自然、越发、只管(来)；

主谓短语——眼闭了、草没了、自哭自笑、贵人多忘事；

动宾短语——享福、缩手、爬灰(公媳暧昧关系)、争闲气、守规矩、没主意、想回头；

无主句——还了得、六亲不认、回光返照、着一巴掌、嫁鸡随鸡、嫁狗随狗；

儿化词——趁早儿、取笑儿、回护一家儿、冤家路儿狭、守住这个门头儿。

读者朋友，你觉得以上列举的这些语词是否能在东阳方言中找到影子？如有兴趣，你在下次翻阅《红楼梦》时，可得多加注意噢。

文载《东阳日报》2009 年 11 月 4 日
“东阳方言大家侃”专栏

“横店”地名别解

问起“横店”地名的来历和含义，一般横店的老辈人会说，这里原为通永康、磐安的古道，特别是绍兴、诸暨等香客上方岩，横店是必经之路。就在通方岩的大路边，有人开了个小店，专为那些香客供应烧纸蜡烛香，还有步行必备的草鞋，兼带提供茶水及让人歇憩之所。由于该店的门朝大路，属“横向之店”，于是被简称为“横店”。这种说法从“拆字”角度讲似有道理，也未尝不可，但细究起来总觉牵强附会。

另一种说法当属业已载入《东阳市志》的《衡店义市碑记》，如今该石碑也赫然立于“横店老街”景点大门口。其文说，夏厉墅厉思恩为便利远近农商交易，抑制牙行市侩对小商小贩的敲诈盘剥，捐资购地而设义市。因这种说法来源于志书，应该是最权威的了。至于昔日的“衡店”，如何又成了今天的“横店”，也已有人做了推测，况且化繁就简也是历史发展的必然趋势，对最古老的文字之一的汉字来说也然。这些也不想多做训诂考证。

此次参与横店镇非物质文化遗产的普查，有机会下村走访，获取了关于横店来历的第三种说法，显得稀罕而有趣，特记下供爱钻历史牛角尖者参考，但是可别“认真”哦。

据传，前述坐落在横店老市基的，通永康方岩古道边上的那小店，原来是横山人所开。横山古称“衡山”，源于另一传说：古时良渡为渡口，设市，有一条鲇鱼从良渡溯流上游至横山附近搁浅，其口朝向横山村，即村前的小山是也。由此，把“行”字拆为左右两半是彳、亍，在中间加个鱼字，就成为“衡”（篆书“行”字更像十字路口，衡字会意是鱼走在路口）。既然那家小店是“衡山”人所开，把它叫做“衡店”，也就顺理成章和不足为奇的了。

原载《婺文化丛书 · 横店风情》

从“我拉”说起

20世纪1959—1962年间，我在金华二中上高中。班内五十余名同学，有来自金华(含汤溪)本地的，有来自兰溪的，也有来自义乌(含浦江)、东阳和永康(含武义)的，还有来自淳安(含开化)的。由于多老乡，加上那个时代普通话尚不怎么通行，因而除了课堂内不得不以普通话交流，在课外及休闲时间，特别在老乡同学之间，都会用家乡话。于是乎，“我(音wo)代兰溪”、“阿侬金华”、“阿义乌”、“我侬永康”和“我拉东阳”之音到处可闻。尽管乡音各异，基本意义不外乎“我们”，颇有些“百花齐放、各显异彩”的况味。

这里探讨的是东阳方言的“我拉”。在东阳，与“我拉”对应的人称代词(复数)，尚有第二人称“尔拉”和第三人称的“佢(音góu)拉”。

由第一人称的“我拉”，又可派生出近义的“我尚”(咱们)、“我尚忽”(咱家的)等语词，而细究起来却有意义、词性及用法的差异。“我拉”是针对第二方或第三方说的，却不包含二三方听讲者；“我尚”，则是包括听讲者在内的所有在场人。“我尚忽”则是表示领属关系的人称代词，相当于普通话中的“咱家的”、“我们的”了。

联系到普通话复数第一人称代词“我们”，同样存在上述情况：一种是不包括听讲方的“我们”，另一种是包括听讲方的“我们”，即“咱们”。具体到某一“我们”，究竟属于哪一种意义，则可由说话的语言环境、听讲对象、说者语气及说话的手势等来确定。东阳方言则直接可以从语词本身加以区分：“我拉”，不包括听讲方，“我尚”，包括听讲方。

此外，还有“自拉”，是“自家人”之意；“自拉个”(均白读)，近义，显得格外近乎。

“归扣”该如何读

东阳方言中有“归扣”的讲法，意为“从外面回来(去)”。如“归厝”、“出外弗吵亲，归厝省劳(牢)心”、“归安文，落杭州”等。此处的“归”该读何音，是本文探讨的重点。

东阳方言有“鬼迷”、“活鬼精”、“鬼叫亨”，其中的“鬼”字，普通话读 guǐ，而方言则读 jū。又，东阳方言有“贵买零碎贱买食”、“价钿太贵”，其中的“贵”字，普通话读 guì，而方言为 jù。同样道理，前段文字中的“归”（回的意思），普通话读 guī，方言也是读 jū。至于为什么这样读，其与古音相关，抑或是源于吴方言本身（按：东阳方言属吴方言的婺州片），由于笔者音韵知识匮乏，只能以“待考”两字作结。

“狗肚肠弗捋”详析

与“狗”相关的东阳方言可不少，诸如：骂人的“尔只狗”、“狗老屄”、“狗骨头”、“狗屙打（音乃）”、“狗面生毛”、“家狗扁毛”等；呼狗用的“屙（音近 wuó）啰啰”、“屙、屙——”；赶狗的“屙——刷”；训斥人可用“教弗来厄狗”、“家狗都要教起来踏米”；作比喻的“狗窠床”、“狗谊亲”、“狗牵（签）谊”、“（你）狗运行（合）着了”；还有命名狗具的“狗槽”、“狗营冲（洞）”；描写狗命极贱的“狗泥心”（打得半死的狗，只要让它躺在泥地上，就能慢慢苏醒）等等，比起普通话里的“狗官”、“狗腿子”、“打狗棍”、“狗皮膏药”、“人模狗样”和“打狗看主人”来，方言里的“狗文”不是要生动、丰富许多么？

土话中还有一句“狗肚肠弗捋”究竟是什么意思，在这里想作一番解释。众所周知，旧时的狗都是吃人屎长大的。大人在给小孩把屎时，小孩开始拉屎就会同时放开喉咙呼狗：“屙啰啰，屙、屙——”，那狗闻听这熟悉的呼叫，马上跑过来，兴奋地吃着小孩冒热气的屎。吃完之后还要舔上一会，直到再无遗留了才肯摇摇尾巴离开。由此又有一句谚语，“帮衬老虎有肉（吃不完的剩骨头肉屑）食，帮衬家狗呒屙食”，倒也言之凿凿。刚才这一幕，应该是当年狗吃“零食”的尊容了，那么狗的“正餐”如何呢，也不过是主人吃后的残渣剩饭、小孩吃不完的食品；遇上家里来了客人，才能得到些鱼刺肉骨，这可是狗的“大餐”了也。

由于狗的下贱，以及狗食的不雅，一些稍有善心的平民百姓，在长期生活中立下“不食牛肉狗鳖”的规矩，狗肉也太让人恶心罢。虽然如此，想吃狗肉者并非没有，这且按下。我们知道，在杀羊时，那么细的羊肠（人们用以形容道途窄小会用“羊肠小道”）也必定会清洗干净备食。就说杀鸡吧，那“小肚鸡肠”也是舍不得丢弃的。说到猪肠更是会被做成香肠、火腿肠、糯米肠等美食，简直是变着法子吃。那么狗肠子呢？杀狗人也忌它是吃人屎的畜生，直觉它的肠子是“装”人屎的奇臭旮旯，让人产生种种联想，曾几何时始不愿去“捋”而洗之，人们会将狗肠子一股脑儿丢弃了事。于是有了这句经典的方言“狗肚肠弗捋”，这该是此话的本义。在长期传承应用中，此话又有了引申义：比喻某些不愿意自省自律，批评起人家头头是道，就是不肯思索本人的缺点——尔格“狗肚肠弗捋”的东西！

此外，由于不吃“牛肉狗鳖”的习俗，吃狗之人要么私下打狗白吃，要么以贱价买吃，正式的市场交易少之又少（近年例外）。由此，某些贪财的屠户，还会以狗肉冒充猪肉贱价出售。如果有人因为贪图便宜，误将狗肉当成猪肉买回，知情人就会讥他：“贪便宜，食狗肉。”

2013-06-06　文

“将军殿”与“王潭”溯源

家乡有句民谚流传至今：压眼多利尖，横岩将军殿（方言“眼”、“岩”近音）。何谓“压眼”？就是指前额较为突出，致使眼窝凹进的人。民间认为，长成这种相貌之人，往往聪明灵活、个性倔强，有点挑挑拣拣，不太好相处。“横岩”是什么？它是马宅镇雅坑行政村的一个小自然村，在雅坑以南一里许。横岩村旁有一座全岩石的矮山，突出处活像是完整的狮子头，用它的形状比拟“压眼”长相，倒也贴切不过。就在这堵巨岩之下、省道边上，不知始自何朝何代，早就建有一座将军殿，供奉着两尊将军神像。由是，才有“压眼多利尖，横岩将军殿”这句民谚。

同在马宅镇，同是218省道边，距雅坑村北六里处，有个较大的村庄叫王村，后来才更名为王潭。提起“横岩将军殿”与“王潭”这两处地名，倒有一则相关的历史传说。

在旧时代，雅坑附近的白岩坞、屠梁、东山、岩托下、北楼等村，均为地少人多、山高木盛之处，农闲季节，每逢横店镇三、六、九集市之日，许多人会挑上柴草木爿，步行十几二十余里路去卖柴火。当时交通闭塞，卖柴佬会抄近道经王村岭头去横店柴市。王村岭头有户专事看守村常祀公山的庄户，每逢市日，还会在岭头凉亭内免费供应茶水给路人喝。

记不清哪朝哪代，王村岭头庄户女主人怀了孕。俗话说“十月怀胎”，女人怀孕九个多月就会生产当妈。可在那奇怪的年代和奇怪的地方，竟出了件奇怪的事。就说王村岭头庄户女主人，怀孕满十月不生，满一年也没生，满两年、三年还是不生！幸好孕妇的身体极棒，虽然怀有身孕，肚子越来越大，可她照样下地上山，为路人供茶，为家里操劳，丝毫没有趴下。正因为如此，她怀身孕已久，也并不当回事。再说在那医学极不发达的年代，别说没有剖腹产，就连产前检查也没有，主妇只能眼巴巴地等着自然生产。

这天，孕妇觉得肚子疼了，掐指一算，怀孕已三年零六个月只差两天。她边揉着胀大无比的肚皮，边自言自语：“儿子啊，我怀你这么久还不出生，张家儿子早就会放鸭。”忽听从娘肚里传出一句：“还弗及我一个脚指甲！”孕妇又说：“王家儿子已经会放牛。”娘肚里又传出一句：“那也弗及我一个脚指头！”孕妇吃惊地说：“都讲怀三年零六月的儿子要当王，难道你——”肚中的婴儿竟回答：“也差不到哪儿去，请问母亲将有了没？”孕妇以为是豆瓣酱，随口说：“早就有了。”腹中儿大喊一声：“那就好，我出来也！”

只听孕妇大叫：“哎唷，痛死我啦。”屋内一阵红光，婴儿破腹而出，是一个系着红肚兜的胖小儿郎，落地之后随风一晃，即成八尺男儿，张口急问：“母亲大人，将在何处？”产妇娘手指镬灶里壁放着的酱罐：“喏，那不是配饭的酱吗？”新生儿见此大叫一声：“我要的是保驾大将，母亲误我也！”说毕跨出房门，沿着王村岭奔下山去，来到溪中一个深潭边上，纵身入潭，再不见踪影。与此同时，从西南方向赶过来两位护驾大将，他们行至横岩村狮子岩下，闻听尚未登基的大王已然投水而亡，两人恸声大哭，边哭边一头撞向狮子岩，双双同时殒命。

当地百姓对此深为感动，遂将王者投水而死的潭命名为“王潭”，王村成了王潭村。同时横岩村人也在狮子岩下建起一座将军殿，供奉两尊将军塑像，让后人祭祀怀念，就有了“横岩将军殿”。

时代延续至 21 世纪，雅坑当地颇具商业头脑的张永平，在将军殿旁兴建一座“将军殿农庄”，此农庄集游览、住宿、饮食、饲养于一体，生意红火了得，使得“将军殿”声名远播。著名影星赵本山、巩汉林都曾前往光顾就餐；雅坑籍年轻的中科院院士潘建伟，还以老同学的身份专程前往与将军殿农庄庄主张永平合影留念。在 2014 年由省农办、省旅游局举办的浙江省农家乐特色菜大奖赛中，将军殿农庄喜获六个奖项。其中，手工盐卤豆腐、《牛羊成群》（冷盘）获菜点奖山区类银牌奖；《美丽乡村“农家宴”》获展台奖山区类铜奖；

酒糟焖公鸡、手工杂粮饼获山区类铜牌奖；将军殿农庄总经理张永平，则荣获“银勺大厨”称号。此为题外之话。

2013-02　文

2015-02　补

一字之差　意思迥异

东阳方言词汇丰富，文化底蕴深厚，有些俗语颇含谐趣，随手拈来即能析出些星光火花来。这里选取三组句子与你共飨。

（一）有铟好买命——有铟难买命

“有铟好买命”这种情况随处可见。当一个人得了重病或急症，如脑血栓、心肌梗死，或胃肠穿孔、胆石症，需要住院急救；有人患上先天性白血病做透析，恶性肿瘤切除或介入疗法，肾衰竭等待换肾；遇上意外伤害，或车祸、火灾，需要抢时间等，均需花大量医疗费。此时的病人，有了钱就可以“买”回生命，反之只能等死。还有一种情况是：严重犯罪应判死刑者，在法律允许范围内，对受害方进行经济补偿，从而得到对方谅解，符合从轻的，可由死刑改为死缓，这等于用钱“买”下了一条命。更有一种不正常的买命，则是通过行贿，运用某人某官的行政压力，将死罪变为活罪，这是法律不容许的以“铟”买命。

“有铟难买命”。如果你得的是癌症晚期，如果是严重车祸流血过多，或是火灾、地震等意外，甚至突遇抢劫行凶造成不可挽回的后果，这些情况即使你有钱还是买不了命！至于违法“买”命的，随着社会向前发展，法制进一步健全，能够减少类似案例的发生，终究能够形成有钱也“买”不了命的正常秩序。

（二）曲（盂，下同）田呒曲谷——曲田有曲谷

“曲田呒曲谷”。别看农民种田比较随意，其实许多方面不然。比如说，

过去手工插秧，除了每垦秧株多少要匀，还要讲究所插六行稻秧的每一直行要直，每个横列要平，对角斜行也要成线！只有这样，才能显出“种田老手”的规范，在本村本土才有发言权。由此，家乡方言中还有一句：“木匠厄(的)眼睛，不及种田厄股串(屁股)。”就是说种田老手要把秧插得行直列平不用眼睛看，只消把马步坐稳(即用股串瞄准)，后退的步幅宽窄把准，边插边退，凭感觉就能把秧的行列插成线；结果把木匠师傅那双能看出分寸差异的专业眼睛也比下去。此话按下不表。再说如果自己插的秧行不直，甚至扭来曲去咋办，那还有一句“曲田呒曲谷”，就是说，秧行虽然“曲”(不成直线)了，但长成的稻谷粒还会是原样，决不会变成“曲”的谷子。“曲田呒曲谷”是千真万确的真理。

“曲田有曲谷”又从何说起？有人会把“曲田呒曲谷”理解反了，以为那是讲：田种“曲”了，连谷子也没了。于是赶快加以反驳说，曲田有曲谷。意思是：我虽然把秧行插“曲”了，但这丘田的稻谷不会因而减产，照样有曲田里长出来的谷！

呵呵，原来这两句话归根结底是同一个意思：秧行不直，不会有弯曲的稻谷；秧行不直，仍会有不直稻田里长出来的谷子，并不至于减少产量。所不同的是：“曲田呒曲谷”是着眼于一粒粒的谷子，“曲田有曲谷”是强调整田的产量，如此而已。

(三)爷娘待儿(音 m)囡路亨长——儿囡待爷娘箸亨长

此组句子与前两组相比，除了“路”和“箸”这一字之差外，前后两个句子的施事者与受事者地位也颠倒了过来。

“爷娘待儿囡路亨长”。父母对子女的感情是天生的(血缘关系)，无论如何也割舍不了，父母对子女的关心和爱护简直与路一样长，路之长可是没有尽头的呀。这样的例子应有尽有，相信不用笔者列举，大家都会有深切体会。

“儿囡待爷娘箸亨长”。箸长不足一尺，其长度与路简直不能同日而语，有天壤之别。具体的长短且不论，就当是两个极端吧。当然天下之事不能以极端论。从好的方面看，自古以来儿女待爷娘至纯至孝的有如“二十四孝”不说，当今时代孝敬父母的生动事例绝非少数，何以说得如此绝对！我们知道，如今社会飞速发展，生产力和消费水平都在快速增长，而随着计划生育政策的实行，独生子女已成了家庭结构的普遍现象。于是乎，父母宠爱子女比以往只有过之而无不及，子女从小受到“二——四——六”甚至“八”个长辈之宠，此为其一；其二呢，独生子女的优越感让子女从小养成不爱劳动、不愿吃苦的习惯，在家中变成唯我独尊的小皇帝、小公主。于是乎，不肯刻苦学习有之，沉迷网络有之，接触不良人员有之，离校后不愿工作有之，“啃老族”由之产生……如果是这样的“儿囡”，待爷娘有没有“箸亨长”还值得打个问号呢！

有鉴于上述，希望做“爷娘”的接受前车之鉴，当“儿囡”的更应继承老一辈东阳人艰苦创业、刻苦耐劳的优良传统，对尊老爱幼、赡养老人之类的为人起码道德更要深刻思索，好好继承，发扬光大。

2013-05　文

“热闹——闹热”辨

拜读了《东阳日报》人文周刊第 188 期 L 先生《方言词撷趣》一文后，有点不明白，特提出讨教。

普通话“热闹”也好，东阳方言“闹热”也罢，想来总应该是“词”，怎么到 L 先生文章中却成了“结构”？

拙见以为，“热闹”是双音节偏正式合成词（查《辞海》可知，此处语素“热”取“盛；旺”义项，而语素“闹”取其“嘈杂；热闹”义项，故为前偏后正），词性当属形容词。举如“会场内多热闹！”（用副词“多”修饰，表明“热闹”程度）若将句子改为“会场内十分热闹”，是用程度副词“十分”修饰形容词“热闹”，属形容词短语充当谓语。

当然，“热闹”也能作动词，如“我也想去热闹热闹。”（去＋热闹：连动式）若改为“我也想去热闹一番”，则成连动＋补语式。又如，“集市日热闹极了”，就是动补式。这里再举一个“热闹”用作动词的例子，并分析句子成分：

我||建议　你们大家[都]去　热闹〈一回〉。

复指短语　状　连动　补

作兼语

主　谓　宾

"我"主语部分，其后是谓语部分；"我"是主语，"建议"为谓语；"我建议"之后全部可看成主谓短语作宾语。而这个（相当于句子的）较复杂宾语又可找出主词是"你们大家"，谓词是"去＋热闹"连动；"你们大家"既是谓语"建议"的宾语，又是"去＋热闹"的主语，故为兼语；"都"属范围副词作状语，"一回"是动量词作补语。

此外，"热闹"还可用作名词，如"凑个热闹嘛！"（动宾式无主句）"村民们都来看热闹。"（主谓宾式，名词"热闹"作动词"看"的宾语）

至于把"热闹""颠倒"（按：L 先生语）成"闹热"，这仅仅是东阳方言的一种表达形式。笔者认为此"闹热"与"热闹"并无多大区别——无论是词性或用法。君若不信，不妨用它取代上列各句中的"热闹"就自然明白。何况《现代汉语词典》"闹热"词条解释得明了："〈方〉形热闹"（"闹热"属于方言词，与"热闹"同义）。

又，"闹闹热热"应该是重叠式合成词，也不可能是"并列词组"。

此外需要说明的是，所谓"结构"云者，原系指"词组"，其与双音节、双语素的合成词"热闹"和"闹热"应该无缘，而如今的汉语语法教材，已统称为"短语"了。

由上辨析，可见 L 文关于"偏正词组的状语结构"、"补语结构"和"并列词组"等概念颇显杂糅混乱，也容易引发读者诸君的误解和猜测；笔者冒昧撰此短文提出商榷，并就教于大方之家。

读者　邨夫

2009-06　文

附：L 先生《方言词撷趣》原文

颠倒词

热闹—闹热　"热闹"一词是偏正词组的状语结构，意谓热烈地闹；"闹热"则是补语结构，意谓闹得很热烈。闹热比热闹气氛更完整，给人的印象更深刻。如"闹闹热热"，则成为并列词组了。（见 2009 年 6 月 2 日《东阳日报》）

土话中为什么会带“洋”字

土话，顾名思义应该是土生土长的本地话，可在梳理时却发现，本地土话竟会带有那么许多“洋”字。例如，吃的洋芋，穿的洋袜，用的洋火，住的洋房，如此等等，不一而足。这是为什么？仔细想来并不奇怪，用上这么多的“洋”字，自有其中的道理。

首先的原因，凡与“土”相对即为洋。本地原有的毛芋或芋艿就叫芋，后来可能从域外传进来块茎类可以吃的就被叫做洋芋。原来穿的袜，是用手织土布缝制而成，后来有了机纺机织的袜子即为洋袜。原来点火用的是火石和媚头（纸煤），后来用化学原料制造的火柴就叫洋火。本地造房子以土木材料为主，较少用砖，更无钢筋水泥；家乡房子样式也较单一，只有那些大户人家才会建造前厅后堂、天井厢房；较大的村庄才有十三间头、廿四间头的全埭屋，或有前、中、后进所有走廊相连而成的火筒屋；房子层数仅以两层为限，后来才有三层的；建材改用砖混和钢材，门面选用玻璃瓷砖的，这就是洋房了。

其次，与“中”相对即为洋。外国话是洋话，外国字叫洋字，出国读书叫留洋；与国人相对的是洋人。与中式服不同的西装，俗称为洋装；从西方流入的男士发型，叫做西洋头。西式、欧式的学校，称为洋学堂；西方流行并传入的天主教、耶稣教称作洋教，其所驻的活动场所是洋教堂。

再次，与本地不同，从外国引进的即称洋。国内早期原本以铜板（铜元）和铜钱作货币，后来委托墨西哥铸造的银元叫洋钿或银洋，由于有老鹰图案，也叫做鹰洋；从意大利引进的蜜蜂为洋蜂；从乌克兰引进、不同于本地两头乌的约克夏猪，被称作洋猪；较肥且大的肉用鸭，叫洋鸭；外来的瓣状大个葱头，当然叫洋葱；而来自国外的葡萄酒就是洋酒了。说到阿拉伯数字，认读和书写都优于汉字数码，有个专名叫洋码字。由此可以推想，有别于石灰、三合土等传统建材而被叫做洋灰的水泥，也应该是洋人发明的罢。

中国虽然历史文化悠久，但在长期的封建社会里，其生产力自然落后于西方欧美。我国人口众多，手工劳作普遍，生产工艺相对落后也是不争的事实。由此出发，本地出产、手工生产的就叫土，国外引进，机器生产即称洋。所以手工锻打、大小不匀的钉子叫铁钉，而机器轧制、规格统一的钉叫洋钉。

手工打薄的是铁皮，机压而成的叫洋铁，可以用来做成洋铁罐、洋铁桶、洋铁火笼和洋铁畚斗。手工做雨伞，要先剖竹篾做伞骨，再以木制轴头串起伞骨，然后用绵纸裱糊伞面，最后刷上多层油漆，使得伞面光亮透明而不吸水，才能遮风挡雨、经久耐用，其工序之多、工艺之繁、花时之多自不待言。后来出现一种以粗钢丝作伞骨，蒙上机制布为伞面，就成一把洋伞了。同理，与手工纺织的土布相对的机纺机织的是洋布；薄的洋布叫洋纱，印花的洋纱布就叫花洋纱。机纺的棉纱叫洋丝，整捆的洋丝在乡下还曾用做货币——一捆洋丝能抵作几多银洋或若干关金纸票，几捆洋丝可租田地、买耕牛。手工做的铜索、银索费工又费时，改用机器制就得叫洋索。物理方法提炼的燃油叫洋油，由此产生洋油箱和洋油灯；玻璃和洋铁制的美孚灯的叫法还要与美国的炼油公司挂上钩。机器编织的毛巾，叫洋手巾。区别于手工制毛笔的，工厂化生产的硬笔叫洋笔。用柏子蜡做的叫土蜡烛，而用石蜡浇注的就称作洋蜡烛。传统用于髹木头家具的叫土漆，后来发明的滋漆叫洋漆。

小时候常见阿嬷用稻草烧灰洗汰土布被，也叫淋灰汁，而要花钱买的、用化学方法制造的洗涤用品，叫作洋肥皂。外国人发明的，比手工缝缀不知要快多少倍的，针脚又密又匀又平整的那种机器叫洋车，其配件叫洋车板，用的线卷叫洋车线支。有别于手工制的铜锁、铁锁，机制的新式挂锁叫洋锁；固定在门上的弹子锁，更有一个洋气十足的名字叫司贝灵。过去洗手洗脸的面桶用木头箍成，较上档次的是黄铜铸成的叫铜砂罗；中国人早就发明了陶器和瓷器，近代的搪瓷工艺应该源于外国，因而搪瓷盆成了洋铁碗，搪瓷脸盆就叫洋砂罗或洋面桶。交响乐团是西方乐队，其吹奏的各种号有别于中式喇叭，被称作洋号；敲打的鼓，可能是羊皮绷在铁圈两端，也有别于中式的大堂鼓和小鼓是牛皮蒙在圆木桶上，自然该叫洋鼓。

此外，相对于老式的、较迟出现且更为高档的器物，也可委以洋字。比如过去装铜板铜钱或银元的是土布索马，较新式的带锁扣或拉链的皮制钱包称洋夹（音近 gèn）。老式的陶土烧制的无釉茶壶，土话叫瓦壶，而上釉的瓷茶壶则可叫碗壶或洋壶。老式屋瓦也是陶土烧制而无釉，如今普遍采用的上釉彩瓦就名洋瓦了。当然，外国人侵略弱国首先使用的机制枪炮叫洋枪洋炮；本地人土里土气，城里人或仿外国人穿戴得好些、样式新些就洋里洋气，自在情理之中。乡下人模仿城里人，讲究穿着打扮，搽口红、染指甲，涂眉毛、画眼圈，被人斥为洋兮兮，或贱称其洋蛋儿，也就不足为怪了。

综上所述，与“土”相对就是洋，同“中”对应就称洋，域外引进的即为洋，外国人发明的当然是洋，机器制造的就称洋，一句话：凡技术更先进、工艺更考究，以前从未见过的动物植物、衣食住用、材料器具，统统可以加个洋字。如此一来，本地土话中就有了那么许多“洋”字啦。不过那都是过去时代形成的语言习惯，解放以后，随着国家和民族的独立自主，随着科学技术的不断进步，随着生产力的日益提高，带“洋”的新词几乎不再产生。

2014 年 9 月

于横店·点墨斋

附一　横店土话单字《新华字典》选注

单字后用阿拉伯数字标示的页码系大字本《新华字典》第 10 版，商务印书馆 2006 年版。凡该字典内容不另外注明字典名称。另有少量内容选自《现代汉语词典》(2012 年第 6 版)，则标示〈现汉〉及页码。末处的举例语词均选自横店方言土语。

A　a

骇　ái. 3. 傻.〈现汉〉4.〈书〉傻. ～大(音 duò)/～头.

熬(爊)　aō. 6. 煮.〈现汉〉13. 爊〈书〉同“熬”。～羹.

拗(抝)　aǒ. 7. 弯曲使断，折. ～断.

B　b

齙　bà. 10. 牙齿外露. ～牙.

趵　bào. 49.〈方〉跳跃. 铜板～了一记.

陂　bēi.〈现汉〉52. 水边；岸. 横店土话：拦水坝. 作～/垒(音 líng)～/水碓～.

褙　bèi. 20. 把布或纸一层一层地粘在一起. ～布板.

焙　bèi. 20. 把东西放在器皿里，用微火在下面烘烤. ～松.

鐾　bèi. 20. 把刀在布、皮、石头等物上反复摩擦几下，使锋利. ～刀布.

屄(屄)　bī.〈现汉〉65. 阴门的俗称. 妈拉个～.

閟　bì. 24. 闭门，关闭. ～咒(音周).

泌(潷)　bì. 26. 挡住渣滓或泡着的东西，把液体倒出来. ～汤水.

躄(躃)　bì. 27. 腿瘸. ～脚.

笾(籩)　biān. 27. 古代盛果品等的竹器. 箩盖～.

篰　bù. 40. 竹篓. ～箩.

C c

杈 chā. 45. 一种用来挑(tiǎo)柴草等的农具. 豆～.

臿 chā.〈现汉〉133.〈方〉舂. ～臼(在石臼内捣谷舂米的石杵,装有把手木柄,重十余斤).

檫 chá. 46. 落叶乔木,木材坚韧,供建筑、造船用. ～树.

枨(棖) chéng. 57. 古时门两边竖的木柱,泛指支柱. 门～(方音 tèng)抱柱.

塍 chéng. 57. 田间的土埂子. 田～/子～. 也作塖.

牚 chèng. 58. 桌椅等腿中间的横木. 凳～.

鉏 chú.〈现汉〉194. 松土和除草用的农具. 路～/～斧儿.

糍 cí. 71. 一种用糯米做成的食品. 麻～.

熜 cōng. 73. 热气,微火.〈土话〉取暖手炉. 铜火～.

汆 cuān. 74. 把食物放到开水里稍微一煮. ～一下.

厝 cuò.〈现汉〉228.〈方〉房屋. ～(音处白读)里:家中.

D d

倒 dǎo. 88. 竖立的东西躺下来。～霉(方言义:害羞)/～架子.

扽(撜) dèn. 90. 用力拉. ～浆丝/～直.

㧻 dú. 106. 用指头、棍棒等轻击轻点. 日里弗～夜里～,弗～弗眠熟.

鸟 diǎo.〈现汉〉299. 同'屌'. 旧小说中用作骂人的话. ～毛鬼(音jū)绝.

屌 diǎo.〈现汉〉299. 男子阴茎的俗称. ～毛灰.

E e

屙 ē. 114. 排泄大小便. ～缸/放～.

轭 è. 115. 驾车时搁在牛颈上的曲木. 牛～索.

摁 èn. 117. 用手按压. ～黄泥.

F f

畈 fàn. 123. 田地. 田～头.

枋 fāng. 124. 方柱形木材. 腰枋.

𫟺 fēn. 129.〈方〉不曾,没. ～见过.

栿 fú. 135. 古书上指房梁. 地～.

蝮 fù. 139. 蝮蛇. 犁头～(方音扑白)/狗屙～(同前).

洑 fù. 139. 在水里游. 打～筏(音近 páng).

G g

隑(隑) gài.〈现汉〉417.〈方〉斜靠. 梯～依墙脚/～有～相(土话同站).

搿 gé.〈现汉〉440.〈方〉用力抱. ～小依儿.

哽 gěng. 153. 声气阻塞. ～咙喉.

绠 gěng. 153. 汲水用的绳子. 柴楤～索.

鸪 gū. 158. 鹁(bó)鸪,羽毛黑褐色. 天要下雨或天刚晴的时候,常在树上咕咕地叫. 鸪～.

掴 guāi.〈现汉〉475. 又 guó. 用巴掌打. ～娘且光.

掼 guàn. 166.〈方〉掷,扔. ～石头/～锣槌.

桄 guàng. 167. 绕线的器具. 纡～/线～.

馃 guǒ. 172. 一种油炸的面食。油煎～/饧梅～/清明～.

H h

熯 hàn.〈方〉蒸. ～冷菜.

绗 háng. 176. 做棉衣、棉褥等,粗粗缝,使布和棉花连在一起. ～棉.

阖 hé.〈现汉〉521. 关闭,眼睛～把凑.(又 438. 音 gé.)

龁 hé. 180. 咬. ～起牙齿筋/老虎～天公.

亨 hēng. 183. 青菜篮～/猢狲洗面～.

桁 héng. 183. 就是檩. ～料搁栅.

鲎(鱟) hòu. 187.〈方〉虹. 东～日头西～雨.

烀 hū. 187. 半蒸半煮,把食物弄熟. 番薯～得饭馒头.

淴 hū. 188.〈方〉洗澡. 牛～浴.

囫 hū. 188. [～囵]整个的. 横店土话:与“四方”相对,滚圆意. 四方～(方音滚)囵.

曶 hū. 188. 疾速,转眼之间. ～速(音 shò)快点.

搰 hú.〈现汉〉548. ②搅浑. ～田.

戽　hù.192.用戽斗汲水.土话:两手掌合成瓢状泼水.小侬在～水玩.

搳　huá.192.搳拳.现作‘划拳’.

獾　huān.194.野兽名.田～(方音 chuāng)/～(音昏)猪.

镬　huò.204.〈方〉锅.敲～铁/～苔.

J　j

穄　jì.213.一种谷物.芦～饼.

罽　jì.214.用毛做成的毡子一类的东西.稿～.

檵　jì.214.常绿灌木或小乔木.～漆火筒.

跲　jiá.〈现汉〉623.〈书〉绊倒.仆趴(马)～.

搛　jiān.219.用筷子夹.～菜.

囝　jiǎn.220.〈方〉儿子.～(音 m)囡.

笕　jiǎn.220.横安在屋檐或田间引水的长竹管.水～.

裥　jiǎn.221.衣服上打的褶子.眉头百～(方音关白)皱.

牮　jiàn.221.斜着支撑.～屋.

鳉　jiàng.224.鱼名.～鳊/～鳊鸠.

铰　jiǎo.〈现汉〉652.〈口〉用剪刀等使东西断开.～刀.

毑　jiě.233.见 2 页“娭”字条.娭～(āi～)(千祥土话:阿妈).

槿　jǐn.237.木槿,落叶灌木.白木～花.

锩　juǎn.250.刀剑卷刃.～(音裙)锋.

桊　juàn.250.穿在牛鼻上的小铁环或小木棍儿.穿牛鼻头～(方音根去声).

K　k

园　kàng.〈现汉〉728.〈方〉藏.谷～仓里.

栲　kǎo.259.[～栳](～lǎo)一种用竹子或柳条编的盛东西的器具.～栳匾(千祥).

窠　kē.260.鸟兽的巢穴.鸟(音 diǎo)作～.

揢　ké.261.刁难.～记得尔(音 m).

筘　kòu.266.织布机上的一种机件.经线从筘齿间通过,用它把纬线推到织口拍紧.穿～/带～.

恇　kuāng.〈现汉〉756.〈书〉害怕;惊慌.～事有事/不～晚(音慢白).只

～错(白读).

圹 kuàng. 269. 墓穴. 结喜～/大～/小～.

L l

镴 là. 274. 锡和铅的合金. ～壶瓶/～茶壶.

砻(礱) lóng. 306. 去掉稻壳的器具. ～糠.

剺 lí. 〈现汉〉792. 〈书〉用刀划;割. 碗爿～/用刀～一记.

盝 lù. 311. 一种盒子. 硬纸～.

圞(圝) luán. 〈现汉〉850. 圆. 团～米筛/座～.

捋 luō. 316. 用手握着东西,顺着东西移动. ～顺毛/～面容易收面难.

脶 luó. 317. 手指纹. 十枚～,有得挖.

M m

呒(嘸) ḿ. 319. 〈方〉没有. ～没/～侬拕.

劢(勱) mài. 322. 努力. 水牛落塘～尾巴.

颟(顢) mān. 322. [～顸](～han)不明事理;漫不经心. ～顸(音蛮白,音和白)佬.

鞔 mán. 〈现汉〉869. 把皮革固定在鼓框的周围,做成鼓面. 背脊～鼓亨.

墁 màn. 323. 用砖或石块铺地面. ～砖甃地.

浼 měi. 329. 恳托. ～侬佣工.

焖 mèn. 330. 盖紧锅盖,用微火把饭菜煮熟. ～饭.

蠓 měng. 332. 昆虫名,比蚊子小. ～螫(shì).

懵 měng. 332. [～懂](～dǒng)糊涂,不明白事理. ～懂戏记.

嬷 mó. 341. 旧时称奶奶为嬷嬷. 阿～(音马儿白).

N n

囡 nān. 348. 〈方〉小孩儿. 〈现汉〉930. 女儿. 生～福气.

囝 nān. 348. 〈方〉同"囡". 又 jiǎn. 〈方〉儿子. 生～(音 m)名气.

胬 nǔ. 358. 一种眼病. 眼睛长～肉.

P p

筢　pá. 361. 搂(lōu)柴草的竹制器具. ～搂(音拉).

栰　pái. 362. 同‘簰’,也作‘排’. 筏子. 撑～佬厄脚.

爿　pán. 363.〈方〉劈开的成片的木柴. 麦磨～/～片.

鋬　pàn. 364.〈古〉器物上的提梁. 水桶～(音近岗白).

脬　pào. 366. 尿(suī)脬,膀胱. 猪尿～.

鬅　péng. 369. 头发松散. ～(或蓬)头赤脚.

掽　pèng. 369. 相遇. 路上～着佢.

搒　péng. 369. 用棍子或竹板子打. ～毛个儿.

擗　pǐ. 372. 使从原物体上分开. ～(掰)腰芦.

嚭(噽)　pǐ. 372. 大. 伯～烧.

薸　piáo. 375. 多年生水草. 捞～饲猪.

榀　pǐn. 376. 量词. 房架一个叫一榀. 结～/格(搿)～.

潽　pū. 380. 液体沸腾溢出. 粥～出来.

Q q

萋　qī. 382. 草长得茂盛. 谷～.

攲　qī. 383. 倾斜,歪向一边. 歪肋～冲.

槭　qì. 388. 落叶小乔木. 檵～.

戗　qiāng. 392. (言语)冲突. ～强.

箧(篋)　qiè. 398. 箱子一类的东西. 书箱～笼.

佢　qú. 405.〈方〉他. ～(音近 góu)拉.

R r

挼　ruó. 419. 揉搓. ～菜籽.

箬(篛)　ruò. 419. 箬竹的叶子. 粽～/～帽.

S s

搡　sǎng. 421. 猛推. 黄胖～(桑白读)年糕(此搡作舂,臿).

磉　sǎng. 422. 柱子底下的石墩. 柱子～盘.

痧 shā. 424. 中医病名. 发～/扭(拧)～/刮～.

苫 shān. 426. 草帘子. 茅～披.

睒(睒) shǎn. 426. 眼睛很快地开闭. ～(方音夹)眼时(音近先白读)刻.

笥 sì. 455. 盛饭或盛衣物的方形竹器. ～篮儿.

㞞(屣) sóng.〈现汉〉1237. 精液. 冷～/冷～壳.

扨(攮) sǒng. 456.〈方〉推. ～记得佢(两字快读近"斗"音).

蔌 sù. 459. 菜肴,野菜. 呒没啥(音近 jiā)菜～.

榫 sǔn. 462. 器物两部分利用凹凸相接的凸出部分. ～头/半～/出头～.

T t

钖(鍚) tāng. 470. 小铜锣. 敲～锣.

餹 táng.〈现汉〉1267. 同"糖". 换～饧(音杨白).

鼟 tēng. 474. 拟声词,敲鼓声. 挂那呒侬～.

钿 tián. 478.〈方〉钱,硬币. 铜～/洋～/本～.

掭 tiàn. 479. 把毛笔上的墨汁在砚台上弄均匀. 篾～.

敨 tǒu. 487.〈方〉把包或卷着的东西打开. ～簟(音地)笠.

煺(煺) tuì. 490. 已宰杀的猪、鸡等用滚水烫后去掉毛. ～毛.

氽 tǔn. 491. 漂浮. 大水～侬家.

拕 tuō. 491. 牵引. 手里～东西.

庹 tuǒ. 493. 成人两臂左右伸直的长度(约 5 尺). 一～(音擒)长.

W w

隈 wēi. 499. 山、水等弯曲的地方. 格～/～瓦/～下屋.

煨 wēi. 499. 在带火的灰里把东西烤熟. ～芋/有米呒柴～.

塕 wěng.〈现汉〉1368.〈方〉尘土;形容尘土飞扬. ～尘摭天(白读去声).

焐 wù. 511. 用热的东西接触凉的东西,使它变暖. ～被窝/～脚.

X x

相 xiàng. 525. 察看. ～～先/～弗尔来.

懈 xiè. 531. 不紧张. 手脚～/～时时. 方音近 gā.

饧 xíng.535.糖块、面团等变软.煐馇～(方音杨白).

咻 xiū.537.拟声词.老鼠～.

揎 xuān.541.捋起袖子露出胳膊.～两记尔痛痛.

楦 xuàn.543.做鞋用的模型.～头/～头匠.

蕈 xùn.547.生长在树林里或草地上的某些菌类,无毒的可以吃.冬～.

Y y

挜(掗) yà.549.〈方〉硬把东西送给或卖给别人.冷饭～死狗.

厣(靨) yǎn.553.螺类介壳口圆片的盖.螺蛳～.

炀 yáng.556.熔化金属.镴～了.

勚 yì.570.器物逐渐磨损,失去棱角、锋芒等.钩刀～了/螺蛳扣～了.

鸢 yuān.590.鸟名.罗～(音夭).

抈 yuè.〈现汉〉1608.〈方〉折;折断.～扁担.

Z z

罾 zēng.604.用竹竿做支架的方形渔网.乱～(方音近 qiān).

甑 zèng.605.蒸饭用的木制桶状物.饭～/瓦～.

拃 zhǎ.606.张开大拇指和中指两端的距离(量长度的动作).一～(方音 tuō)长/～一～.

痄 zhà.607.流行性腮腺炎.～(音猪白)头疯.

榨(搾) zhà.607.压出物体里液汁的器具或过程;用力压出.酒～/～酒.

𥇖 zhǎn.609.〈方〉眼皮开合、眨眼.～光(眼睛怕光).

笊 zhào.614.用竹篾编成的用具.～篱.

黹 zhǐ.626.缝纫、刺绣等针线活.针～很密.

豸 zhì.628.古书上指没有脚的虫子.虫～.

骘 zhì.〈现汉〉1682.安排;定.阴～死.

甃 zhòu.633.用砖砌.磨砖～地.

槠 zhū.634.常绿乔木,初夏开花,黄绿色.木材坚硬,可做器具.苦～/～(方音近 jī)树.

疰 zhù.637.中医指夏天长期发烧的病,患者多为小孩,系由排汗机能障碍引起.～夏.

箸(筯) zhù.637.筷子.～笼.

鬏 zhuān.638.女孩子梳在头两旁的发结.头发～儿.

肫 zhūn.641.鸟类的胃.鸡～/鸭～/鸡～皮.

斫(斵) zhuó.642.砍削.～(方音 chuò)柴.

浞 zhuó.643.淋,使湿.秃个头～雨.

着 zhuó.643.穿.～骨头死.

捽 zuó.652.〈方〉揪.～头髻,洗股串(屁股).

柞 zuò.653.柞树.～叶/～蚕.

附二　横店土话单字《康熙字典》选注

有些方言土话中用到的冷僻字，在通行的《新华字典》和《现代汉语词典》未予收录，特从《康熙字典》中选录，并以土话举例。页码以阿拉伯数字标出，该页反面则在数字后标“反”。

子　集

丼　子集上、部 4. 都感切，音耽.

倗　子中人部 10 反. 步崩切，蒲登切，音朋. 辅也，委也，讬也. 一～亨.

倯　子中人部 11. 思恭切，音松. 谓形小可憎之貌. ～侬/～倘子.

㔻　子下力部 14 反. 都罪切，堆上声，着力牵也. ～草/～稗.

厝　子下厂部 22 反. 仓各切，清各切，并音错. 置也. ～里/矩(进)～.

丑　集

哽　丑上口部 12 反. 古杏切，音梗. 咽塞也. ～咙喉.

呒　丑上口部 21 反. 悲父切，音抚. 方音读若 m. ～没.

囝　丑上囗部 26 反. 九件切，音蹇. 闽人呼儿曰囝，闽音读若宰. 方音若 m. 生～名气，生囡福气.

囥　丑上囗部 27. 口浪切，音亢. 藏也. 和尚～篦箕.

塕　丑中土部 8. 邬孔切，音蓊. 尘起貌. ～彭彭.

媎　丑下女部 13. 同姐. 羌人呼母为媎. 方言称伯母为媎. 阿～.

寅 集

屄 寅上尸部 14. 布非切，音卑. 女子阴，娘妈～.

屌 寅上尸部 14 反. 丁了切，貂上声. 男子阴. ～毛灰.

屙 寅上尸部 15. 乌何切，音阿. 上厕也. ～缸板.

屎 寅上尸部 15. 苦卧切，同髁. 胯股间也. 间，隙也. 劢～.

庎 寅下广部 3 反. 居拜切，音介. 所以支食器也. 碗～橱.

卯 集

懈 卯上心部 18. 古隘切，居隘切，并音薢，方音若 ga. 怠也. 手脚～/～木荷.

恇 卯上心部 5 反. 去王切，音匡. 怯也，恐也. 只～歇.

戽 卯中户部 3. 后五切，音户. 戽斗，舟中泄水器也. ～水.

扢 卯中手部 5. 古忽切，音骨. 摩也，击也. ～娘且光.

抝 卯中手部 5 反. 乌到切，音奥. 量也. 共船～来.

扽 卯中手部 5 反. 都困切，音顿. 撼也，又引也. ～一～.

抈 卯中手部 6. 鱼厥切，音月. 折也. 夹毛松树从小～.

抲 卯中手部 8. 虎何切，音呵. 抝也，又搦(nuò，握，持，拿)也. ～鱼/～灶神.

拕 卯中手部 9 反. 讬何切，音佗. 曳也，又引也. ～东西.

捭 卯中手部 13 反. 披庚切，音烹. 打也. 捌记～记.

掗 卯中手部 16. 衣驾切，音亚，方音近 wo. 强与人物也. 冷饭～死狗.

揯 卯中手部 17 反. 蒲孟切，彭去声. 撞也. ～～膊，弗恇风.

捌 卯中手部 17 反. 札色切，音侧. 打也. ～记捭记.

搃 卯中手部 20 反. 损动切，音近 sǒng. 推也. ～记得佢.

搛 卯中手部 21. 坚嫌切，音兼. 夹持也. ～菜.

搣 卯中手部 21 反. 弥列切，音灭. 手拔也，又摩也，捽也. ～腰芦.

掼 卯中手部 22 反. 古患切，音惯. 习也，又带也. ～锣槌.

摗 卯中手部 30 反. 息勇切，音悚. 执也，推也. ～记得佢.

辰　集

栿　辰中木部8反．直茌切，音朕．～子树．

栲　辰中木部9．苦浩切，音考．

栳　辰中木部9．卢皓切，音老．栲栳，柳器也．也作筹笼．盛物器，屈竹为之．栲～匾(千祥)．

栿　辰中木部9反．房六切，音伏．梁栿也．地～下矩(进)出．

桁　辰中木部10．何庚切，音衡．屋横木也．～料榈栅．

梳　辰中木部10反．充仲切，音铳．木槿(辰中木部17反，槿字注：木梳也)也．担～/稻～/柴～/扁～．

楤　辰中木部13反．作槵，仓红切，音悤．尖头担也．柴～．

敐　辰下殳部12反．之人切，音真．击也．锄头～，两面～．

巳　集

沰　巳上水部6反．他各切，音讬．滴也．汗～～滴．

泔　巳上水部8反．古三切，音甘．米汁也．～水/米～缸(千祥)．

煨　巳中火部8．乌灰切，音隈．火中热物．有米呒柴～/～芋．

焬　巳中火部8．余亮切，音漾．释金也．铜～了．

煺(燶)　巳中火部8反．他回切，音推．以汤除毛．～鸡毛．

焐　巳中火部9反．乌没切，乌古切，并音邬．火熄也．～肉/灯～了．

午　集

相　午中目部18反．息良切，思将切，并音襄．省视也，视也，扶也．～～先/～帮．

瞐　午中目部25．亡保切，武道切，并音帽上声．低目视也．俯目细视谓之瞐．好～难食红辣挂儿．

硃　午下石部3反．除更切，枨(chàng)去声．磨也，塞也．～块石头．

未 集

笱 未上竹部 2. 居尤切,音鸠. 竹名. 又去鸠切,音丘. 义同. 水桶～.

笥 未上竹部 2 反. 相吏切,音伺. 饭及衣之器也. 苞苴箪笥,圆曰箪方曰笥. ～篮.

篸 未上竹部 9 反. 七鸩切,音沁. 墨渍笔也. 木工工具. 墨～.

糅 未上米部 20. 色窄切,音搡. 煮米为糅. ～粉.

申 集

蝲 申中虫部 11. 卢达切,音辣. 虫名. 毛刺～.

蝂 申中虫部 11 反. 卢鉤切,胡沟切,并音侯. 水虫. 蚂～(蚯蚓).

酉 集

贋 酉中贝部 13. 于建切,音堰. 物相当也. ～长短.

趇 酉中走部 16. 私立切,心入声. 方音列,走貌. ～路.

趒 酉中走部 16 反. 徒聊切,音迢. 雀行也,越也,跃也. ～路.

趩 酉中走部 17 反. 弼力切,音愎(bì). 走也. ～弗着.

躄 酉中走部 18 反. 匹亦切,音僻. 走貌. ～脚.

趵 酉中足部 19. 巴校切,音豹. 跳跃也. 弹子～起来.

跍 酉中足部 20. 苦胡切,音枯. 蹲貌. ～落来.

迒 酉下辵部 11 反. 古行切,音庚. 兔径也. 麻汉(蚯蚓)也要～坎路.

戌 集

鎩 戌上金部 14. 所拜切,音杀去声. 一曰长矛. ～戟.

鏨 戌上金部 15 反. 藏滥切,音暂. 镌石,又小凿也. 石～.

镦 戌上金部 16 反. 杜对切,又都昆切,音敦. 镦为矛戟柄尾平底如鐓.

(打铁)～头.

鐾 戌上金部17反.音避.治刀使利也.刀～两下.

隑 戌中阜部8.柯开切,音该.梯也.隑,倚也;企立也.～有～相.

� 戌下页部2.乌没切,温入声.内(纳)头水中也.猫落水也.～倒了.

饙 戌下食部16.方文切,音分.蒸米为之饙.饭～.

亥 集

鬿 亥上鬼部17反.渠希切,音祈.方音jū.南方之鬼曰鬿.与魕同.

魕 亥上鬼部17反.渠希切,音祈.鬼俗也.淮南传曰吴人鬼越人魕.见～.～叫亨.

鲎 亥中鱼部8反.胡遘切,音候.鱼名.〈方〉指虹.东～日头西～雨.

龁 亥下齿部15.下没切,恨竭切,并音纥.～了一口.

齙 亥下齿部15反.邦加切,音巴.齿出貌.齿不正也.～牙.

附三　手绘老式木犁图

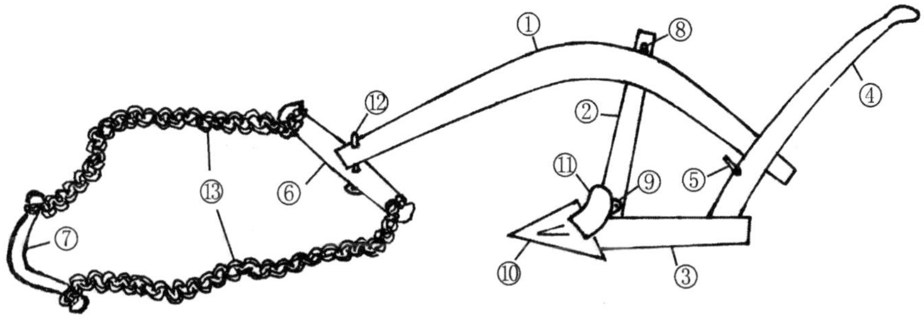

犁(各部件名称)

①犁楤(杭)　②犁犂　③犁拖(音太白去声)　④犁尾巴(白读)

⑤犁掔手　⑥犁横盘

⑦牛軛——以上木制件　⑧犁门销(可宽可窄,以调楤之高低)

⑨犁壁(音北)销(固定作用)——以上竹制件

⑩犁头　⑪犁壁(音北)

⑫横盘柱(牛軛可沿着左右转动)——以上铸铁及铁件

⑬牛軛索——麻制粗绳

后　　记

文字工作确实枯燥而辛苦。

历经数年，占用了退休后大部分时间编写而成的《横店土话》终于付梓，不禁让我松了一口长长的气。诚然，自我感觉所花精力不少，各方面要求也算从严把握，但是一旦把书奉在读者面前，还会暴露诸多不足甚而存在缪误，这也在所难免，只能请大家爽直指出并多加包涵啦。

回忆编写过程，曾经得到厉天德老师，半个多世纪前教过我的陈崇仁老师，还有家兄郭立德的不断鼓励；也受到如楼洪林、潘国威等老校长的指点帮助；更有许多包括爱妻在内的亲人朋友提供土话素材，使得拙作内容不断丰富。不过我自己明白的是：方言土语与一方人民的生活生产紧密关联，实在是包罗万象，包容天地，绝不可能在一本薄薄的书中收罗殆尽，好在会有更高水平的能人学者继续这方面的工作，我则可以放心搁笔也。

最后要说明：在本书资料的录入传输方面，蒋红卫老师帮了我大忙；在版面创意和排版印制方面，当然最该感谢张婷婷编辑和相关工作人员。末了，借这个机会，对为拙作题词、写序的领导、专家和横店集团元老，以及为本书篆刻的朋友和胞兄，对所有出过力、帮过忙的文友同事诸位说声谢谢。

郭立新

2015 年 10 月于横店